La regla de tres

1 80 24 4818

Nancy Span g

282764

María

Biografía

Antonio Gala nació en Córdoba en 1936, se licenció en Derecho, Filosofía y Letras y Ciencias Políticas y Económicas, y desde 1963 se dedica exclusivamente a la literatura.

Ha cultivado todos los géneros: la poesía (*Enemigo íntimo* —Premio Adonais—, *Sonetos de la Zubia*, *Testamento andaluz*), el relato (*Solsticios de invierno*), el ensayo, el guión televisivo (*Si las piedras hablaran*, *Paisaje con figuras*), el periodismo (en los últimos años en *El País* y *El Mundo*), la conferencia, etc., aunque ha obtenido sus mayores éxitos en el teatro: *Los verdes campos del Edén* (1963), Premio Nacional Calderón de la Barca; *Los buenos días perdidos* (1972), Premio Nacional de Literatura; *Anillos para una dama* (1973); *Las cítaras colgadas de los árboles* (1974); *¿Por qué corres, Ulises?* (1975); *Petra Regalada* (1980); *Carmen, Carmen*, musical estrenado en 1988, etc. Se le debe también el libreto de la ópera *Cristóbal Colón* y adaptaciones teatrales de Claudel, Albee y O'Casey. Sus obras han sido traducidas a las lenguas más importantes. *Dedicado a Tobías*, *La soledad sonora*, *Cuaderno de la Dama de Otoño* y *Troneras* son recopilaciones de artículos. Con su primera novela, *El manuscrito carmesí*, obtuvo el Premio Planeta 1990. En 1992 publicó *Granada de los Nazaríes*, en 1993 *La pasión turca*, y en 1995 *Más allá del jardín* y *Carta a los herederos*. Su última novela, *La regla de tres*, apareció en abril de 1996.

La regla de tres

Antonio Gala

Planeta

Primera edición en esta colección: julio de 1997

© Antonio Gala, 1996
© Editorial Planeta, S. A., 1997
Córcega, 273-279 - 08008 Barcelona (España)
Edición especial para Ediciones de Bolsillo, S. A.

Diseño de cubierta: Summa Comunicació
Fotografía de cubierta: © Andreas Heumann (CD Gallery)
y Sílvia Aguado
Fotografía autor: © María Espeus

ISBN 84-08-02182-6
Depósito legal: B. 27.890 - 1997
Fotomecánica cubierta: Nova Era
Impresor: Litografía Rosés, S. A.
Impreso en España - Printed in Spain

Los tejidos de la imaginación se urden con los persistentes hilos de la realidad. Pero el dibujo de esos tejidos no siempre tiene que ver con el de la vida: el tejedor y el telar —para mal o para bien, sin querer o queriendo— lo desfiguran.

Que nadie vea en este libro unos personajes, una geografía, una historia, unas palabras, que hayan existido exactamente como los personajes, la historia, la geografía y las palabras que aparecen en él.

Antonio Gala

INTRODUCCIÓN

*Las páginas que sigan tratan de reflejar una justi-
ficación ante mí mismo. No respondo de su coherencia, ni de su capacidad, ni de su número: es
muy probable que deje, en cualquier momento, de
escribirlas. En el fondo, me parecen inútiles; pero
escribir es mi oficio y mi más eficiente manera de
pensar. Sin embargo, ¿qué justificación podrá ex-
presarse en el impreciso idioma del amor, que con
tanta frecuencia dice lo contrario de lo que se pro-
pone? ¿Y es además el amor lo único que me
mueve a escribir, o es más bien el remordimiento?*

*Sé que esta exculpación será lo último que es-
criba: ni mi corazón ni mi cabeza están ya para li-
teraturas. De ahí que me exponga más apasionada
que ponderadamente, como quien confiesa un crimen que no se cometió nunca, o acaso sí, pero del
que sólo fue cómplice. Porque siempre hay un crimen cuando se ama o se deja de amar, cuando se
huye del amor o él huye de nosotros. ¿Quién no ha
sido cómplice alguna vez? ¿Quién no ha colabo-
rado con la muerte?*

Yo necesito oírmelo decir mientras lo escribo.

*Necesito contarme todo otra vez desde el principio:
las conductas también requieren ser descifradas,
porque no nos mentimos con las palabras sólo. Necesito ordenar, en cuanto sea posible dentro del desorden que supuso, todo lo sucedido. Necesito re-
capacitar sobre aquella tentativa que iluminó un
año de mi vida antes de que sea tarde, antes de que
sea demasiado tarde, si es que ahora no lo es ya.
Aunque espero que la persona a la que este relato
se dirige, lo lea o no lo lea, goce de muchas más
facultades de recuperación que yo.*

*Quizá a través de todos los fragmentos, y a pe-
sar de la dispersión de esos fragmentos, de los que
forman parte las presentes páginas, pueda ser conseguida —acaso no por nosotros, sino por quienes
nos reemplacen— la unidad. Igual que se consigue
la unidad de un escrito, de una persona y hasta de
una vida entera. Ojalá se haga real esta tenue esperanza.*

OCTAVIO LERMA

Primera parte

UNO

Una azafata me trajo la invitación del comandante. Había comenzado el descenso. Podía pasar a la cabina para contemplar la llegada a la isla y el complicado aterrizaje. El comandante, a la izquierda, y el copiloto se volvieron para saludarme. Apenas los miré. Me percaté sólo de la sonrisa cazurra del comandante y de su pelo canoso. Veía el cielo abierto frente a mí, las nubes tumultuosamente rasgadas, y abajo, el mar. Me recomendaron sentarme como está reglado: yo no daba ni con el tirador del traspontín, ni con el posapiés, ni con el resorte del cinturón de seguridad. El segundo piloto, mucho más joven, me ayudó con amabilidad y una sonrisa.

—Usted no tiene más que saber escribir. Déjenos a nosotros lo demás.

—Gracias —murmuré. Y luego, aturullado—: Me dejé en mi asiento el libro de notas y el rotulador, ¿podrían darme algo que los sustituyera?

El segundo piloto tiró de lo que me parecía una carta de vientos, y me alargó el trozo arrancado y el bolígrafo del bolsillo de su camisa blanca. Me cayó bien el color moreno de su piel, su negrísimo pelo ondulado y, después, su nuca, esbelta y poderosa al mismo tiempo, enmarcada por la simetría de sus hombreras con no sé qué galones.

La isla aguardaba tumbada, o más bien recostada, como un gran animal que se hace el muerto. Desentendida, pero acechante. Me gustó: allí estaría tranquilo. Me gustó ver, a cada segundo con mayor precisión, su rizada estructura de paquidermo inmóvil, moteada por las casas, y con una gran mancha blanca, que presumí la capital, hacia la que convergían con rapidez ramblas que ahora confirmaba, barrancos, vaguadas, ventisqueros, tajos que divisaba con más y más detalles. No era una isla simple, ni el paisaje era idílico. Tampoco el aterrizaje debía de ser fácil con aquel farallón en pie, o con aquella montaña silenciosa y firmísima que se erguía, apoyándola, tras la ciudad junto a la que teníamos que posarnos.

De repente, me saltó a los ojos el verdor. Fue un repentino golpe de sol o la mayor proximidad, el caso es que la isla se ofreció radiante, jugosa, primaveral e invitadora. Nada tenía que ver con ningún paquidermo. Era toda jocundidad, toda recibimiento.

—Hace un buen día. Hubo suerte. No siempre es así —me advirtió el comandante sin moverse.

La isla se exhibía casi bajo nosotros. Era un alborotado descenso hacia el mar, lleno de vida como un niño que se acerca a retozar en una playa. (Quizá me equivoqué; aún no estoy convencido.) El avión viró a nuestra izquierda, y enfilamos la pista, que nacía y desembocaba al parecer en el mar, como si se tratase de un portaaviones. El joven copiloto se volvió, sin duda para observar mi reacción. Y seguía sonriendo. Yo lo miré un segundo y devolví mis ojos a la pista, no asustado pero sí perplejo. Antes de naufragar o de que el avión amerizara, giró a la izquierda nuevamente y se acercó al edificio, bajo y de color arena, de la terminal. Aún giró una vez más a la izquierda, y se detuvo poco a poco.

Cuando pisé tierra supe que había acertado al elegir la isla. (¿Había acertado? ¿Quién puede adquirir ninguna certidumbre hasta después?) La isla se brindaba generosa y sin doblez como una mano abierta. Las motas blancas se habían convertido en radiantes casas, volcadas por las laderas abajo, entre el húmedo verde de los plátanos. La mañana era risueña y soleada. Revestía, con un fértil panorama de colinas que se inclinaban a beber en el mar, un interior desconocido, acaso un paraíso que era preciso descubrir.

Y me propuse descubrirlo. Aún no sé si acerté.

Me instalé en un aparthotel que me habían recomendado. La señorita de recepción puso sobre el mostrador mi penúltima novela y, aniñando la voz, rogó que se la firmara.

—Para Maite, por favor.

—¿Con y griega o latina?

—Con i corriente.

—Corrientes son las dos.

—Pues con la que más rabia le dé.

Por ninguna de las dos sentía una rabia especial.

Mi apartamento era soso y convencional, con muebles simples de maderas muy claras. Un salón con una minúscula cocina oculta por persianas venecianas, una mesa redonda que dificultaría mi trabajo —yo estoy acostumbrado a escribir en mesas rectangulares y muy amplias— y un tresillo tapizado de cretona floreada. A él daba un dormitorio con una sola cama bastante ancha y un cuarto de baño soportable.

Antes de deshacer el equipaje, abrí el gran ventanal. Su vista era un paseo junto al mar. En el agua reverberaban unas manchas de sol. El cielo se había nublado casi del todo; pero una luz de plata trazaba largas y estrechas zonas paralelas, deslumbrantes sobre la sumisa bandeja de plomo erizado en que el mar se había convertido. El horizonte aparecía de un gris enigmático bajo el más argentino de las nubes. El del mar era de distintos tonos, más perlados a medida que se acercaba a las rompientes, al contrario que el del cielo, que se entenebrecía según se alejaba de la línea final. La luz del sol se escapaba por algún ligero descosido azul y prendía fuego al agua que, imperceptiblemente, se alzaba hacia la luminosidad caída desde arriba como buscándola entre pequeñas olas. Refulgentes, las anchas rayas de plata hervían y daban la impresión de surgir desde abajo, como si una ignición de fuego blanco brotara desde el fondo... Y la chispa encendida y no muy rápida de un avión —acaso el mismo que me trajo— atravesaba las nubes más plomizas y espesas. Me sentí, frente a aquel trozo de océano que contemplaba por primera vez, solo y abandonado. Me entristecí de súbito, pero no quise consentírmelo, y me dispuse a abrir las maletas y a distribuir los libros y la ropa.

Mientras lo hacía, me enumeraba los porqués de mi arribada a la isla, para evitar que una decisión gratuita me empujase a abandonarla al día siguiente. Sí, *estaba* solo; pero no por la novedad de la isla ni por la hora en que la luz de marzo decaía. No me sentía solo: *estaba* solo, llevaba tiempo estándolo. Venía en busca de sosiego y de tiempo para escribir por qué. Hacía seis meses que había muerto mi última amante, una muchacha pletórica de vida que me acompañó durante más de un año. Una leucemia me la arrebató en una clínica norteamericana. Recibí una carta suya, lenta y desesperanzada, unas horas después de recibir la noticia de su muerte. Y aquella muerte resucitó todas las anteriores que han sellado mi vida con su siniestro estigma.

Llegaba a la isla para escribir un libro —no, no una novela, sino una meditación— sobre las batallas que la muerte y el amor han reñido a mi lado. Desde el primer momento. Como si yo fuese una prueba de la omnipotencia del destino, cada vez que he puesto mis ojos y mi corazón sobre una persona, no ha tardado en morir. Casi entre mis brazos, o recién salida de ellos. Sobre mí pesa una fatídica maldición. Me aterra reconocerlo, pero lo debo hacer. Y lo haría mejor donde no tratara a nadie, donde nadie me iba a perturbar, donde los recuerdos me asaltarían no en tropel, sino cada cual a su turno. Desde aquella historia inicial, desde aquel amor de juventud con una mujer bastante mayor que yo, que creyó en mí y me apadrinó y me sostuvo, y también me mantuvo, hasta esta última muchacha. Desde Martina hasta Sonia, pasando por los tres hombres a los que realmente he amado: Gabriel el escultor, Narciso el actor, y Esteban, que jamás conseguí saber a qué se dedicaba, si es que se dedicaba a algo diferente de mí. ¿Era mía la culpa de tan terribles coincidencias? ¿No coincide en la muerte cuanto vive? ¿Indagaré siempre sobre mí, como si la vida fuese otra cosa que una rampa encerada hacia la muerte?

Recojo aquí la nota que redacté aquella misma tarde antes de disponer, en los cajones del armario, suéteres y camisas. Como recogeré otras, redactadas más adelante, que conservo. Ellas tenían que configurar aquel libro al que nunca di forma definitiva.

No sé si he hecho bien determinándome a escribir esta obra. Voy a contar en ella mis muertos para contar mi vida, como si los capítulos de mi corazón estuviesen titulados cada uno con un nombre que ya no existe sino en él. ¿Cómo conseguiré —y osaré— transmitir la intensidad de un sentimiento transmitiendo el dolor que ocasionó su pérdida, o la pérdida de quien lo suscitaba? En definitiva, es cierto que quien corta una flor la inmortaliza. Mis amantes permanecen intactos dentro de mí, perturbadores y simultáneos dentro de mí, que temo enloquecer. Son la inmediata razón de la obra en que aspiro a reflejarme y a reflejarlos precisamente porque no se transformaron en aversiones, en rupturas u olvidos. O precisamente por lo contrario: porque me olvidaron, porque rompieron para siempre conmigo, porque me duelen todavía y me dolerán siempre. ¿Siempre? ¿Cómo pude entonces volver a amar después de la primera muerte? ¿Cuántas muertes han sido necesarias para convencerme de que hay en mí una fatalidad que condena a quien amo?

¿O no me estaré recreando acaso —como me agrada imaginar de cuando en cuando porque me alivia—, con cierto masoquismo, en las viejas historias de mis placeres perdidos? ¿No miraré el presente como quien mira un campo embozado en cadáveres después de una batalla? ¿Habré reñido, pues, todas las que me correspondían? Quizá eso sea envejecer y sólo eso: no la vejez, sino la añoranza de los gozos que desaparecieron; no la pérdida de la juventud, sino desplomarse en el lado del recuerdo y no en el de la esperanza... Tengo cincuenta años: ¿a qué puedo aspirar más que a hacer el recuento de lo que tuve?

Los amores se acaban; los proyectos y los ideales medran, declinan y se hunden; las más acendradas aspiraciones se evaporan. «Son cosas de la vida —se dice—: todo pasa.» Pero no nos damos suficientemente cuenta de que la vida, la que llamamos nuestra y no lo es, también pasa; de que nosotros avanzamos a la carrera por el camino de nuestra extinción. Y jamás regresaremos: no se renace nunca. Aparecerán otros hombres, otras mujeres, con ojos tan rutilantes y bocas tan sensuales, con tan sedosa piel como la que una vez acariciamos y nos conmocionaba, con piernas que acaso se enlacen con las nuestras —recuerdo la invencible tenaza de Martina— y dedos que se trencen con nuestros dedos, igual que los acuciantes de Esteban; pero ya no serán aquellos que perdimos. ¿Cómo no va a decapitar la misma muerte que nos decapita los más persistentes amores, proyectos, aspiraciones, justamente aquellos que parecían más consustanciales con nosotros? ¿Cómo van a durar más que nosotros nuestros amores o nuestros ideales? ¿Y es que serían más firmes por ser más duraderos? ¿Por qué empeñarse en permanecer idéntico, ensimismado, fiel a uno mismo, inmóvil si es preciso, cuando no nos desdeñará por eso la muerte, y de un tajo se ha de llevar consigo tanta fidelidad, y a quien la sostiene, o acaso es por ella sostenido? ¿Por qué entonces tal afán de supervivencia, la promesa del amor para siempre, el sucedáneo de eternidad que hincha nuestros corazones? Todo aquí se compromete para toda la vida, y concluye unos días después. O unos meses o unos años después, ¿qué diferencia hay si todo desemboca en la nada?

He cumplido cincuenta años. Tengo cincuenta años. Pero ¿los tengo? ¿De qué manera: los poseo o me poseen; los pierdo o me pierden ellos a mí? Y, puesto que aún estoy en este lado, ¿cómo es posible que Gabriel a quien tanto amé —creo— haya salido, tan sólo por morir, de mi vida? ¿Cómo es posible que yo no haya frecuentado más a Narciso tan sólo por el hecho de estar muerto, si tanto lo visité, casi irreconocible, en su clínica última? Ésa es la razón que me mueve a escribir este libro. Quiero desagraviar a quienes he amado. Quiero que sea un verdadero panteón de familia, al que me acerque y en cuya puerta deposite flores. ¿No se ausentó aquel loco de Esteban tan a menudo de mi lado y, a pesar de ello, siguió siendo, mientras vivió, el protagonista de mi vida hasta que un infarto lo detuvo en seco? ¿Qué diferencia hay entre no estar a mi lado y estar muerto? ¿No estuvo lejos de mí Sonia, ya enferma, tanto tiempo casi como el que estuvo cerca? Y la fuerte Martina, nacida para proteger —para protegerme, me decía—, que una noche, en la boda de un amigo, donde no pintaba nada según ella, tuvo un pronto de celos al verme bailar en broma con un poeta, y cogió su coche, y lo condujo locamente, y se estrelló en la avenida de América, en Madrid, a la altura de un extraño bar llamado Giovanna que la sobrevivió, aquella fuerte Martina, ¿dónde está? ¿Me continúa protegiendo? ¿Vive todavía a mi través? Ella que fumaba a un tiempo tres o cuatro cigarrillos, ¿ha dejado finalmente de fumar? ¿Qué importancia anuladora y conclusiva tiene la muerte? Sería preciso reflexionar sobre eso. O que alguien nos diera una respuesta comprensible.

¿Es verosímil que lleguen a sernos indiferentes los muertos que amamos con locura, que obedecimos o tiranizamos, que estrechamos con nuestros brazos mientras los suyos nos estrechaban, cuyas expresiones de amor coincidieron con las nuestras entre jadeos y sollozos? La pancreatitis de Gabriel, por ejemplo, fue más poderosa que la totalidad de mis sentimientos y los suyos juntos: no consiguieron retenerlo ni un minuto más de lo previsto antes de que naciera. Como el sida que se llevó a Narciso el actor, a quien nuestra separación no impidió que lo siguiese amando, compade-

ciendo, añorando sus extrañas caricias soño-
lientas y lúcidas, su manera total de desnudarse como si sus ropas las prendiese con un
solo botón, su sonrisa que le doraba la cara y
daba su sentido a las largas noches de la espera...

¿Y nada podrá despertarlos? Aunque hayan
perdido su vida, o la vida los haya perdido,
¿nada podrá hacerlos revivir en la mía? ¿Ni a
Martina y su cuerpo bronceado, ni a la rubia
y alabastrina Sonia, ni a los muchachos que
sin mesura alguna me besaron? ¿Sólo queda la
absoluta parálisis, completamente inútil, del
recuerdo?

La muerte acaso no sea una enfermedad incurable que consista en hacernos invisibles;
quizá se salga de ella y se regrese. ¿Por qué va
a ser la muerte lo único inmortal? Cuántas veces, cuando el amor flaquea y se distancia, re-
currimos con el pensamiento a la muerte como
el más riguroso punto final, el más irrebatible
desahogo. Y, no obstante, la muerte de quien
amamos, para ser en verdad eficaz, no sólo
tendría que apartarlo del mundo, de la lluvia y
de la luna que caen sobre la tumba de Gabriel,
del aroma de las rosas y del canto de los pájaros que trastornaban a Sonia, y el cambiante
color de los crepúsculos en los que se remo-
zaba la hipotensa Martina, sino que tendría
que matarlo asimismo dentro de nosotros. Si
no, a pesar de todo, estará más vivo que
nunca, puesto que ya sí que nos pertenece por
entero sólo a nosotros, sin fisura ni escape;
puesto que ya sí se ha quedado fijo como en
una fotografía, y es más que nunca producto
de recuerdos, lo mismo que una ruina de nues-

18

tra propiedad en la que ahondamos sin tregua y en la que la memoria es capaz de encontrar, por imprevisibles pasadizos, innumerables posibilidades de dolor.

El dolor es un lujo a nuestro alcance. Pero unas veces por falta de imaginación y otras por un alucinado temor que nos protege, no avanzamos lo bastante por los caminos suyos. Y perdemos con ello. Se nos quedan numerosos paisajes, desolados o pobladísimos, densos o diluidos, por conocer; numerosas facetas de nuestros amantes que habríamos podido amar o detestar, pero que en todo caso habrían formado parte nuestra, y que nos pasaron inadvertidas; numerosos aspectos de nosotros mismos que siempre ignoraremos si no abordamos la ruta del conocimiento que es el dolor; numerosas reacciones y tesoros y facciones de nuestra alma que jamás se nos manifestarán porque sólo ante la lámpara de Aladino del dolor y su aplacada luz, igual que ciertas aves ante la peculiar luminiscencia de la noche, se manifestarían saliendo de sus nidos. Sucede como con el amor que se hace muy de prisa y no nos conduce a una mayor sabiduría de la persona amada y de sus disponibles territorios.

Siempre tendemos a deshacerlo todo. Y en primer lugar, a deshacer a manotazos el propio sufrimiento, a meternos en la vida como en una dorada fiesta donde lo único importante es aturdirse. Como si, por no enterarnos, no sucediese nada. Cuántas veces me habré sacudido yo un mal de amor con una borrachera —la resaca no nos deja pensar al día siguiente— o con pastillas euforizantes que me secaron los ojos y la boca. Una muerte, de momento, se alivia con somníferos. «Hay que seguir viviendo —se nos dice—: diviértete, ahora es cuando más tienes que salir, no te encierres.» El dolor físico y el otro, los dos han de evitarse. Nos atiborramos de sedantes y analgésicos; le ensordecemos al dolor lo que tiene de alarma, de llamada a la vida, de verdadera prueba en todos los sentidos, de exacerbación e intensidad. No, no soy masoquista. La vida es una bolsa elástica en la que todo cabe, hasta la muerte: a quien no come para no engordar se le achica el estómago; a quien se niega a sufrir, el alma se le achica.

Me han acusado de masoquista tantas veces que me lo creí casi. No es cierto. No busco ni aconsejo que se busque el dolor, ni que se siente uno a esperarlo. Pero llega; una y otra vez llega. Y los muertos son nuestros. Y el dolor. Y nos arrasa. Y nos reconstruye de otro modo: de eso quiero escribir. Pone al aire nuestros entresijos; nos obliga a mirarlos y a verificar que somos iguales que los otros. La comida sin masticar nos perjudica; el dolor sin sentir nos hace *resentidos*, porque hacemos crónica la enfermedad que debió ser aguda. Yo me propongo mirarlo fijamente a los ojos, quedarme frente a frente con él, charlar con él, que me cuente sus cosas, de dónde viene, de qué familia es, cuánto se va a quedar, qué designios lo mueven. Porque cada dolor concreto no retornará nunca, y nos trae un recado irrepetible. No me despediré de él a la francesa y saldré por la puerta falsa. Lo habitaré y dejaré que él me habite. No hay otro modo de que se ensanche nuestra casa, y de que, cuando venga

20

la alegría, si viene, tenga más sitio donde recrearse.

¿Por qué imaginamos que cada amor trae su dicha bajo el brazo, su verano y su sol, aunque cada nuevo amor traiga un poco menos? ¿Por qué, en cambio, la pena de un amor que concluye se multiplica por las de todos los que lo precedieron, como si las desdichas antiguas tornasen despacito a sangrar? ¿No es eso lo que a mí me ha sucedido? ¿O quizá es que he sido cobarde en el dolor tanto como en el gozo? Se amortizan los júbilos a fuerza de no consumarlos hasta la última gota; resucitan las penas cuando no las asumimos hasta el fondo, porque en realidad nada se tacha: huimos del dolor, y lo llevamos dentro, o a la grupa del caballo en que pretendemos alejarnos. El dolor es la mitad de la vida. Si renunciamos a él, estamos renunciando a la pasión, temiéndola antes de que se instaure; estamos renunciando a la vehemencia y a ser la palestra de todas las batallas. Y sin batalla vehemente —yo lo sé: he sido su juez, su testigo y su parte— no hay victoria. No gana nunca el que da agua para que le den sed, el que da amor para que le correspondan. Hay que aprender en la propia carne, con los ojos abiertos, que todo lo importante de este mundo, cuando se tiene de verdad es cuando se busca, cuando se canta de verdad es cuando se pierde. Por eso estoy aquí, ante el mar de esta isla.

Porque hay dolores graves, respetables, comprensibles, cuyas heridas se cierran y acaban por secarse lo mismo que los hibiscos que un amanecer sorprende ya en el suelo, suelo ellos mismos, camino de ser yerba sobre la ci-

21

catriz. Pero hay otros dolores por cuyas amplias puertas deberíamos entrar para extraviarnos dentro, y multiplicar nuestro saber de muchas cosas que cambiarían nuestra vida. Quizá es exactamente eso lo que pretendo con este nuevo libro, que está muy lejos de ser una ficción. Dolores a los que nuestra falta de espíritu creador no proporciona las dimensiones que merecen, lo mismo que esos castillos a los que la noche hace crecer y que, para no impresionarnos demasiado, disminuimos de tamaño en nuestra percepción. Dolores ante los que entrecerramos los ojos como si dormitáramos, con la infantil esperanza de que, al reabrirlos, se hayan alejado y así sea más llevadero su tamaño. Dolores que no nos atrevemos siquiera a reconocer que se nos hayan asignado, porque sospechamos que no cabrían en ninguna de nuestras habitaciones, y, desde luego, no en nuestro corazón. Dolores cuyo atestado preferimos aplazar a otro día, a otra semana en que nos encontremos más rejuvenecidos. Dolores desmesurados que nos exceden, cuya digestión nos habría hecho más altos, pero que dejamos pasar y hasta expulsamos, saboreando apenas su amargor, como si se tratase de una regurgitación pasajera, como si se tratase de un largo tren ajeno que circula por una estación en la que esperábamos otro tren, afín y manejable, que habrá de llevarnos a un destino próximo, familiar, reducido, caliente y bien iluminado.

Pero la muerte es el jefe de la estación verdadera, en la que expiran los trenes verdaderos. De ahí que la muerte yerga su bandera roja, que detiene o franquea el paso para siempre. La muerte diviniza. Porque no se trata ya de olvidar a una persona, sino a muchas, a todas las que caben, vivientes, en cada gesto, en cada risa, en cada sangrante separación, en cada jocunda sorpresa, en cada reverberación suave o brusca, en cada sombra que cae sobre los ojos, en cada fruta compartida, en cada deseo de cualquier hora o de cualquier porción de piel postergada, en cada ilusión y en cada desdicha. La muerte transforma en pasado todos los imaginables futuros. Vacía las entrañas, las tardes y las noches, encendiéndolas con sus fuegos fatuos para que corroboremos que están completamente vacías. Una muerte tras otra van desalojando a todos los huéspedes que nos ritmaron las intermitencias del corazón... El rasgueo de una guitarra, el higo que se desprende maduro de la higuera de un patio, un ay flamenco, el vaso sobre el mostrador de zinc de una taberna, el humo participado de un pitillo, la carrera debajo de la lluvia, el ademán que nos es dedicado desde un escenario, el azul de unos ojos que se intensifica porque los miramos, las manos que nos tienden igual que una caricia un gajo de naranja, un olor a gardenias, la lengua que se demora con una inconcebible lentitud sobre la nuestra, la quemazón de una taza de café... Los momentos felices cuya gloria fuimos incapaces de adivinar entonces, y que ahora se nos muestra evidente, cuando nada es posible. Y las traiciones, y las traiciones, y las traiciones...

Nunca el amor estuvo más vivo en mí que cuando me traicionaba. La evocación inexorable de un cuerpo acariciado y gozado por otro era más vivaz y más cierta que la evocación de

23

ese mismo cuerpo cuando fui yo quien lo gozaba y lo tocaba.

Y ese otro póstumo sufrimiento: el de saber que un día olvidaremos. Qué perdida de nosotros mismos, qué desperdicio, qué dilapidación. ¿Cómo empezar a vivir otra vez? ¿Y para qué? ¿Para que vuelva a repetirse la misma historia de la muerte? Creo que estoy amedrentado. Creo que estoy sellado y amedrentado. Cuánto olvidé, cuánto olvidé... Y también para olvidar tendríamos que olvidarnos de todo: de nosotros mismos incluso, de lo que fuimos y cómo fuimos, de los libros leídos en común, de las canciones escuchadas... Tendríamos que empezar a imaginarnos de nuevo, a solas, el atardecer, el olor de los jazmines, el sabor de las fresas —como un anósmico, como un agéusico, como un ciego y un sordo—, la transparencia del topacio, la queja de los mirlos, la densidad de una cala o de una caracola, el ponderado tacto de los lirios... Todo a solas, todo, igual que un niño al que se le hubiese arrebatado lo más suyo, que es la esperanza. Comenzar a vivir, lo mismo que Lázaro, con la desfallecida experiencia de la muerte.

A la mañana siguiente, alguien del Ayuntamiento de la isla telefoneó para comunicarme que se me daba, aquella misma tarde, una copa de bienvenida en un bar no distante de mi hotel. Acto seguido —ya recomenzaba el teléfono a cargarme y a amagar mi trabajo— llamó una chica que hacía su tesis doctoral en la Universidad de La Laguna sobre la metáfora en mi literatura. La cité una hora antes de la copa para que la entrevista fuese improrrogable. (Cuento esto a fin de recalcar qué versátil e incógnito es el corazón humano.)

La estudiosa era una muchacha de unos veintisiete años, morena, gentil y bonita. Con unas largas piernas tostadas que sabía colocar y unos admirables ojos verdosos. Pensé que, si no hubiera estado tan remiso al amor, me habría interesado por quien tanto y con tanto atractivo se interesaba por mi obra. Pero la imposibilidad de sentir nada me permitió percibir, a distancia, la tensión amorosa que embarullaba a mi visitante, que le hacía temblar la mano con que tomaba notas, y que deslizaba de su falda el cuaderno. Lo veía yo todo con un aire secretamente divertido, como quien ve una representación teatral en la que no se implica. Sin embargo, poco a poco me fui sintiendo más incómodo, como provocador involuntario de algo que no me afectaba lo más mínimo, y comenzó a invadirme una turbación parecida a la de la muchacha, si bien por razones opuestas. De continuo tenía que dar cambios súbitos a la conversación, hacerme el tonto y echar pelotas fuera ante una seductora mujer que, sin ninguna duda, me retaba. Ser deseado sin desear es tan violento como amar sin correspondencia, y por supuesto mucho más ridículo.

Pasada la hora conseguí, con el pretexto de la cita del Ayuntamiento, librarme de la informada doctoranda. Me puse una camisa limpia y salí hacia el bar, cuya dirección me habían explicado. Bajé por el paseo que tan habitual se me iba a hacer después. No tenía prisa, ni me importaba ser impuntual. Anochecía con mansedumbre.

Unos azules reposados levitaban sobre el mar, adormecido ya. Era la costa Este la que tenía delante; el sol abdicaba en la contraria. La circulación bastaba para acallar el desganado murmullo de las olas. Había isleños paseando sus perros, que se aproximaban a los tarajes y a las grandes adelfas rojas, y más adelante a las palmeras, a los ficus y a las parras de playa. En un entrante ajardinado se levantaban, airosos, un drago y unas yucas. Otro avión cruzaba el cielo ya casi nocturno con su parpadeante ojo rojo. Frente al agua, con salientes balcones de madera de tonos contrastados, un grupo de casas de colores muy vivos: ocres, rosas, amarillas, azules, tierra tostada. Paseaba por ese Muro de la Avenida bajo unas nubes que guardaban aún, subrepticiamente, un resto de luz dentro de ellas. «¿Como mi corazón?», me planteé. ¿Qué importaba eso ahora? Una luna nueva, todavía minúscula, presidía sin soberbia el cielo.

En un balcón atestado de flores, de macetas y jardineras, con una gran jaula de madera al fondo, había asomada una mujer viejísima, diminuta y frágil, sutil podría decirse. La luz de la habitación estaba encendida detrás de ella y resaltaban sus paredes pintadas de violeta. Al notar que la miraba, la anciana me saludó con una mano lentísima e ingrávida. Dieron las luces a las farolas, y más allá, en la costa, relucían los destellos plata de los que luego supe que eran Los Cancajos y Los Cuarteles, y los destellos oro del barrio de Breña Baja. Siguiendo las instrucciones, torcí por un callejón a la derecha y desemboqué en una preciosa placeta. Pavimentada con piedras de la marea o de callao y con adoquines de basalto, con una fuente en el centro, de basalto también, la encuadraban unas casas blancas, cuyas puertas y ventanas bordeaba la misma oscura piedra volcánica. Derramaban los faroles una luz dorada que incidía en dos palmeras esbeltísimas, en unos recipientes con helechos y en un típico local, donde me iban a dar la bienvenida.

Habría unas veinte personas. Un hombre joven que se me presentó, sin enterarme bien de quién era, me las fue presentando. El whisky que yo tenía en la mano me lo sirvieron con un agua ligeramente gaseosa, que lo convertía en una bebida inofensiva en apariencia y buena para quitar la sed. Oí un nombre y reclamó mi atención una mujer. Pregunté:

—¿He oído bien al escuchar el nombre de Aspasia?

—Sí, Aspasia Martel. Es aquella señora que se prende ahora unas horquillas en el pelo. Escribe algo también...

El insólito nombre y la figura pertenecían a la misma persona. Recordé un busto de Aspasia, poco cautivador, en el Museo Vaticano, con un peinado de ondas simétricas como de los años veinte. No con horquillas, como ésta.

—Pero todos la llamamos Asia para disimular —continuaba el presentador.

—¿Por qué? Aspasia es un nombre espléndido. Demasiado importante quizá para usarlo todos los días.

Advertí que Aspasia buscaba algo o a alguien con los ojos. Adiviné —divina vanidad— que era a mí. Me miró, en efecto, pero resbaló su mirada hasta mucho más allá.

—Tiene una historia de amor muy poética. Ya se la contarán si se queda algún tiempo con nosotros.

—No lo sé. Todo depende de mi trabajo... En el hotel tengo una mesa redonda.

—¿Quiere que se la cambien? Voy a dar órdenes ahora mismo. Perdóneme.

Me quedé solo. Los ojos de aquella mujer seguían flotando. Tropezaron conmigo otra vez; ésta, permanecieron sobre mí unos segundos antes de alejarse. Yo supe que fingía y sonreí. Aspasia sonrió también. Nos acercamos uno a otro. Debajo de su traje se movían dos pechos rotundos e indefensos. Quizá los de la Aspasia clásica fueran así. Pensé: «A la suya se llamará sin duda la música de las esferas.» Me recriminé por mi inesperada sedición después de la acidez con que había tratado a la estudiosa. La mujer que tuve en seguida frente a mí sonreía de una manera arrolladora. Cuando conseguí apartar los ojos de su boca, vi un cuerpo no demasiado alto, unos hombros anchos y una cintura en el lugar que le correspondía y con sus precisas dimensiones. Llevaba zapatos de tacón bajo y unas faldas casi hasta los tobillos orladas, como con un zócalo, con unos encajes negros, supuse que antiguos. Su cierta dejadez romántica la destacaba aún más el largo chal que, por uno de sus extremos, arrastraba. Tuve la sensación, o la forcé, de que no era más que una sabihondilla de provincias, resuelta y aplaudida por sus paisanos, una especie de aureolada *municipal y espesa*, una original un tanto pueblerina.

28

Fuese como fuese, lo cierto es que me gustó. Pero me reproché que me gustara. Imaginé el efecto que me habría producido conocerla en mi ambiente normal, si es que al literario se le puede llamar normal y ambiente, rebosante de otras originales por el estilo. Luego, dejé de imaginar. Me quedé prendido de su risa —no sé por qué su sonrisa se elevó hasta la risa—, de su forma de achinar los ojos como con extrañeza o con dubitación (después supe que no veía muy bien), y del lenguaje menudo e incesante de sus manos, tan distinguidas como poco cuidadas.

—Soy profesora en el instituto —me lo decía riendo—. Unas veces de filosofía y otras de literatura. Y escribo también —se rió más fuerte—, pero muy mal.

«Una aficionada, vaya por Dios», me dije. Pero ella siguió hablando, y yo le respondía no sé cómo. No sé cómo, porque me estaba figurando el olor a sí misma que exhalaría debajo de aquel perfume medio oriental.

—Como Manon Lescaut —pronuncié en voz alta sin querer.

Ella alzó sus finas y móviles cejas y achinó más los ojos. Me confesé atraído, en el sentido más inmediato, por su boca no muy sensual, no muy abultada, y tan expresiva, por sus altos pómulos, por el movimiento con que ladeaba la cabeza cuando esperaba una respuesta que yo tardaba en darle, por el gesto con que erguía el busto al hacer una afirmación taxativa (me di cuenta de que yo todavía le estaba sonriendo), por su mirada perspicaz y a la vez cohibida, por sus repentinas risas invencibles, contagiosas, armónicas y desarmadas... Quizá no había visto nunca una mujer más femenina. (Sus manos me pasaron cerca de la cara y volví a sonreír.) Tan capaz simultáneamente de generosidades y perfidias, de aseveraciones incuestionables y de incuestionables ternuras. «Te estás inventando un personaje», me recriminé. Sin embargo, le dije:

—¿Tanto le interesa la filosofía como para dedicarse a ella?

—Yo me dedico a la vida.

Tenía, por si fuera poco, una voz mudable, coloreada, útil en el mejor sentido del término. Entre el hechizo de su mímica y la gachonería de su actitud, no me dejaba enjuiciar con objetividad ni su aspecto ni sus palabras. Dudaba si me estaría tomando el pelo a mí, o todo en ella era una amable ironía, hasta su vestimenta gris marengo. Creo que, ante ella, la opinión subjetiva se dejaba prender y no se consentía intervenir. Algo dentro de mí protestó: «El destino es un Calibán que, durante algunos minutos en cada vida, se transfigura en sensible y generoso y alegre como Ariel. Y vulnerable.»

—Ariel —expresé en alto.

—Todo es aprovechable, Calibán también.

Me miraba con fijeza en los ojos entornando los suyos. Tuve la impresión de que la había conocido ya, de que la había tratado. Su voz y su risa no me eran ajenas. Me invadió un sentimiento de comodidad, como si compartiera un mismo espíritu con ella. No me extrañó en absoluto que escribiera también, y que tuviese una interesante historia de amor... Fue por eso por lo que me embistió, si no el miedo aún, la primera señal de alarma. Es decir, no era un amor sino un temor a primera vista. E inesperadamente me oí decir:

—Nos debatimos (yo al menos me debato) entre los recuerdos como quien bucea en aguas profundas, tratando de sobrevivir entre ellos y de ellos... Quiero decir que nos debatimos, en su terreno, con nosotros mismos. Ser y haber sido quizá no sea posible al mismo tiempo. Quizá no sea posible amar y haber amado.

Como si se tratase de una conversación iniciada hace mucho, aquella mujer a quien desconocía puso una mano sobre mi brazo y afirmó con seguridad:

—Es posible. Yo lo sé. Yo lo estoy sabiendo.

Me quedé presenciándola como se presencia un acontecimiento, distante y próxima a la vez. Y, sin saber por qué, confiaba en ella:

—No es en la literatura donde he disfrutado mis mayores alegrías, ni siquiera el asomo de una felicidad. Lo mejor de la vida lo he obtenido de la vida. Y así y todo...

Pensaba que no fueron mis amantes artistas, el escultor o el actor, los que me habían amado mejor en todo caso. Me amaron porque contaban, además de sus artes, con su corazón. El arte es capaz de multiplicar, de ampliar, pero no crea nada; es capaz de iluminar, pero no inventa la luz. El amor —supongo— enriqueció sus artes más que sus artes al amor que me tuvieron. Y otro tanto me sucedió a mí con ellos, ¿no? No lo sé, tengo que reflexionar sobre esto... Miraba los ojos clarividentes de Asia, sus ojos casi asiáticos... Quizá algunos otros me han intimidado más que ellos, pero nadie me enseñó tanto lo que la omnipotencia del amor puede llegar a hacer.

Asia miró a su alrededor, señaló su alrededor con una mano apenas levantada:

—Yo me conformo con estas cosas, con esta gente, con estas islas. No quiero saber de otro misterio que el de estar enamorada o estarme enamorando. Y el de escribir, muy de tarde en tarde, algún verso que me refleje. He elegido vivir con los ojos cerrados hacia lo de dentro y morir sin abrirlos. La vida está ahí, desfila por delante de nosotros y hay que coger su paso. He elegido ignorar la razón de los seres, la última, si es que la hay. Alargar sólo la mano —la alargaba— y tocar a un semejante mío, a un amor mío. Alzar los ojos —los alzaba, en efecto, después de haberlos fijado unos segundos en la solería— y ver cerca a un auténtico semejante mío, al que haya reconocido por el olfato igual que un perro. Y saber que soy yo, sobre poco más o menos, la que acaricia, la que desea, la que mira.

No sé si le contesté como esperaba o salí por los cerros de Úbeda, pero ella me entendió. Quizá hablábamos los dos expresando sólo segmentos de lo que pensábamos o de lo que habíamos meditado durante muchos años y experiencias. A pesar de su aire juvenil, yo debería de llevar a Asia cinco o seis años nada más.

—La vida —dije— adquiere más valor cuando uno empieza a comprobar que ha emprendido su viaje de regreso. —Ella negaba con la cabeza sonriendo—. Cuando uno empieza a vivir más despacio, con la consciencia de que muchas cosas las realiza por última vez: viajes, deseos, miradas, todo lo que tú afirmas. —La tuteaba ya.

—¿Cuál es la última vez? Cada vez es la primera y la última.

Su voz me acunaba. «Es una tía cursi», me dije; pero me lo dije para sacudirme un peligro desconocido, que me arrinconaba la voluntad. De pronto sentí ganas de llorar y, sin embargo, sonreí. Elevé, como ella hacía un momento, la mano y me despedí. Moví la mano despidiéndome de todos. Me escabullí como pude. Algunos invitados me rodeaban. No sé lo que les dije. Salí de allí. Crucé el callejón y subí unos peldaños que ascendían hasta el paseo del malecón. La exigua luz que habitaba la noche salía del mar. La recibía, sé que la recibía, pero el efecto era que de él brotaba... Acaso casi todo es así, un trampantojo: el amor también.

No, no era culpa de la mujer aquella, tan literaria y poco natural, era mi estado de ánimo. Una inexplicable inquietud me arrastraba como en volandas camino del hotel. En mi interior sangraban el remordimiento de un antiguo crimen consuetudinario, las torturas que me había causado el amor, sus cataclismos, sus catástrofes. El amor, ese carnicero que se pasa el tiempo afilando sus cuchillos... Y aún tenía la intrepidez de tentarme de nuevo, de acercarse con sus leves pasos de paloma, con su irreflexiva alegría, con su ensayadísima improvisación. Lo reconozco por mucho que se disfrace. Lo reconocí aquella noche a causa de la angustia que me produjo su proximidad. Escuché dentro de mí cómo se cerraba una puerta. No, no recordaba los embelesos vividos —me llevaba a mí mismo la contraria, lo sé, pero no los recordé aquella noche—, ni la dicha que corta la respiración, ni el deleite de la entrega absoluta. (¿Cuándo había sido absoluta mi entrega?) Recordaba sólo los embelecos, las deslavazadas agonías y las muertes, como si el caudal del amor fuese sólo un cúmulo de desastres y de inmisericordias.

Estaba picado el mar. Golpeaban las olas contra los rompientes, se destrozaban contra el muro saltándolo y retrocediendo con rabia; mojaban a los transeúntes descuidados y a un grupo de niños que jugaba regocijadamente bajo su lluvia. «Está irritado el mar porque le arrebatan trozos de su dominio. Quizá, sobre todo, porque se los arrebatan para que los insensatos seres humanos aparquen sus vehículos.»

Cuando entré en mi apartamento, ya habían sustituido por otra rectangular la mesa redonda que tanto me incordiaba. Leí un rato sin que me calaran ideas ni palabras. Y aquella noche dormí mal. Dormí dándome cuenta de que estaba dormido. Y el día siguiente no fue bueno tampoco. Hacía recuento, como un comerciante que hace su minucioso balance de fin de año; como un devoto escrupuloso que acomete la ardua tarea de una confesión general.

A la hora del té, ante la única taza, me planteé si me gustaría hacerle a alguien esa pregunta, innecesaria ya entre amantes: «¿Solo o con una gota de leche?» Pero allí no había nadie. ¿Es que echaba de menos una compañía? Me asediaban de nuevo los fantasmas enemigos de la noche pasada. «No estoy seguro», me respondí. Cerré los ojos y recuperé los rostros que había amado, las siluetas de los amantes que poco o mucho —¿quién sabe?, ¿quién lo mide?— me cobijaron con su amor. ¿Qué tuvieron en común esos rostros, aparte de haberme iluminado? Sus bocas gruesas, sus pómulos... No; nada en común, ni la sonrisa, ni el modo divertido o irónico de enfrentarse con la realidad que convivíamos, ni los gentiles cuellos cuya piel... Ni siquiera su sexo, ni el torso musculado, ni el tamaño de los pechos. Nada, salvo quizá su paciencia conmigo, los asemejó.

Me serví el té. ¿Querría que alguno de ellos lo compartiera hoy? ¿Cuál? Qué imposible elección... Las manos, sí: las manos largas y ágiles, que partirían este pastel con lentitud, desentendidas de él, acuciadas por el urgente tacto... No, no querría. El que amó esos rostros —en los que la armonía, distinta en cada uno, dominaba— no soy ya yo. También yo he muerto. Y más veces que ellos. Con dificultad comprendía la desazonada pasión que me inspiraron. La evocaba, pero con la misma evocación impersonal que un párrafo de los que leí la noche de antes: rasgos, voces, ecos de voces, risas, esplendores nocturnos... Cada rostro narraba en voz baja su propia historia; pero a fuer de sincero debo decir que no me emocionaba oírsela contar más de lo que me emocionaría cualquier historia ajena. Luego antes o ahora, mentí o miento. ¿Estaría deformado hasta el punto de medir mis amores por el sufrimiento que me causaron en vez de por el gozo? Creo que no, pero el presente es hoy y yo soy éste. Las historias desvanecidas me atañen remotamente; me producen curiosidad más que nostalgia: la curiosidad de saber hasta qué punto resistí sin romperme; no me enardecen ni me duelen... ¿Es que soy duro de corazón? ¿Es que soy olvidadizo? Me parece que no... Con impertinente pertinacia me volvía a las mientes la estrafalaria mujer del día anterior, y yo la rechazaba.

Podía oír el mar. Continuaba picado. ¿Será que las distintas pleamares de amor emborronaron las huellas de todos en la arena? No; las distingo. Sé de quién es cada una: ellas me han hecho como soy. Distingo el halago desconfiado y maternal de Martina, que me deseaba independiente pero suyo. Distingo la juventud inexperta —«Enséñame, enséñame»— de Sonia, cuya pureza la llevaba a abandonarse, en las más profundas sesiones de erotismo, bajo mi amor tardío que sintió la avidez de la juventud como David, e hizo que me buscara con fruición en ella, en su brío, en su gracejo destinado a morir. «Soy mayor que tu padre», le dije una tarde, y ella me miró con ojos de no entender lo que decía. Porque el joven anhela algo distinto de lo que él posee; ve el tesoro de al lado, mas no el suyo. Circunscribe el amante su mundo a lo que ama, indiferente a la edad, a la torpe cuenta del tiempo y sus marchitas huellas... Distingo las coloreadas mentiras de Esteban, si es que era verdad que se llamaba así, que me tuvieron de puntillas hasta su final, cuya verdad tampoco podría ratificar, ya que murió muy lejos de mis brazos y no obtuve la fehaciente prueba del cadáver. Distingo la altiva vanidad entusiasta de Narciso: «Tu mala leche nos salvará a los dos, porque tú eres mío sólo.» Y el amor antropófago de Gabriel... Sea como sea el que nos ama, a pesar de todo es aliado nuestro. Nos daña, es el único que puede dañarnos, pero es nuestro aliado. Se refleja en nosotros como en un río obediente: el río en que naufragamos y arrastra nuestros restos.

Sin embargo, ¿me han hecho todos ellos como soy realmente? ¿No era ya de una decidida manera? El amor no cambia a nadie; si fuese dueño de cambiarnos, no tendríamos más que uno en nuestra vida. Salvo caso de muerte, claro está, que es el caso de siempre... ¿Se han sucedido por consiguiente estos seres a lo largo de mí sin transformarme? No lo sé. Estuvieron conmigo y se fueron: es todo. Sé que trastornaron mi horario y mis costumbres, o mejor, que ellos fueron mi horario y mis costumbres. Sé que me movieron a escribir, o que me lo impedían. Hoy se me hacen presentes los momentos en que toqué su cielo con mis manos; en que su mirada me invistió de belleza; en que las brumas del amor enturbiaban nuestras recíprocas derrotas... Anocheció. Amaneció otra vez, y estaba solo. Tengo un poco de derecho a pensar que siempre estuve solo.

Aquí está el té. Y la primavera, a la que pugnan por abrirse esos cristales. ¿Fueron indispensables mis amores para traerme donde estoy, a esta isla en la que me extravío? ¿Son los eslabones de una cadena? Si lo son, ¿a qué me atan? ¿O de qué me liberaron al desaparecer? Al contrario, al contrario: es la cadena perpetua del amor, en la que un eslabón suelto no importa demasiado. «Después del arco iris, todo es gris», me repetía Narciso en su lecho de la clínica, y una lágrima le resbalaba por la mejilla. Sí, ¿y después de la muerte?

No, no miro hacia atrás: sé que ya he concluido. El amor, como un juez apresurado, se levantó del tribunal después de haber enunciado su condena. Tampoco puedo mirar hacia delante en contra de lo que me recomendaba aquella mujer de anoche en aquel sitio que vi apenas. No miro más que este té, solitario y sereno. ¿Sereno? Creo que sí... Si algo recuerdo es la alegría. No los instantes en los que la flor del mundo trasminaba; en que la felicidad no era imprescindible porque su olvido es la mejor forma de ella; en que pedir lo imposible no resultó excesivo, porque la eternidad granujeaba como un perro pequeño a nuestros pies. No recuerdo —o confundo— los apasionados desvíos. Recuerdo la sencilla alegría; viajes en coche, tan temprano, a solas; desayunos llenos de risas; la disponibilidad partida por medio como un pan recién hecho; la confabulación frente a las personas que ignoraban o fingían ignorar nuestro amor... Sólo recuerdo la alegría. Pero la alegría recordada no alegra: es como un plato frío que al día siguiente testifica el calor de la cena... Aquí está el té.

Insisto: ¿qué amor reviviría? Ninguno, ninguno. Todos fueron perfectos dentro de su temperatura, su color y su hora; pero ni el corazón ni la memoria se detienen. ¿Doy a entender que espero un amor nuevo? No, por Dios, no: quiero decir que corro camino de mi derrumbadero. Siento demasiada desgana para seducir, para comenzar otra vez el turbio juego, para darle importancia a lo que no la tiene. ¿No la tiene el amor? Sí, pero cuando es sentido. Ya es imposible para mí sentir sin presentir; sin presentir que todo amor acaba aquí disecado en un libro o en el marco de plata de una fotografía dedicada. Tal es la causa de la desazón que anoche me aturdía, la que me obligó a huir del sitio aquel. ¿Cómo hacer de nuevo las lentas rúbricas minuciosas; cómo iniciar las anfibias conversaciones susurradas, igual que si tuviese toda la vida por delante, inmerso en un sentimiento excluyente e ingenuo, simulando desconocer que todo acaba, todo pasa y se olvida?

¿Se olvida? ¿Por qué estás aquí entonces? No te hagas ilusiones. No se olvida del todo: cada vez que se convoca un juicio somos testigos de cargo en contra nuestra. Pero los rostros que circulan esta tarde alrededor de este té a solas ya no existen; no corresponden en la realidad a nadie en este mundo. Son rostros de quienes se sentaron a mi lado un día, rieron a mi lado, se tendieron desnudos junto a mí cuando la palabra y la risa fueron insuficientes... Hoy vienen a advertirme. Quiero escribir sobre ellos, pero sin ellos ya. No los añoro, porque no me añoro. Fueron más yo que yo mientras vivían; hoy yo, sin ellos, soy yo solo. Hoy resucitan mientras reflexiono en su desprendimiento y en su vida...

Cuánta contradicción de dentro afuera. Ante

el ventanal abierto cara a la primavera que se presagiaba con prisa, me tomé la primera taza de té casi de un sorbo. La segunda no me la llegué a tomar toda.

Salvo contadas noches, duermo muy mal. Requiero mucho tiempo para ir entrando en la serenidad que precede al sueño. Sigo un ritual meticuloso y un poco risible, y arribo al sueño como después de una navegación. Como quien se acerca a la habitación de un enfermo, sigiloso y sin una intención definida, disimuladamente casi, apartándose de la vibrante realidad del resto de la casa. El sueño es para mí, como buen insomne, una sala cuya quietud no debe perturbarse, y en la que no sé a quién he de encontrar o qué me espera, ni sé qué luces y músicas y colores brillantes me acometerán, quebrantando el presunto silencio y la presunta sombra que había que respetar. El sueño es para mí un reservado en el que la vida adquiere el ritmo y la lentitud de lo subacuático, o la vertiginosidad de quien se despeña por un precipicio o huye de un peligro infinito, y en el que los acontecimientos se acumulan unos sobre otros como sucede en las malas fotografías o en el montaje, no sabemos si hecho a propósito, de los fundidos en el cine, cuando hay unos segundos en que perdemos de vista el lugar y la acción de que venimos y aún no llegamos a percibir con nitidez aquellos en los que vamos a desembocar... Salvo el caso en que el sueño sea profundo y pasivo, sin ensueños, y todo, hasta el

mismo durmiente, desaparezca como si hubiese
muerto.

Yo duermo en calderilla, a ráfagas, desasistido
y casual. Y despierto —porque el paso del tiempo
también se ha dormido— sin saber si estuve ausente de mí unos minutos o unas horas, ni si las
complicaciones estáticas o turbulentas de los sueños me han arrastrado lejos de mi cama habitual.
Despierto oyendo voces nunca oídas, y con la sensación de que tengo que olvidar, por censura y
necesidad, cuanto aprendí fuera de mí mismo,
porque así conviene al inmutable orden del universo...

Mi tercera noche en la isla fue una de las contadas noches de excepción. Dormí durante largo
tiempo y soñé no sé cuánto. A mí me pareció que
el sueño había durado horas. En él Asia se mostraba en pie a la puerta de mi apartamento y yo
la divisaba a su través. Venía vestida de forma
aproximada a como ya la vi. Yo le abría sin que
llamase. Nos mirábamos con una intensidad que
en la vigilia nunca se da. Y, de repente, estábamos desnudos en la misma cama, no en otra, en
la que yo dormía y soñaba aquella noche.

Durante un momento, cuyo transcurso resultaba doloroso para mí, y supe no sé por qué procedimiento que para ella, nos contemplamos
como si de ello dependieran no sólo nuestras vidas, sino el mundo entero, la fauna y la flora y
los callados astros. Parecía imperiosa esa pes-
quisa previa, esa investigación voraz para que el
universo continuara. Y, comprobado el cumplimiento de aquella condición, nos volcamos sin
más uno en brazos del otro —no, no: uno dentro

del otro—, comenzando la mímica del amor más incandescente y desesperada de que yo tuviera noticia, no sólo por mi vida. Luchamos, ya hostiles ya amigables, y quizá de ambos modos a la vez, y nos debatimos entre fogosos y hambrientos recorridos, codiciosos descubrimientos, y correspondencias sabias y tanteantes a la vez. Sus manos enmarcaban mi cara y no me permitían oír los rumores del mundo; sus labios tan finos envolvían los míos y no me permitían responderle; la quemante proximidad de su cuerpo tan musical no me permitía atender a otra cosa. Toda mi piel era una mano que acariciaba y era acariciada. Todo mi olfato no bastaba para recoger el olor de su carne en promiscuos rincones. No hablaba ninguno de los dos. Viajábamos en silencio por mutuos pasajes ajenos que paradójicamente conocíamos: tersas laderas, florecientes colinas, umbrosos valles acogedores. A sus abrazos respondía con desfallecimientos y exaltaciones nunca experimentados. Una ilusión abrumadora, brutal e incestuosa, más real que la realidad misma. Ni por un instante yo soñé que soñaba, contra lo que me suele suceder.

Tan corpórea fue la imagen que, al despertar, subsistía dentro de mí y en torno mío. Dos veces culminamos el amor en el sueño, y cuando el sueño se escabulló, aún me duraba en los oídos el gemido y el sollozo de ella, permanecía en mi boca su sabor, en mi nariz el olor de sus ingles y de su sexo, la palidez de sus muslos en mis ojos, la mórbida exuberancia de sus pechos en mis manos, la presión de sus piernas en mis costados y mis riñones... Tras el sueño carnal y vehemente, me encontré más solo que antes. Traté de dormir un poco más, de regresar a la sombra incierta y colmada de la que venía. No me fue posible. Me demoré, no obstante, en la cama, con los ojos cerrados.

Cuando sonó el teléfono supe quién era. Quedamos en que vendría a primera hora de la tarde.

Al abrirle la puerta aleteaba en sus ojos una connivencia. Era tal la silenciosa extenuación de Asia, sus ojeras, el desmayo con el que abandonaba a la mía su mirada, su desdén por el entorno, que dudé si lo que sucedió en el sueño no habría de veras sucedido. Al menos, no me cupo duda de que Asia había soñado lo que soñé y en términos idénticos.

—Anoche he soñado contigo —dije tomando su mano.

Ella sonrió con misterio, irguió la cabeza y resistió con sus ojos largo tiempo los míos. No dijo una sola palabra. Se acercó a mí y olvidó sus manos sobre mis hombros. El sueño recomenzó y transcurrió exactamente como había transcurrido. Jamás podré olvidar, ni lo intentaría, el rostro de Asia traspuesta, entreabierta la boca y jadeante, los ojos perdidos como quien ha hecho un feliz descubrimiento o recibido una sorpresa extraordinaria, con el reflujo de una dicha física incomparable ruborizándole las mejillas, humedeciéndole la frente, el cuello, entregada y deslumbradora... Luego, sus párpados se abatieron, se reunieron sus labios, y se dobló su cabeza como si fuese a expirar. Y permaneció allí, sobre

43

la almohada, más hermosa que antes, serena y relajada, recompuestas las facciones, con la expresión en reposo de un cadáver que ya ha sobrepasado la agonía. Así continuó varios minutos,
secreta o inconsciente. Después comenzó a hablar
antes de abrir los ojos mientras se desperezaba
con sensualidad:

—El director del observatorio me habló un día
del polvo cósmico. Ahora ya sé lo que quería decir. Ha sido un portento de la fisiología.

Su risa me pareció la más melódica que nunca
había escuchado. También yo me reí. Recosté la
cabeza sobre su hombro y no me sentí solo. Lo
que había reflexionado el día anterior a la hora
del té se diluyó como el terrón de azúcar en la
taza.

Cuando nos levantamos de la cama, atardecía.
Nos acercamos desnudos al ventanal.

—¿Por qué has hecho esto? —le pregunté be-
sándole la espalda.

Me miró con espanto y diversión en los ojos y
se encogió de hombros.

—Quizá porque el sol se deja caer con tanta
suavidad sobre esos tarajes... —Señalaba la calle.
El mar estaba de un azul mortecino y apenas se
movía, trémula, su superficie—. Qué cosas pre-
guntáis los hombres. «¿Por qué?» Si no lo enten-
déis sin que os lo expliquen, no lo entenderéis
aunque os lo expliquen... —Hizo una pausa. Yo
seguí detrás de ella, mi cuerpo pegado al suyo.
Sin volverse añadió—: Digamos que tú has apa-
recido en el momento idóneo. Más vale llegar a

tiempo que esperar un año. —Bajó la voz—. Creí
que nunca más iba a besar ya así. Creí que no iba
a ser nunca más así abrazada...

—También yo lo creía.

Se volvió. Nos besamos con un beso tan prolongado y hondo como acaso no lo había dado ni
recibido antes. ¿Y por qué comparar? No le pregunté nada más. No quise saber nada. Ella tenía
razón: el momento oportuno...

Fue inútil que me repitiese lo que todo el
mundo sabe: que el amor es una excitación sexual que posee un substrato bioquímico activado
en el cerebro. Lo que me había repetido en cada
episodio amoroso de mi vida, y que me había hecho sonreír: que las investigaciones han identificado sustancias específicas como la feniletila-
mina y la dopamina, estimulantes de algunos
neurotransmisores cerebrales a los que les co-
rresponde el papel más decisivo —más que la
piel, más que el relumbre de los ojos, más que la
morbidez de los labios— en los estados de pasión
y de enamoramiento. En efecto, me decía, ha au-
mentado mi secreción de adrenalina, se ha in-
crementado mi tensión muscular, se me dilataron
las pupilas y sentí un fervor en mi corazón y en
mi estómago y en mi sexo y en mis extremida-
des... Todo es cierto. Pero ¿quién ha disparado
esa barbaridad de reacciones en cadena? ¿Quién
desencadenó ese proceso complicado y automático? Yo había venido a la isla a escribir sobre
muertos, y había provocado la eterna guerra entre los dos principios opuestos desde el mismí-

simo principio de las cosas: la fuerza de la vida y
el instinto de la muerte, el placer y el dolor, el
sexo y la agresión, el amor y el desvío, Eros y Tá-
natos... Una vez más se confirmaba que los seres
humanos sólo somos un palenque indeciso.

Cuando me quedé a solas —Asia tenía obli-
gaciones que cumplir, compromisos de los que no
me habló—, pedí una cena no demasiado exigua,
me eché una bata por encima, me asomé al balcón y vi la luna un poco más crecida meciéndose
en el mar. Calculé que todo estaba bien. Con una
moneda en la mano derecha le recé a la luna la
vieja oración de los indios caracas. Tan fija y con-
cienzudamente la miraba que la dejé de ver. «Con
real me dejaste, con real me encontraste. Haz que
cuando vuelvas con real me encuentres.» Luego
sustituí, con una fe pueril, la palabra *real* por la
palabra *amor*. Y me encontré en una profunda
paz conmigo mismo.

Al día siguiente había quedado con Asia para
almorzar. Se presentó vestida en tonos cremas,
con una blusa de seda cruda y sus largas faldas
circundadas de encajes. Se rió tanto al verme que
pensé que me había peinado mal o puesto dos zapatos de colores distintos; pero no me importó,
absorto como estaba en el atirantamiento de sus
labios y de las comisuras de sus párpados. Me
respondió sin que le preguntara:

—Cuando estoy contenta, puedo sonreír todo
el tiempo.

—¿Como los ídolos orientales?

—No lo olvides: yo soy exótica. Procedo de fa-

46

milia cubana y he nacido en África. Ya te lo contaré.

Se hizo un calmo silencio.

—Cuando estás contenta, aunque te calles, hablas. Con los ojos, con las manos, con la piel del escote, con los pechos.

—Con las faldas tan largas que tanta gracia te hacen...

Había unas nubes algodonosas acumuladas sobre el mar, pero en el horizonte. Entre los barrancos y las verdes gargantas, tierra adentro, otras nubes asidas a la vegetación, resistiéndose, cándidas, casi humanas.

Mientras comíamos, Asia comentaba, de cuando en cuando, cosas que no tenían unas con otras una relación lógica. Ella les proporcionaba, sin saber cómo, al enumerarlas, una obvia concatenación.

—La gente de esta isla, a la que amo más que nada en el mundo, se ha atiborrado durante tanto tiempo de tantas virtudes, que aún no ha podido hacer la digestión completa de ninguna... Odio su pereza, su despreocupación por lo esencial, su apatía, su respetabilidad, su generosidad cicatera, su cicatero egoísmo. Y su hipocresía, sobre todo. Los odio y los odiaré siempre, por mucha coba que me den ahora.

—¿Ahora?

—Ya te enterarás —rió—, espero que por mí... Desde luego, los hombres hacen a sus dioses a su imagen y semejanza, no al revés. Los mahometanos, como decidieron ser polígamos, llenan su paraíso de huríes. Los caníbales, africanos o no, adoran a dioses devoradores. Los griegos, apasio-

nados y pensativos, que jugaban con la razón
como los niños con su colita, divinizaron la razón
y la pasión. Pero los cristianos, por encima de
todo, ensalzan este *valle de lágrimas*, pecando una
vez más contra la naturaleza. ¿Cómo puede haber
gente convencida de que nacemos para sufrir?

—Yo siento por ella una gran conmiseración
y una invencible antipatía.

—Siempre los he tenido, a esos mostrencos,
por los peores enemigos de su dios, sea el que
sea, no me importa.

—Tiene tela opinar que para conseguir el paraíso se ha de pagar una entrada de llanto. La
peor blasfemia es creer que la enhiesta espada del
ángel guardián sólo puede vencerse con la aflicción. Y mejor si es inútil y además provocada.

—Sin embargo —Asia reía—, de los libros tuyos que yo he leído se deduce una buena dosis
de cultura judeocristiana: esa de que *al que algo
quiere algo le cuesta*, y *antes o después todo se
paga*. Por eso hablo del tema. —Yo solté una
carcajada, aun sospechando que tenía algo de
razón—. La vida, por encima y por debajo de
todo, es alegría. Hay millones y millones de cosas gratas que nos suceden o de que podemos
disfrutar, y que son gratis: nuestros cuerpos, ¿o
no? —le sonreía toda la cara, incluso todo el
cuerpo—, la elegancia de los animales y las flores, el colorido de los cielos y el mar, los asi-
deros de la luz... Yo creo que el paraíso se encuentra entre nosotros.

—Parece que el infierno también. —Yo estaba
colgado de su boca.

—El infierno es sólo un riesgo que corremos

por tener tan cerca el paraíso. La alegría ha de lamer los cimientos del dolor, minarle su terreno, hacerlo caer. El espíritu de sacrificio es un invento estúpido. Cuando no haya más remedio, se acepta el sacrificio, pero con alegría. El fanatismo del dolor me da arcadas.

—En realidad —comenté en contra de lo que había escrito durante mi primer día en la isla—, es el atentado mayor que se puede cometer contra la vida. Pero somos muy proclives a él, más que al de la carne.

—Lo eres tú, no yo. —Se reía apretándome los dedos—. Ten cuidado. Aunque me ría, te lo digo en serio: quien agregue un gramo de dolor inútil al que ya hay en la tierra merece no vivir. A veces pienso que hemos abolido la pena de muerte con demasiada precipitación... La vida es el supremo don y el supremo destino de un ser vivo. Y ella lleva consigo su alegría... A pesar de que no estamos lejos de África, en estas islas somos también un poquito mortíferos. Y eso que nuestra naturaleza es más difícil de contrariar.

—¿Por qué hablas de *vuestra* naturaleza?

—Porque aquí, más que en otros sitios, enamorarse es una inevitabilidad física. Como que nos caliente el sol, o la lluvia nos moje. Y todo lo inevitable conduce a una gorjeante fertilidad. —Fijaba sus ojos en los míos con un barrunto de sorna—. El hijo es la única consecuencia válida del amor, ¿no crees?

—Yo no tengo hijos... Y en ese caso, ¿nuestro amor...?

—El nuestro no es un amor de *ésos*. No es físico, ni es inevitable: está pensado y requetepensado, por encima de nosotros y mucho antes quizá... Nos ha cabido la fortuna de que, además de un amor consciente, sea satisfactorio. —Dudé si hablaba en broma.

—¿No es esto lo contrario de lo que dijiste la primera noche: que cerrabas los ojos a la razón última de los seres?

—No sé. Quizá no es una contradicción. Pero, en cualquier caso, no me importa contradecirme. —Se echó a reír, y su risa me lo explicaba todo.

Después de una pequeña pausa añadí, volviendo al tema previo:

—En el amor sucede como en la arquitectura a los ojos no expertos: los ojos de los turistas norteamericanos, por ejemplo. Los edificios que les dan más impresión de góticos son los neogóticos, y los que más retratan. Los estiman más vistosos, más limpios y mejor situados.

—De ese amor para expertos no hablemos hoy. Ya tendremos otras ocasiones para hablar.

—Me intrigas. Casi todos los temas interesantes los aplazas. —Rió más fuerte.

—Porque creo que tú y yo, contra todo pronóstico, vamos a pasar mucho tiempo juntos. —El sexo le asomaba a los ojos—. Y porque una persona no es atractiva más que cuando no se la conoce del todo; cuando posee aún grandes zonas por encontrar, sorpresas que producir, inquietudes que ofrecer, velos que rasgar. Por eso —me cogía con cariño la mano, con la suya izquierda, y me la enardecía con la derecha— los matrimonios felices son tan pocos: los cónyuges se conocen demasiado bien en el mejor de los casos, y se aburren. O no se soportan, en el peor.

—Si es que hay alguno peor que los demás, que son siempre tan malos.

—No exageres —murmuró mientras me mordía la punta de los dedos—. Te lo demostraré.

No sé el tiempo que iríamos a pasar juntos según Asia; pero esa tarde, por lo menos, sí que lo estuvimos. Mezclados, diría yo. Hasta tal punto su amor era afirmativo, acometedor y perentorio.

Al concluir, me pidió un agua tónica. Yo iba a beber un whisky. Descuidado de mi extraordinaria torpeza para todo lo manual, intenté abrir yo solo las botellas. Con tan mala suerte que me hice una pequeña herida en el índice de la mano izquierda. Quise ocultarlo, pero Asia se me acercó riendo.

—No sabes hacer nada, pobrecito. Esas manos sirven sólo para escribir.

—Primero, no soy zurdo. Y segundo, ¿sólo?

—Y para enloquecer. Es bastante más de lo que exijo para aprobar el primer curso. —Me besaba el dedo herido—. Sana, sana, culito de rana, si no sanas hoy, sanarás mañana. —Lamió las gotas de sangre que brotaban trabajosamente de la ligera herida. Puso una cara de éxtasis perfecto—. ¡Icor, la sangre de los dioses!

Tuve que besarla riendo sin reservas.

Al anochecer, en el balcón de mi cuarto, que los del hotel llamaban terraza, a la indolente luz de la luna, con el mar tan amado por Asia como testigo, quedamos para dos días después en un bar cercano al Castillete de la antigua muralla, un poco más arriba del aparcamiento, junto a un barco llamado *María*, conmemorativo de la salvación de la isla frente a los piratas que la atacaron en 1553.

Llegué yo primero. El sol doraba todavía el muro de la acera junto al mar. Era una tarde resplandeciente. Había almorzado en un restaurante fuera de la ciudad, y visto el cielo sin una sola tacha y sin una sola referencia también. No era posible percibirlo como una bóveda, sino como el vacío: como lo que es, un infinito vacío que su propia infinitud azulea. Me acordé de un soneto de Bartolomé Leonardo de Argensola, y para distraerme lo reconstruí entero: desde su título, hoy chocante: «A una mujer que se afeitaba y estaba hermosa», hasta su desproporcionado segundo terceto:

> *Porque ese cielo azul que todos vemos*
> *ni es cielo ni es azul. ¡Lástima grande*
> *que no sea verdad tanta belleza!*

Nunca había recibido tal sensación del cielo: no cúpula, no manto, no algo nuestro aunque sea opresor, sino la imponente y cálida frontera con el universo inhumano que no nos pertenece y nos ignora.

Ahora veía acumularse, como columnas, unas nubes verticales en el horizonte.

Pedía el café al joven camarero cuando vi a otro joven en una mesa próxima. Vestía vaqueros y una camisa a cuadros de múltiples colores. Me puse las gafas de lejos y lo hallé muy atractivo.

Me asombró que me sonriera, y le respondí con una leve inclinación. Sé muy bien que en este país la gente apenas lee novelas, pero a sus autores la televisión nos hace más o menos conocidos y un poco amigos de quienes se tropiezan con nosotros sin leernos. Quizá, si nos leyeran, lo seríamos menos. Sea lo que fuere, la cara del muchacho —de unos veinticinco años— me recordaba la de alguien. Es natural —me dije—: casi todos los chicos guapos morenos se asemejan un poco. Sobre todo los que pertenecen a un cierto tipo. La sonrisa de éste le tiraba hacia arriba los labios de una manera muy seductora: se los remangaba hasta mostrar sus dientes, y le redondeaba a la vez los pómulos. Adquiría al sonreír un aspecto aniñado lleno de gracia, que su pelo abundante, negro y rizado, caído sobre una parte de la frente, acentuaba. Su forma de sentarse, con los muslos muy abiertos y repantigado en un sillón blanco, lo pregonaba ahíto de bienestar y con una llamativa euforia, resultado envidiable de los pocos años y de una salud perfecta.

Por la acera se acercaba ya Asia. No se detuvo en mi mesa; me tomó una mano, me la besó, y casi bailando prosiguió su marcha. Se detuvo frente al chico, y lo levantó tirando de él mientras los dos reían con soltura. Jactancioso, supuse que el chico le había pedido serme presentado y ahora se avergonzaba. También yo sonreí para animarlo. Se aproximaron los dos del brazo.

—Es mi marido —dijo Asia, y agregó señalándome—: Ya lo conoces, Octavio Lerma.

El muchacho me saludó, sin permitir que me incorporara, con una corrección extrema. Yo esperé que cancelaran la broma del imaginario matrimonio; no lo hicieron. Me quedé fuera de juego, pendiente de los dos.

—Soy el piloto que el otro día le suministró papel en el avión. Era un trozo espantoso, lo sé, perdóneme. Pero no era cosa de hacerle esperar, maestro.

Comprendí por qué me sonaba aquella cara, que yo había entrevisto desde atrás.

—Si empezáis a llamaros de usted y todas esas bobadas, os dejo solos —aclaró Asia sentándose.

También se sentó el chico. A mí me dejaron en medio de los dos.

—¿De veras estáis casados?

—Sí, es una larga historia —respondió Asia—: ya te la contaremos. Era imprescindible —se reía de nuevo— que me buscase alguien para empujar mi silla de ruedas el día de mañana, que está al caer, ¿no crees?

Aludí con la mano al muchacho y la reprendí lo mejor que pude:

—No creo que sea apropiado hablar de edades delante de un extraño.

—No es un extraño: es mi marido.

—Lo digo porque pertenece a otra generación distinta de la nuestra.

—Grosero —exclamó Asia, y rieron los dos.

Giré hacia mi izquierda, con las gafas en la mano, para ver de cerca al muchacho. Me sentía anonadado. Él me estaba mirando, y nos sonreímos de un modo convencional.

—¿Qué le parece la isla una vez dentro?

—Muy bien. No sé por qué le llaman *la isla bonita*. Es mucho más que eso: algo más notable, más costoso de conseguir. Tiene una estabilidad alcanzada a pulso, después de desgarros, de largos encrespamientos indescifrables, de entrañas por el aire...

No estaba yo para dar opiniones y, además, sobre el propio muchacho opinaba que era muy guapo, pero innecesario. Probablemente mi parecer se hallaba mediatizado por mi circunstancia. Con uniforme o sin él, estaba convencido de que el chico pasearía su figura y su indudable buena educación; pero también pasearía su intrascendencia.

—¿Ha conseguido aprovechar el tiempo? Ya sé que vino a trabajar... Ustedes viven con el inconveniente de que nos informemos de todo lo suyo por los periódicos.

—De todo, de todo, no. O espero que no. —Miré a Aspasia, que se rió en mis narices—. Y no me llames de usted: tampoco hay tanta diferencia de edad.

—Es cierto —intervino Asia con pésimas intenciones—: aproximadamente veintiún años sólo.

—¿Y cuántos días? —balbuceé algo molesto. Me volví hacia el hombre—. ¿Cómo te llamas?

—Leonardo, pero me llaman Leo.

—Es decir, la gente se queda de ti con la mitad superior, y de tu mujer, con la inferior: muy lógico.

Asia se echó a reír. No sé si Leonardo me entendió.

—¿Es hora de que pidamos una copa?

—Si me perdonáis —dije—, os dejaré. Tengo un trabajo extra para un horrendo periódico de

la Península. Me gustaría salir de él cuanto antes.
—Me puse en pie retirando mi asiento—. Para mí
es como si os hubieseis casado ahora mismo. O
sea, enhorabuena de todo corazón.

—Pues llevamos casados, o así, cerca de
quince años —rió otra vez Asia—, ¿no es cierto?

La sonrisa con que respondió el muchacho fue
ciertamente imantadora.

—Con muchos más motivos —insistí—. Hasta
muy pronto. Y encantado.

Cien metros, y estuve ante la puerta de mi hotel. Me volví. Los dos me estaban mirando y me
saludaron afectuosos con la mano. Yo les corres-
pondí, pienso que con menos afecto, y entré.

Había sido un pretexto. No tenía ningún trabajo que hacer, salvo mi libro. Pero el golpe de
Asia fue excesivamente bajo. Debía recuperarme.
Después de tomar un par de whiskies, amainada
mi ira, escribí:

Todo amor engaña. Engaña hasta cuando
dice la verdad, porque la dice para no ser
creído. En el amor no hay sinceridad consciente. Los amantes mienten, pero también se
mienten; pretenden confundir y se confunden. La verdad, en el amor, no los utiliza a
ellos para aparecer, sino que usa otros caminos más sutiles, más indirectos y ajenos que
sus sinceridades... Quizá el amor nace sólo
para engañar. El sexo, sin embargo, es natural, evidente y sin recámaras: él no sabe mentir... ¿Y las mujeres que, por dinero o por

amor, simulan orgasmos? O sea, ¿todo engaña? Sí, quizá todo.

Yo no creo ser celoso. (El día en que escribí esta página estaba aniquilado por los celos.) He sentido el súbito crujir de la ruptura. Me he descarriado por las oscuras avenidas del desamor, en las que todo pierde su realidad; he invocado la muerte ajena junto con la mía como la forma más limpia y sucinta de acabar una historia. Pero no celos. Y no es cuestión de mayor o menor seguridad en mí, porque torres más altas han caído; no es cuestión de mayor o menor confianza en el otro, porque la ocasión en que más confianza tuve —una confianza ciega, y tan ciega— me plantaron como un pino de la noche a la mañana. Supongo que es cuestión de la distancia que mi trabajo pone entre mi cerebro y los padecimientos de mi corazón. Aunque yo a veces escriba lo contrario.

Recuerdo ahora una mañana ominosa. Cuando me desperté fue para comprobar que estaba solo. Mi amante, Gabriel entonces, con nocturnidad y alevosía, había huido de nuevo. Hacía tiempo que me estaba mintiendo. Me aseguraba que iba a un trabajo al que no iba, y se pasaba fuera las mañanas haciendo no sé el qué. Yo me había enterado de que no trabajaba, pero disimulé para ver el final de aquel engaño. Aquella mañana vi su armario abierto y vaciado, pero no su maleta. Sin duda se había ido temprano a Andalucía, a casa de sus padres, donde se fortificaba contra mis reclamaciones. Recordé que por la noche me ofreció un vaso de agua para mi somnífero; seguro que ya había disuelto en él otra pastilla. Dormí con un sueño pesado y sordo... Me invadió una miserable tristeza de perro abandonado. Y luego, redentores, me invadieron la ira y los celos. Miré la estilizada figura de una balinesa que le encantaba a mi amante, y la odié.

—Dámela —me rogaba zalamero de cuando en cuando.

—¿Para qué? Está ahí. Es de los dos.

—Quiero que sea mía sólo.

—¿Para llevártela el día en que te vayas?

Por lo menos, no se la había llevado. Y yo supe que era una hora clave de mi vida. «Se acabó», me dije. Lo repetí en voz alta... Sin embargo, todas las numerosas separaciones anteriores fueron también claves y definitivas. «Como ésta, no —casi grité—: ahora soy yo el que decide.» Empezaba a despuntar mi carrera de escritor profesional. Martina había muerto hacía tres años. Vivía con estrecheces. Fui a ducharme en el pequeño cuarto de baño gris...

Fue una mañana del mismo tono que aquellos azulejos, a la vuelta de un viaje corto, en aquel cuarto... Había encontrado a mi amante con una visita de cumplido, y yo tenía los brazos tan predispuestos y tan impacientes durante el trayecto.

—¿Puedes venir un momento? —me dirigí a Gabriel. En el lugar donde entonces estaba, ante la ducha, nos besamos con tal ansia que hizo temblar los muros. Cuando reaparecimos, la visita tenía entre las manos la esculturilla de la balinesa...

Me vestí de cualquier manera. Bajé a la calle. En aquel ascensor los besos... «No recordar.» Compré enfrente huevos y yogures... Una docena de cada cosa. ¿Iría al mercado? Sólo una manzana más allá, y le compraría a Paca la florista... «No, al mercado no.» Sería correr un riesgo: allí había sido feliz. Me dispuse a empezar la vida con impasibilidad. El día era, como debía ser, nublado y frío. Las fachadas parecían más siniestras que de ordinario y una pesada luz azufre resbalaba por ellas. «Mejor.»

De regreso, abrí la puerta del apartamento. La llave temblequeaba. ¿Y si...? No, seguía sin haber nadie. «Se ha llevado el amor su olor a bosque», pensé, y me recriminé por haberlo pensado. Di unos pasos a través del silencio. En la diminuta cocina aún se apilaban los cacharros de la cena de ayer. «*La última cena* —dije—. Podía habérsele ocurrido fregar esto.» Me encogí de hombros. De la calle subía un continuo rumor emborronado. Me decidí a fregar. Nunca lo hacía, salvo en esos casos. «No necesito a nadie.» Eché en el fregadero un liquiducho; se levantó la espuma. «Cuánto tiempo perdido. En estos años podía haber escrito tres novelas, emprendido viajes maravillosos, aceptado cursos en universidades extranjeras... Todo lo he descuidado: mi trabajo, mi carrera, mi vida, mi obra. "Cuando un escritor dice mi obra, se le pone la boca de O mayúscula", dice él siempre. No me importa lo que dijera. Me ha distraído; me ha apartado de mi camino con los malditos trucos del amor.» Puse a cocer los huevos. «¿Ha sonado la puerta?» No, no ha sonado. No sonará. Los huevos se agrietaron, se escapaba la clara. «Bueno, antes de escribir hay que vivir —me excusé—. Eso es una idiotez. Yo ya he vivido bastante. Podría pasar años contándolo. No necesitaba vivir más... Y que la vida no se agota en el amor, qué leches.»

La mañana se deslizaba sobre tan prudente resolución mía. Me comí un huevo duro y un yogur. De pie, en cinco minutos. Tenía que aprovechar la prodigiosa coyuntura: toda la tarde, mía. Oscureció fuera; era casi de noche; sólo quedaba una luz mortecina en los últimos pisos. «Desatendí a mis amigos, me concentré en el amor como si fuese mi destino...» Se había llevado todo: su cintura huidiza, su carne subyugada y rebelde, su incomprensión, su risa que se alzaba lo mismo que un graznido... No sabía reír. Se golpeaba los muslos con las manos como en un aleteo. Parecía ahogarse, precisamente porque no se desahogaba riendo... «He dicho que recordar, no.» Preparé la mesa llamada de trabajo, siempre invadida por cosas inservibles. «Y ajenas», agregué. Los papeles, la estilográfica. Toda la tarde por delante. Miré el teléfono. No miré el teléfono, es que lo vi sencillamente; recorría el apartamento con los ojos, y lo vi, eso fue todo... Encendí un cigarrillo. El cenicero estaba lleno de colillas: ¿tanto había fumado? «El arte está por encima de todo este mundillo.» En la minúscula terraza, la hiedra tiritaba con una indescriptible desolación. No avanzaban las horas. «Qué bien. Cómo cunde el tiempo cuando es sólo de uno.» Me asomé. Seis pisos más abajo, la gente andaba de prisa por las aceras. Hacía frío. Toqué el radiador. «Está helado. Todo está helado.» Anoche fue lo contrario de esta quietud: la áspera discusión, las voces. Igual que siempre. «Qué tranquilidad. Demasiada.» A estas horas, si había salido, mintiera o no, solía volver mi amante. El té lo tomábamos siempre juntos. «Hoy no tomaré té.» Sentí un vacío en el estómago. «De hambre.» La soledad se henchía lo mismo que una vela. Un claxon, en la calle, lanzó dos notas, y luego cinco más. «Es el Alfa Romeo de ese imbécil —habría dicho Gabriel—: quiere que todo el mundo sepa que pasa él.» Que todo el mundo sepa... Me senté. La mesa, los papeles, desenfundé la pluma. Lo mismo que una sábana tendida, tremolaba la soledad en la terraza. Pero ¿y dentro? «Schopenhauer celebró con júbilo su decadencia erótica. Yo he malgastado años, minuto por minuto, y ahora no sé ni por qué ha sido.» Miré el teléfono. Sí, sí, esta vez miré el teléfono. «Schopenhauer era un pelmazo.» La tinta de la pluma me había manchado el dedo corazón. Fui al lavabo. Aquí delante, por detrás, una tarde... La huella azul no desaparecía. Sin saber cómo, me encontré peinándome. Respiraba con cierta agitación. «Yo, agitación, ¿por qué?» Al pasar, mis ojos tropezaron con la balinesa; la volví a odiar. Salí, cerrando con cuidado la puerta. Mientras corría, ya en el portal, recordé que no había enfundado la estilográfica. «Me importa un pito.» Llamé un taxi. «A Andalucía, a la estación de Atocha», le grité al chófer.

Sí; puede que alguna vez haya sentido celos.

DOS

Seguí trabajando como pude. No siempre bien. Es decir, casi nunca. Me encontraba más solo que antes de conocer a Aspasia. No atendí varias llamadas que me hizo: su conducta me había producido una gran decepción. Quizá infundada, quizá desmedida, es cierto: entre nosotros no había sucedido otra cosa que una breve aventura... Pero la amenaza de peligro se había confirmado. No deseaba pensar más en ella. Nunca más. Ni en ella ni en su marido o lo que fuese. En el que, sin embargo, mi mente también se empeñaba en ocuparse. Formaban una pareja tan llamativa que su recuerdo era difícil de esquivar. Me los imaginaba juntos, besándose, tocándose, buceando uno en otro, haciéndose el amor. Y me irritaba. O me consumía una envidia infinita. Jamás había sido yo mirón, ni sufrido el especial embrujo de quien pertenece a otra persona... Pero en ese caso no transcurrían las cosas como hubiese sido pertinente.

Mi libro aún no tenía título, cosa desacostumbrada, porque suelo escribirlo en la primera página. O mejor, tenía dos títulos provisionales: *Panteón de familia* y *La enfermedad mortal*. Su contenido no se podía sugerir con mayor nitidez. Yo estaba entonces —y lo estoy ahora— convencido de que me afecta un mal fario amoroso. Todos los videntes que han metido, con mi consentimiento o sin él, su nariz en mi vida, me lo han asegurado: existe en mí una balanza —yo soy además del signo Libra— cuyos platillos sustentan uno el amor, y otro, la creación artística. Siempre estarán desequilibrados: el éxito junto al desamor; el fracaso junto al amor. Si se produjese un equilibrio estable, sería con dos mediocridades. Por lo que dicen, y por lo que he vivido que es bastante, mi ideal amoroso nunca se cumplirá de modo permanente. Ahora, a mi edad, era normal que me quedaran muy pocas oportunidades. El inicio y el fin de mi relación con Aspasia no hacían más que ratificarlo. Sin llegar, por supuesto, a los extremos de mis anteriores y más importantes parejas: ellas habían desaparecido no ya de mi lado, sino de la superficie de la tierra. Eso es lo más desgarrador que a un amante le puede suceder: que alguien a cuyo través ve la vida, cuya boca muerde, cuyas profundas incursiones recibe o ha recibido, ya no exista. Nunca volverán a mirarlo sus ojos; nunca poseerá más su carne suntuosa, pulcra, cálida, viva...

Había llegado a considerar —después de mis fatídicos amores y, por qué no, del fracaso con Asia— como engorroso e inconsistente todo placer que no procediese del alma y a ella volviera. Creo que mis deseos han ido encaneciendo a la vez que mi pelo, y nunca tuve gana de teñírmelos.

A pesar de todo, en este tema no conviene cantar victoria con atolondramiento: siempre están las esquinas...

Últimamente miro demasiado a menudo dentro de mi corazón. Eso quiere decir que soy mayor: lo bastante como para no privarme de mirar con persistencia hacia atrás. Miro en mi corazón, y veo a los compañeros que habitaron en él. La gente de mi alrededor conoce a uno o a otro; yo los conozco a todos, y, escriba lo que escriba, los diferencio, conservo sus pertenencias, respeto sus manías, identifico sus hábitos, y los añoro aún. Un disperso aroma a rosas, aunque empiece a disiparse, nos atestigua que hubo una rosa cerca... Quizá eso es lo que quiero fijar en mi libro. Porque todos viven todavía dentro de mí, hasta Aspasia, no sé por cuánto tiempo, como en un museo de cera donde algunas mañanas, cada vez más frecuentes, entro a pasearme y a reencontrarme con las personas que me hicieron vibrar... Ahora que ya no vibro. O apenas vibro ya.

Escribía sobre eso. Transcribo un texto que me emocionó especialmente:

Al final del primer cálido año decidimos vivir juntos. No fue una decisión quizá, sino una consecuencia lógica; ni lo vimos como una prueba más deleitable que conveniente. Para nosotros era —nos lo decíamos riendo— unir el máximo de tentaciones con el máximo de comodidad para sucumbir a ellas. Nunca hasta entonces —siempre opinan lo mismo los amantes— habíamos creído que la felicidad pudiera ser tan grande, ni tan perfecto un entendimiento, ni los días tan esplendentes. Cuando yo apagaba la luz enredado en mis insomnios, ya la cabeza amada aumentaba de peso sobre mi brazo. «¿Qué es el tiempo?», me demandaba: «aquello que mide el pulso de este cuello; lo que yo tardo en sentir que esta cabeza se aísla y se aleja quedándose a mi lado.» Por aquellos días fue cuando escribí, porque todo amante es poeta:

Mientras yo te besaba
te dormiste en mis brazos.
No lo olvidaré nunca.
Asomaban tus dientes
entre los labios: fríos, distantes, otros...
Ya te habías ido.
Debajo de mi cuerpo seguía el tuyo,
y tu boca debajo de mi boca.
Pero tú navegabas
por tenebrosas mares por mí desconocidas.
Inmóvil y en silencio
nadabas alejándote acaso para siempre...
Te abandoné en la orilla de tu sueño.
Con mi carne aún caliente
volví a mi sitio:
también yo mío ya, también distante y otro.
Recuperé el disfraz sobre la arena.
«Adiós», te dije,
y entré en mi propio sueño
en el que tú no habitas.

Si abría los ojos en mitad de la noche, veía la amada cabeza aún dormida, con los labios hinchados por el sueño. Y la recuperaba con un beso. Cada desayuno era como una fe de vida y un acta levantada a la esperanza.

Yo trabajaba o no, según pintaban los ojos de mi amante, según sus dedos modelaban el barro casi bermellón. Estaba, sobre todo, ocupada por el amor mi vida. Fue una larga (¿larga?) luna de miel, en la que la miel lo invadía todo, endulzaba los cuerpos, los adhería uno al otro. De miel y acíbar, porque nunca amé yo de forma relajada. Hacía llorar a veces a los ojos amados para que me probaran así su amor. Puesto que era demasiada exigencia reducir el mundo a ellos, a su boca, a sus manos, y demasiada responsabilidad la que vertía sobre esas manos, esa boca, esos ojos... Oíamos música en ocasiones sólo para trasladarnos de uno en otro, juntos, bamboleantes igual que barcos ebrios. Bebíamos alcohol en ocasiones para multiplicarnos y ver doble, entre risas, nuestro gozo. Como niños perdidos en un bosque, nos buscábamos y nos encontrábamos y nos volvíamos a extraviar para recuperarnos. Yo quería enlazar a mi amor con todos mis trabajos: lo enviaba, como si fuese el emisario del destino, haciendo apuestas de lo que debía o no escribir: si Gabriel encuentra este libro..., si Gabriel coincide con tal persona... Lo animaba a coleccionar canciones populares para alguna obra mía; le leía relatos por si le entretenían, acechando en un mohín su opinión... La principal faena era el amor. Lo demás, flores que se le caían de las manos: ya poemas, ya comidas extrañas, ya proyectos; peleas y reconciliaciones arrasadoras; casi insostenibles entregas y tensiones.

A los dos años yo empecé a implicarme en mi trabajo igual que en una liga que me inmovilizase poco a poco. Los trabajos del amor perdidos me arrebataban menos en su carro de fuego. Hubo separaciones temporales, viajes inverosímiles, desdenes repentinos, celos, celos. («Los celos, repetíamos en broma, tienen que ser inmotivados siempre. Si fuesen con motivo, se llamarían ya cuernos.») Un distanciamiento creciente y sutil y apenas percibido nos separaba; no nos dejaba vernos algunos días, como una difusa niebla que espesa el aire y empasta los perfiles. Yo introduje nuevos vínculos artificiales para asir mejor lo que se me iba de las manos. Fue cuando un perrillo juguetón, que necesitaba la presencia simultánea de sus dos amos, hizo su entrada. Fue cuando compré una casa más grande, donde no era preciso, para caber, que uno estuviese siempre en los brazos del otro... Pero ¿qué puede defender de sí mismo un amante? El amor no podía seguirnos: jadeaba. Hacíamos lo imposible por no mudar el decorado, siendo así que los que mudábamos éramos nosotros. Confiábamos a ciegas en la inercia del amor. Como si el tiempo fuese una garantía, como si la duración lo protegiera, como si el amor y la aventura se distinguiesen por la estabilidad y la constancia y no por lo que está debajo de ellas. Como si el festín del amor no fuese como el Dios, en donde no se come sino que se es comido...

Casi con independencia de mi voluntad, me encontré con la cara vuelta hacia otro sentimiento. No mío, sino ajeno. Me dejé envolver por una relación en que yo era el amado. (Yo escribía entonces para el teatro y, adonde me había retirado, fue a verme Narciso el actor. «¿Ha ido por un papel?», me preguntó Gabriel.

«No, le contesté, ha venido por la papelería.»)
Me distraje de aquel primer cuerpo glorioso.
Me entusiasmé, por recurso, con mi trabajo. Me quedé a solas con el perro. Viajaba y ol-
vidaba. Me hice más fuerte y más extraño incluso para mí. Perdí, en definitiva: me perdí.
En el apartamento de antes, tan menudo, siguió quien en el fondo no lo había abandonado. Recuerdo que escribí una canción que
concluía:

> *No por amor, no por tristeza,*
> *no por la nueva soledad:*
> *porque he olvidado ya tus ojos,*
> *hoy siento ganas de llorar.*

Pasaron cuatro años de los que nada quedó
en mí más que sucesos. Era otra inercia, era
otra aspiración, era otra búsqueda. El corazón
se hacía el desentendido, y bogaba a deshora a
la deriva. Atracaba allí donde veía un desem-
barcadero, pero nunca era el suyo... Pasaron
cuatro años.

La noticia fue tan cegadora y súbita como
un rayo. Yo sabía que Gabriel, últimamente,
no se encontraba bien. Una noche yo inau-
guraba una galería leyendo unos poemas de
amor que un solo amor me había inspirado.
Eran poemas del alma y del cuerpo, de amor
y de dolor, de aleluya y de ultraje. Al concluir
me lo comunicaron: el requerido cuerpo ago-
nizaba en una UVI en aquellos momentos. A
la mañana siguiente intenté mandar todas las
flores del mercado próximo a la casa pequeña
para ocultar la muerte. No encontré flores, y
era igual: a la muerte no la ocultan las flores.

Recordé en el entierro que aquella persona por la que el mundo estuvo un tiempo en flor tenía miedo a la lluvia cuando arreciaba y a la lividez de la luna llena. Era diciembre, y cada noche la lluvia mojaba las tumbas, y la luna con su luz fría, las lápidas. Yo no podía perdonar a Gabriel que no hubiese resistido hasta el fin. Dije entonces lo que dije a la muerte, tan súbita, de Esteban: «Es una broma que me gasta. Volverá de repente, como antes, diciéndome: "Yo soy tu único paisaje."» Pero nunca volvió.

Murió también el perro. Y acaso morí yo, porque es probablemente el amante el primero que muere. Si algo de mí no ha muerto, es porque lo sostiene la memoria. Y porque no es posible que muera, ya que soy el único testigo de cuanto sucedió y, lo que una vez sucede, sucede para siempre. Sólo con ese fin se ha creado el corazón de los amantes: ser el testimonio verdadero de este mundo, que no es verdad sino cuando el amor lo toca. Porque en esta historia, como en todas, lo único que cuenta es lo que no se cuenta y no es dable contar: los altibajos del sentimiento, nuestra desvalida inseguridad, la soledad espeluznante de los acompañados, las multiplicaciones de la vida y las duras cosechas del amor. De eso es de lo que malvivo yo aún hoy día. Y de lo que viviré quizá después de muerto. Nunca entendí el amor de otra manera, si es que entendí el amor.

Cuando finalizaba de escribir estas palabras tan justas, sonó el teléfono. Dije una vez más a la telefonista que, si se trataba de la señora Martel, me excusara.

—No, señor. Es la encargada de Cultura del Ayuntamiento.

Me puse. Deseaba invitarme a una cena muy poco numerosa, en su casa, a la noche siguiente. Yo llevaba varios días solo frente al mar. Acepté.

Vino un coche a recogerme. Cuando llegué a casa de la anfitriona, que se llamaba Amalia no-sequé, me sorprendió (¿me sorprendió?) encontrarme con Aspasia. Tenía una copa en la mano. Había más gente, pero no la vi; no hablé con ella, pero sólo vi a ella. Captando mi interés, la anfitriona me dijo, no sé si con mucha diplomacia:

—Asia ya no es lo que era, salta a la vista; pero en la isla todos la recordamos como fue en aquella época del escándalo. Superponemos las facciones tan puras de ayer y los primores de ayer a su cara y a su cuerpo de hoy.

Me resistí a inquirir sobre la naturaleza del escándalo, aunque no pude evitar imaginármelo. Me limité a comentar que yo veía una Aspasia rezumante de atractivo. Vestía de blanco. Su larga saya semejaba una enagua, lo que producía un efecto demoledor al mostrar a su dueña como en ropa interior, y una blusa de encajes que dejaba entrever porciones desiguales de su piel. Me observaba por encima de su vaso, y en un momento dado, después de dar un sorbo, se lamió con malicia los labios. Yo me quité las gafas de lejos y las guardé ostentosamente en mi chaqueta.

Íbamos a sentarnos a la mesa cuando apareció Leonardo. Venía directo de un vuelo y llevaba aún el uniforme. El público femenino acusó su entrada. Había en total cinco mujeres, el marido de la anfitriona, un tartamudo y yo. Yo pensé: «Esta pareja se viste de una forma... Así, cualquiera.» Sobre la equívoca seriedad del azul marino y los galones, los gruesos labios y los ojos del muchacho resultaban, de puro bellos, casi femeninos. Su constante sonrisa, a su pesar, tenía un encanto infantil y le marcaba unos suaves hoyos en las mejillas. Las pestañas, espesas y vueltas, sombreaban sus ojos, de un azul tornadizo y de una forma de almendra demasiado delicada, o por lo menos demasiado joven, quizá porque brillaban encima de una nariz recta y algo corta. Cuando lo conocí no lo había observado hasta ese punto. Ahora percibía que, por si algo le faltaba, hasta su barbilla estaba ligeramente hendida, lo que le daba un aire de pícara inocencia. En él, el uniforme parecía un disfraz: un disfraz que le sentaba a las mil maravillas. Llevaba la gorra en la mano; la dejó en algún sitio y exhibió su pelo, que Homero hubiera descrito como *de jacinto*, arracimado y brillante como un casco. No obstante, en contra de lo previsible, el muchacho era taciturno y serio, sin llegar a hosco. Concedía a su apariencia que se expresara por él. De ahí que produjese, después de un rato, la impresión de un niño maltratado o huérfano al que había que consolar y al que no era humano llevar la contraria, o la impresión de un niño satisfecho con el que es obligatorio compartir la alegría.

Sin duda me quedé admirando con una impertinente curiosidad a Leonardo. Cuando reparé en ello, miré por instinto a Aspasia, a la que su marido había besado de un modo entrañable, pasándole la mano por los hombros y dejándola caer luego por su espalda hasta rozar sus nalgas. Asia me estaba mirando a mí, y me sonrió de una manera directamente cómplice. Yo no supe de qué por el momento, pero toda su actitud me pareció la de una adepta, casi me atrevo a decir la de una adicta. Se acercó a mí, después de un aparente periplo, y me dijo sin más:

—Ahora mismo podría decirte lo que pienso y lo que me figuro y lo que sospecho de todos los que hay aquí, incluyéndonos por supuesto a Leo, a ti y a mí. Te asombraría y te dejaría mudo.

—Ya lo estoy.

—¿Es por eso por lo que no te pones cuando te llamo? —Era bastante difícil enfadarse con Asia. Siento tener que decirlo, pero le sonreí. Ella siguió—: Te advierto que la seducción no se puede ejercer deliberadamente: surge y se despliega, o se padece, de forma espontánea. Luego, cuando hemos sido seducidos y, ay —suspiró con muchísima gracia—, abandonados, podremos opinar sobre el momento en que perdimos el dominio de nuestra voluntad, que fue sustituida por una especial forma de sonreír.

—No sé a quién te refieres, si a ti o a tu marido. Sois los dos únicos que sabéis sonreír.

—A los dos, pero también a ti, zángano del demonio.

—¿Eres acaso tú la *apis regina*?

—De esta colmena, desde luego que sí.

Nos habíamos sentado a la mesa. Una de las mujeres —la llamaban Adriana— no era de la isla. Las respuestas a las preguntas que hizo me

72

pusieron al corriente de alguna cuestión sobre la que quería ampliar datos. Comentó Adriana:

—Estoy segura de que a Leo lo han amado, y aún lo aman (perdona mi brusquedad, Asia), bastantes señoras.

—Y algunos señores —replicó Asia riendo—. Pero eso son bobadas. —Asia repetía a menudo esa palabra—. Lo importante no es quiénes nos amen —me miró como por casualidad—, sino a quiénes amamos. Eso es lo que nos define. Y sobre eso sí que no hay nada, nada, escrito, ni siquiera por Octavio: cada amor comienza y se abre de una forma distinta. Lo mismo que una flor.

—Con razón Asia tiene fama de conquistadora de hombres —intervino la anfitriona—. Con cada cual emplea un gancho peculiar.

Yo me vi en la obligación de terciar ante las cejas levantadas de Asia:

—No lo creo yo así. Conmigo se ha portado del modo más simple y natural del mundo.

—Ése no es argumento: será el cebo de la sencillez el que tú picas mejor —dijo soltando la carcajada una mujer joven y gorda.

—Al fin y al cabo, soy un novelista: Asia me interesa mucho más de lo que ella cree. —No la miraba en absoluto.

—Esa frase la conocerá toda la isla mañana —dijo la gorda.

—Con tal de que se entere de ella Asia... —apostillé.

—Asia la sabe ya. —La anfitriona puso cierta maldad en su frase.

—¿Se la ha dicho usted? —le pregunté.

—No lo necesita, qué disparate: ella lo sabe todo. Lo sabe de antemano.

—Pues es una pena —afirmé con lentitud— que Aspasia esté casada con Leonardo. —Los observé a los dos. Los dos me sonreían. Yo estaba muy serio. Se hizo un breve silencio. Lo rompí—: Hay mujeres en las que la coquetería no es un arte empleado para conquistar, sino una manera de ser, un fin en sí misma, su propia esencia. No son mujeres que pretendan apropiarse de un hombre: son sólo coquetas, nada más. No tienen otra aspiración que satisfacerse a sí mismas y deslumbrar a sus rivales en la coquetería.

Continuaba el silencio, que interrumpió esta vez Aspasia.

—Una calamidad, sí. Una subversión. Ese tipo de mujeres entienden y valoran sólo lo superficial, lo que las hace más visibles: las alhajas, los adornos, lo bonito... —Ella también hablaba con lentitud—. Pero no cultivan la infinita variedad de los gozos sensoriales, de la penetración artística —desafió a todos y a todas— (sí, he dicho penetración), de la contemplación de la belleza que no anochece... Y luego nos quejamos las mujeres de haber sido secularmente violadas y explotadas, dominadas y mal educadas. Los hombres que más suelen gustar son precisamente los que tienen menos interés espiritual, los que equivalen en lo masculino a las coquetas mismas, es decir, los guapos también superficiales y también egocéntricos.

—No me extraña que te llames Aspasia. —Tuve que admirarla—. Aspasia fue testigo y promotora de toda la gran Grecia.

—En cuanto a la coquetería —sin aceptar mi piropo, ella contestaba a mi agresión—, a las pobres mujeres os parecéis mucho los andaluces. Sois cultos de abanico.

—Ah, eso me lo echa en cara una goda, una castellana vieja. —Rieron todos los comensales. Los ojos de Asia relampagueaban; su boca sonreía—. No; los andaluces mezclamos lo bonito con lo estético: el adobe, con la cal que lo decora; la copa de vino, con la tapa; los churros y el anís, con las saetas; la seda y el oro, con el riesgo del toreo; los mantos chorreados de riqueza, con la sangre de los cristos; el balcón volcado en gitanillas, con el patio introvertido y umbrío. Sin esa verdad bifronte, nadie logrará conocernos.

—Quizá tengas razón. —Aspasia se había desahogado—. La tienes, vamos. Lo que quería decir es que yo soy más burra; no sé utilizar las técnicas aconsejables en el amor. Tengo demasiada ternura que dar y demasiada que espero recibir y demasiada prisa... Se me notan en seguida la sed y la falta de inteligencia para planear lo más productivo en cada instante.

—En el fondo, ésa es siempre la técnica más eficaz —intervino Adriana, que no simpatizaba nada con Asia.

—No sé. Pienso que una mujer auténtica sale de su hermosura si la tiene, pasa de ella y de sí misma, se transforma no en la que *quiere ser* sino en la que *es*, según las pretensiones de su alma (si es que a las mujeres se nos permite disfrutar de ella y sufrirla), o según las necesidades de su vida... En definitiva, una mujer ha de ser todas las mujeres.

No tuve otro remedio que aplaudir; me siguieron los demás. Adriana, que estaba frente a mí, comenzó entonces a darme con el pie. No sé si se me ofrecía, o me hacía señas, o simplemente me pateaba. Estuve a punto de preguntárselo, tan de parte de Asia me había puesto, para salir de dudas o al menos para eludir el pisoteo. Pero no estaba del todo convencido de que fuese ella, dado que, por encima de la mesa, su expresión respecto de mí era imperturbable.

—¿Qué opina de todo esto tu marido, si es que le consientes opinar? —Habló la forastera Adriana, dándome de nuevo con el pie.

—El matrimonio no es sagrado —me entrometí—, ni mucho menos unánime.

—A mí qué me importa el matrimonio —remató Asia—. Lo único sagrado es el amor.

—Y la lealtad también —añadió Adriana pisándome de nuevo.

—La lealtad es hablar claro —exclamó Asia un tanto desabrida.

—El amor —era yo el que arrimaba el ascua a mi sardina, no sin preguntarme antes cuál era, puesto que me dirigí a Leonardo—, el amor requiere libertad y obstáculos: como una transgresión. Es antigregario e incluso antisocial. O sea, no es muy útil. Está montado en el aire, como los mejores brillantes, y expuesto a toda clase de inseguridades, de cambios y corrientes.

—¿Como un avión? —me interrogó Leonardo sin la menor reserva patente.

—Sí —afirmé—. Sí, pero sin piloto —añadí con todas las reservas mentales posibles.

A la mesa se sentaba un isleño, creo que un

gracioso oficial, notable tartamudo, y de conversación enrevesada como el tráfico de una gran ciudad. Cuando iba por una avenida, se daba a husmear por cada uno de los pequeños accesos con estúpidas y prescindibles anécdotas. Entre esto y su tartamudeo, sus intervenciones eran insoportables. Para los otros comensales era ocurrente e ingenioso; para mí, no, puesto que, de otra parroquia, yo no estaba al tanto de sus sobrentendidos y alusiones. Se me encaró tartajeando:

—A todos estos infelices abandonados en el destierro nos gustaría mucho que nos contaras algo de las complicaciones sexuales que trae aparejado ser famoso. —Yo miré a Leonardo, que esperaba sin duda mi mirada. Pero, en contra de lo que imaginé, percibí en sus ojos una reverencia extrema. Es decir, no es que él juzgase mal la pregunta del imbécil, sino que comprendía que yo sí la juzgaba mal, y me brindaba el apoyo de su simpatía. Luego fue él quien me explicó, tras la cena, los orígenes del nefasto personaje, que, sin querer, nos unió mucho más de lo que yo habría supuesto media hora antes. El payaso insistía—: Cartas, fotos de desnudos que te manden, intentos de seducción, acosos fingidos o no, amigos tuyos a los que se les acuse de proporcionarte planes... Aquí no nos escandalizamos de tales peripecias.

—La fama es como la gloria en calderilla, y se paga quizá más cara que ella —respondí, y lo hacía por Leo—. Ser famoso, en efecto, trae algunas funestas consecuencias. Una de las peores es que uno se ve obligado a contestar preguntas como la tuya. Tú, que eres famoso en la isla, llevas ya todas las respuestas dentro de tu corazón. No me hagas convertir esta amable mesa de comedor en una mesa de disecciones.

Leo sonrió: me di por bien pagado. La anfitriona, muy sabia, cambió de arriba abajo la charla. El resto no valió la pena.

Escarneciendo mi inteligencia, me embargaba una alegría muy particular: había vuelto a ver a Aspasia, y comprobado que Leo no era un puro reflejo de ella, sino que irradiaba luz propia. Sin saber por qué, eso me placía más de lo que me atreviera a reconocer. Y lo peor es que no se me ocultaba la paradoja: por lógica, el marido de Aspasia me tenía que haber caído como un tiro, o eso es al menos lo que yo debería pretender para paliar mi actuación con su mujer.

Mientras tomábamos café, coincidí un momento con Asia.

—¿Crees que Leonardo sospecha algo? —le pregunté, quizá porque necesitaba hablar con alguien de su marido, y con quién mejor que con ella.

—No; no creo que sospeche, creo que lo sabe. Lo que ya no sé es si sabe que lo sabe. O mejor, si quiere saberlo.

Cuando el tartamudo de los vericuetos retiró a Aspasia de mi lado, Leo se me acercó.

—¿De verdad te da pena que Aspasia esté casada conmigo?

—Sí —le sonreía—. Sois como esas parejas que constan, por separado, de dos seres maravillosos, y que juntos son un par de mastuerzos. —Reímos los dos—. Te diré lo que me sucede:

soy un vengativo. Y a Asia la siento muy próxima a mí, mucho más que tú: tú no me haces el menor caso, ni sientes por mí el menor afecto.

De repente, la perpetua sonrisa de Leo se redujo a su mínima expresión. Y me deletreó:

—¿Por qué eres tan aficionado a decirlo tú todo?

Cuando me dejó, por fortuna estaba al quite la anfitriona; si no, me habría quedado rigurosamente solo. O peor, con Adriana, la de los pisotones. Aspasia y Leonardo salían ya.

La mañana amaneció con tiempo sur. Me habían advertido que, en días como ése, puede uno morir asesinado; pero en el peor de los casos, porque también se puede asesinar. El aire removía con fuerza unas nubes espesas, plomizas y cerradas. Decidí no salir.

Al afeitarme, me miré en el espejo. No de la forma consabida, en que uno no ve más que fragmentos de mejilla o de mandíbula, el labio superior o el cuello. Me miré con detenimiento. Y me escalofrié. Porque una cosa es verse un poco ajado, y otra estar para el arrastre. Ya antes de llegar a la isla, mi editorial me había sometido a una sesión de fotos. Me las hizo un fotógrafo que, doce o quince años atrás, me había retratado bien.

—Han pasado los años sin agraviarte mucho. De todos modos, ahora estás más interesante.

Esa modalidad de pésame me previno. Cuando tuve las fotografías en mis manos, atribuí a su autor y a la luz el hecho del escaso parecido. Apesadumbrado por las favorables opiniones de los demás, hube de preguntarme a quién debían de parecerse tales fotos: ¿al Octavio Lerma de hace doce años? Era evidente que los diez últimos me habían convertido en un puro pellejo.

Yo he sido alegre y hasta divertido, vigoroso y emprendedor; no he sido guapo, pero qué más daba. Sin embargo, en aquella mañana vi mis facciones arruinadas, el estropicio de los párpados y el cuello, la decaída comba de las cejas, la boca marchita... «Pero me veo a mí mismo», me consolé. Otros no pueden decir eso. Era yo, o mejor, como en las fotografías, éramos yo y el tiempo. «Es la única ventaja de los que no hemos sido hermosos —le dije en voz alta al del espejo—: el tiempo no es capaz de odiarnos tanto, ni de arrebatarnos tanto, ni de triturarnos tanto como a los que sí lo fueron.» El tiempo, cuyos estragos continuos, segundo a segundo, nos van convirtiendo en otros sin que lo percibamos a causa de nuestro trato diario. Por ventura, él nos impide morirnos de tristeza, y nos permite conservar la ilusión de que somos unos eternos adolescentes a los que todo puede perdonárseles. Yo tenía entendido que la felicidad, para un escritor, consiste en poder contarlo todo sin herir a nadie. Pero ¿cómo evitar la herida del tiempo, contado o no? Los años, lentos o apresurados, con sus carantoñas o sus navajazos, nos van aniquilando, se asocian unos a otros en nuestra contra, y el tiempo, que comenzó siendo nuestro único aliado, acaba por matarnos... «¿De dónde sale esta compañera de viaje que me ha asaltado súbitamente?» Sale de ti, sale de nosotros. Es la vejez. Tú mismo eres ella. Hasta ahora no la viste o tuviste la virtud de ignorarla. Pero no te ha abandonado ni un minuto desde tu nacimiento.

Tomé un café negro. Pedí otro. Era lo más a propósito para mi estado de ánimo.

Continué removiendo el cuchillo en la llaga a mi pesar. Nos damos cuenta de que envejecemos en el cruel y verídico espejo de los otros; pero aun ése negamos. «Si Fulano está así, ¿cómo estaré yo? Él tenía tres años menos, aunque no estoy seguro.» Tenía y tiene. Y lo decimos con la firme esperanza de que alguien nos disuada de obcecarnos en semejantes sandeces; con la firme esperanza de que nos contradigan. Y si alguien lo hace por pura urbanidad, a ciegas lo creemos. ¿Qué hacer si no? No obstante, hay mañanas en que uno se sorprende olfateando igual que un perro ese olor que no procede de ninguna parte, un olor que parece exhalado por uno mismo, como ese levísimo tufo a sudor que nos envuelve ya al anochecer, antes de mudarnos para la cena. Un olor que nada consigue eliminar y que rodea y acompaña más que ningún amigo y más próximo que ningún amante. Si reflexiono, en esas mañanas caigo en que es el olor del tiempo que pasó. Está formado de desengaños y de júbilos, de expectativas y de decepciones, de matutes, de decomisos, de los amores que acabaron, y también de los tiernos alimentos infantiles, y del coñac que me emborrachó por vez primera y me hizo vomitar, y de la anestesia de los sanatorios en los que fui operado a vida o muerte, y de tantas flores mustias o lozanas, y de tantas frutas comidas a medias con otros, y de las eras donde trillaba de niño en verano, y del melonar que destruí abriendo una cata en cada melón sin madurar, y de la soledad que casi siempre me ha cercado cubriendo de un indeleble cardenillo mi corazón... En el libro hubiera debido escribir eso, pero no lo escribí. Me preguntaba en cambio por qué aquella mañana de viento sur me hallaba tan particularmente desolado; por qué me repugnaba tanto haber envejecido.

Tenía que ser sincero. La pareja de Asia y Leo me había sorbido el seso (a punto estaba de escribir el sexo). Mi relación con Asia comenzó en la cama; mi relación con Leo no había comenzado aún, pero la deseaba, y presentía un camino muy largo y un final quizá triste. Pero ¿por qué la deseaba? Porque en su rostro había una benevolencia conmovedora y una inusitada amabilidad. Y lo revestía además un halo de misterio emanado de su atento silencio, de su afición a escuchar y de su demostración de que un físico perfecto podía contener un espíritu mucho más atrayente de lo que yo deduje hacía sólo unas semanas.

Pero no acababa ahí su semejanza con Aspasia, semejanza que me los convertía en uno solo. Entre los dos, tan complementarios y paralelos a la vez, formaban a mis ojos el Andrógino portentoso de Platón. Y era con ese Andrógino con el que yo quería, a cualquier precio, vincularme; para el que yo habría deseado ser joven y apetitoso todavía.

La noche pasada también, como con Aspasia, soñé con Leo. Un sueño muy distinto del de ella,

82

pero probatorio de mi ansiedad, de mi desesperanzado afán porque esa pareja me dejara introducirme dentro de ella. Aún no sabía cómo ni en concepto de qué. Pero no podía ocultarme a mí mismo ni un momento que me atraían los dos y que los dos a la vez me enamoraban.

El sueño fue muy detallado. Aparecíamos comiendo Leo y yo en una mesa cuadrada, uno al lado del otro. Debía de ser yo quien invitaba porque a él lo veía a mi derecha. En el centro, una fuente de mariscos. El restaurante no era, a la vista, muy rico, pero sí la comida. Cubría la mesa un mantel adamascado rosa pálido en el que —a veces yo, a veces Leo— trazábamos rayas con los dientes del tenedor que no usábamos o con el extremo del cuchillo. La cubertería era simple y no de plata. Había una sola flor, una rosa blanca, con una rama de helecho dentro de un escueto y aburrido florero. Bebíamos un vino levemente ácido. Pensé, no sé si en el sueño, que se trataba de un albariño. Quizá había gente almorzando a nuestro alrededor, pero yo no las descubrí. Se escuchaba, no obstante, su murmullo que animaba el aire de la habitación de paredes bastante oscuras con alguna red y alguna caracola prendida en ellas. De pronto, en medio del silencio nuestro —Leo y yo comíamos callados y con los ojos bajos—, se acercó una joven a pedirme un autógrafo. Vestía también de rosa, más subido que el del mantel. Le firmé una cuartilla sin gana, y ella se retiró. Al levantar los ojos, vi que Leo me miraba como me había mirado en el momento más agobiante de la cena de aquella misma noche: ofreciéndome ánimo y apoyo. Después yo contemplaba su perfil, tan estricto y tan puro, sonriendo apenas, sus cabellos que le caían desordenados sobre la frente (un mechón le tapaba casi el ojo derecho, más azul que nunca), su nariz corta, la turgencia de sus labios, su cuello con el bulto de la nuez bajo la carnosa barbilla hendida...

Comenzamos a comer un poco de salmón. Se volvieron a cruzar nuestras miradas y sonreímos sin emitir ningún sonido (el sueño transcurría igual que una película muda): los dos nos habíamos dado a entender que el salmón no estaba muy sabroso. Lo dejamos con un gesto de nuestras manos derechas, y los platos desaparecieron. El escenario se animó de súbito. Yo escuchaba una música de Bach, pero con apagados toques de una guitarra flamenca. Era una música recurrente, parsimoniosa, grácil y de una profunda elegancia. Todo me parecía —y creo que a Leo también— irreal; pero no porque tuviese la conciencia de estar soñando: al contrario, tenía la conciencia de estar en una realidad vívida y temblorosa pero llena de enigmas a la vez.

Leo comenzó a mencionar un caballo llamado *Miño*, o una yegua llamada *Miña*, no lo oí con precisión, o al menos no lo recuerdo con precisión. De lo que sí estoy convencido es de que él creía que, en gallego, *mío* se dice así. Yo no lo aclaré. En cambio, sin aparente relación, le confié que, durante mi estancia en un convento, mi nombre fue María Rafael, porque ya había allí otro monje llamado Rafael María. Leo no alzaba sus ojos del mantel de color de rosa, con dibujos geométricos centrados en una flor repetidos una y otra vez.

Sobre un mostrador que se divisaba en el sueño con la versatilidad propia de ellos y que surgió muy cerca de nuestra mesa, vi una cabeza del propio Leo, un poco más pequeña que el tamaño natural. La cabeza, coloreada, era la de un Leo más joven todavía y extraordinariamente incitante, con su sonrisa franca y con el labio inferior un poquito mordido por sus dientes espléndidos. Le rogué que se mordiera el labio como hacía su cabeza; él negó en silencio, pero se acentuó su sonrisa. Me pidió entonces que lo hiciera yo, y lo hice, y nos reímos otra vez sin ruido. Nos gastábamos bromas que producían su efecto, pero no nos llegaban nuestras risas: sólo la música de Bach con toques de flamenco, y el latir, que muy paulatinamente se aceleraba, de nuestros corazones. Paso a paso empezamos a perder el sentido de la realidad. Se nos antojó que vivíamos en un sueño —creo estar en condiciones de afirmar que también a Leo se lo parecía—, y eso nos produjo un gozo indescriptible.

De repente, sorprendiéndome a mí mismo, me levanté y me senté frente por frente a Leo. Me moví muy despacio, como quien teme, con un gesto violento o precipitado, espantar algo precioso, acaso un pájaro. Y los dos nos miramos, sin poder ya evitarlo, con la muda certeza que habíamos evitado hasta ahora. Supe que el mundo se acababa en ese instante. Ignoro si prosiguió la música, pero el restaurante entero se esfumó. Y conocí, por milagro del sueño, lo que atravesaba por la mente de Leo. Primero hubo un temor; después ya, un abandono. Habíamos dejado los cubiertos a un lado y otro de cada plato. Yo alargué mi mano con una vertiginosa lentitud y rocé la de Leo, que no cesaba de mirarme, y que no la movió. No hablábamos. Yo habría sido plenamente feliz si no me hubiese planteado qué sucedería cuando mi atrevimiento o la pasividad de Leo se agotasen.

Mucho tiempo después esa favorable inercia se quebró. La quebré yo diciendo:

—*Mío*, en gallego, no se dice *miño*, sino *meu*.

La mirada de Leo me envolvía como un aura protectora y destructiva a la vez. Corrían los minutos.

—¿Y *tuyo*? —dijo por fin.

—*Teu* —respondí.

—*Teu* —repitió él.

Y, como si se tratase de un conjuro adverso, desapareció todo y desperté. Pero no desapareció porque yo despertase, sino al revés: yo desperté porque el sueño había concluido en medio de una niebla densísima.

No era extraño, llevándole yo a Leo veintiún años *aproximadamente*, como con guasa había dicho Asia, que ese día reflexionase tanto y de manera angustiosa sobre la vejez.

Cuando a media tarde sonó el teléfono, lo cogí con la avidez que un sediento coge un vaso de agua.

—¿Qué hace el señor escritor? —Era la voz camaleónica de Asia.

—Aguardar que lo llamase una señora descarada con la que cenó anoche.

—¿Y por qué no insistimos y cenamos hoy juntos?

—¿Te lo permitirá Leonardo?

—Lo ha permitido por teléfono. Avanzada la mañana, por el tiempo sur se cerró el aeropuerto. Y Leo no llegó. En tales casos su obligación es presentarse no aquí sino en Tenerife, que es donde oficialmente vive. ¿Tú preferirías que viviese allí siempre? —La pregunta estaba cargada de trilita.

—Yo no, ¿y tú? —No esperé su respuesta—. ¿Quieres que te vaya a buscar?

—Prefiero hacerlo yo. Le he tomado cariño a tu guarida.

—¿A mi guarida sólo?

—A los osos no hay quien los quiera. Abrazan, pero como no son lo bastante cariñosos, acaban por matarnos.

—¿Cómo tienes agallas para decir tamaña falsedad?

—Hoy estás triste. —No rellené el hueco que ella dejó—. Te lo noto porque quieres disimularlo a toda costa. ¿Sabes qué creo? Que nunca nos tocamos los unos a los otros lo suficiente. Hay personas que, sólo al morir, se darán cuenta de que no han besado ni han sido besadas las veces que les correspondían; de que no se han enternecido, ni emocionado, ni llorado con otros, ni reposado en otra boca, ni dado la razón por gusto, ni dicho unas palabras dulces y aromáticas, ni arrullado igual que un palomo las veces que debieran... Porque, mira, Octavio, eso es ser de verdad humano. Y lo más doloroso es advertirlo cuando ya es tarde y no hay remedio; cuando hemos echado de nuestro alrededor los ojos, los labios, el cariño, las manos, los compinches que habríamos tenido que atender.

—Estoy impresionado. Deberías grabar estas meditaciones.

—No te cachondees, bobo. —Se rió—: Ya están grabadas.

—En serio, ¿cuándo vienes?

—Ya.

—Te prevengo que yo estoy *también* fatal.

—¿Cómo también? Yo estoy como en mi mejor día. Voy corriendo: tengo que aprovecharme para no arrepentirme.

Soltó una carcajada, y me colgó.

Pocos apremios hay tan contagiosos como el deseo carnal, en las escasas coyunturas en que necesita ser contagiado. Hicimos el amor con una morosidad de tortugas. Hablamos durante él de menudas coincidencias y de menudas contradicciones; bebimos una copa o dos; nos dilatamos en rampas sobre las que se suele resbalar con prisa; nos invadimos en posturas no autorizadas por los misioneros... Incluso una de las veces que entré en ella, con nuestra hambre atrasada, no fue *per vias rectas* como predicaba el Bautista, sino por vías rectales. Este comentario, susurrado al oído, hizo reír a Asia con su más clara risa de niña alborotada. Y, después de un corto sopor en que permanecimos abrigados cada uno por los brazos del otro, resolvimos cenar.

Asia eligió un restaurante puesto con mucha simpatía, entre típico y francés, que habían abierto unos amigos suyos.

—¿Por qué me dijiste que hoy estabas mal? —Sonrió con perfidia—. Yo te he encontrado *divinamente*.

—Porque me siento más viejo que el mundo.

Después de soltar una carcajada, Asia, inclinándose, me dijo al oído:

—Tengo la suerte, y tú también, de que me hayas conocido ahora: cuando he perdido todo lo que tenía que perder. Si me hubieses encontrado en la época de mi primer marido —notó mi sorpresa y la apartó con un gesto— o cuando Leo empezaba, ahora no detendrías tu mirada ni un momentito en mí. Por fortuna, como nos tropezamos con nosotros mismos a cada instante, no nos devasta el tifón de la decadencia... Aquella Aspasia ha muerto para que viva yo. Pero no me conformo todavía con ser sólo una esposa y una madre honrada a carta cabal. —Volvía a reírse—. Hay algo en mí de todas las Aspasias anteriores que puja dentro y que exige salir y que me guía.

—Todo lo que dices me sirve a mí también. Yo estoy más acabado, por supuesto. Y hay además la diferencia de que yo ni siquiera tengo un hijo.

—Yo tengo dos. Dos hijas: la mayor, de diecinueve años. —Repitió el gesto de apartar mi curiosidad—. Pero tú eres tu propio hijo, simplón. Tus libros son tus hijos, bobo mío. Has venido a esta isla a tener uno.

—Sospecho que he venido para tenerte a ti. —Me golpeó la mano—. ¿No estás preocupada por Leo?

—¿Te refieres a lo nuestro?

—No, no; a su ausencia imprevista, no sé...

—Estoy hecha a la ausencia. —Hubo una pausa—. Anoche en casa tuvo gracia. Rompió a hablar de ti y no había quien lo callara. Para su estilo, demasiado nervioso. «Tiene remilgos de vieja presumida», dijo. Se conoce que ha oído algo raro de tu sexualidad, y le molesta que tú te hayas enamorado de mí —se reía mientras hablaba— (no lo niegues, lo has hecho, salta a los ojos) y no le tires a él los tejos. Porque, no nos engañemos, Leo sabe que está fenomenal y tiene el convencimiento de que le gusta a muchos hombres. Pero era chistoso y aleccionador cómo le afloraba anoche el subconsciente.

—¿De qué? —pregunté disimulando mi máximo interés.

—De guapo. —No porfié sobre la guapeza de Leo, que era bien notoria—. Leo siempre, siempre es risueño, agradable, complaciente, cortés y razonable. O sea, es un dechado de marido... —Descansó la barbilla sobre la palma de su mano y miraba por encima de mi hombro—. No te oculto que echo de menos al jovencillo que me hizo sufrir tanto. —Por fin me miró un largo rato, quizá sin verme. Luego siguió—: Los hombres acostumbráis decir que la fidelidad y la constancia le quitan al amor su encanto, un encanto que consiste en lo imprevisto y en la fantasía... Pues bien, tenéis toda la razón. Yo opino lo mismo que vosotros. El deseo muy satisfecho, al suprimir el

mar de los Sargazos que es lo desconocido, hace
que el amor pierda su mérito más grande; y tiene
que sustituírsele por muchas otras cosas. Si las
mujeres son más conservadoras es sólo por los hijos; pero, en realidad, nada es más penoso que
unas relaciones de larga duración.

—Yo calculo año y medio. Confieso que es un
límite muy personal... —Asia volvió a reír—. Pero
es el plazo de un amor alborozado, engrandece-
dor, creativo, intenso, concentrado, fiel y auto-
satisfecho. —Asia reía a carcajadas y batía palmas.

—Así me gusta verte. Quizá tú y yo seamos in-
hábiles; pero yo me refiero a una duración no
mayor que la que requieran los amantes para
verse del todo, sentirse del todo, y haberse dicho
todo. Después de eso, no es amor ya lo que los
une, sino una cordialidad o una amistad si es que
tienen la suerte de haberlas propiciado... Los ma-
ridos se aventuran muy poco, y en amor hay que
aventurarse siempre y de un modo distinto cada
día. Qué aburridas las camas conyugales. —Frun-
cía la boca en un rictus de asco que a mí me hizo
reír.

—Supongo que no todas, para desgracia mía
—me quejé con maldad.

—No seas maldito... Las que conocemos, que
son muchas. ¿Por qué las esposas no se parecen
más a las amantes? Cuando una esposa sale de
buen diente, no tarda en separarse: por algo será.
Si el marido fuese audaz e imaginativo, el adulterio tendría menos partidarias.

—Estás poniendo a Leo como un trapo, y él
no da esa impresión.

—Y dale... No hablo de mí, a Dios gracias. Pero la única fidelidad que yo me impongo y que impongo es la del corazón. Siempre que el corazón, y eso espero, no sea arrastrado por el sexo, ¿qué importa que yo me acueste con el lucero del alba, o que lo haga Leonardo? —Me miraba con seriedad, relativa por descontado, como siempre en ella. Y de pronto rompió a reír como una verdadera loca. Cuando se calmó, dijo—: ¿Cómo llamas tú a esos morados que salen en el cuello por culpa de un beso devorador?

—Equimosis.

—No seas pedante. Yo los llamo chupetones... Pues bueno, se llamen como se llamen, tú tienes uno en el lado derecho.

No pude impedir soltar la risa yo también.

—Menos mal que soy yo quien lo tiene.

Me percataba de que Aspasia, seducida acaso al principio por la brillantez de un escritor de fama y por el gulusmeo mezclado, por qué no decirlo, con cierta admiración puesto que conocía casi toda mi obra, se propuso tener conmigo una aventura. Pero tampoco dejaba de percatarme de que su sentimiento por mí había ido a más, como paralelamente el mío por ella, hasta convertirse —le tengo mucho miedo a la palabra— en amor.

Cada día experimentábamos, al estar juntos, mayor complacencia; a medida que la conocía más, más me llenaban su carácter y su vitalidad. Sospechaba que ella era tan renuente a enamorarse como yo, y que, como yo, había sido arrastrada contra su voluntad. Sin embargo, a diferencia de mí, ella jamás reconocería su contrariedad. Gran parte de las cosas que en la intimidad me decía, se diese cuenta o no, era para justificar sus actitudes.

—No me gustan las mujeres. En general, y tampoco me gusta generalizar, estamos mucho peor enseñadas que los hombres. Nos preparan para que se nos rinda homenaje, aunque no lo merezcamos: puertas abiertas, manos besadas, vehemencias, atenciones...

—Estás hablando de una clase social.

—Estoy hablando de mi entorno. Los hombres no son siempre afables, pero los prefiero. Las mujeres suelen ser de una espantosa grosería, sobre todo cuando se abandonan en sus matrimonios y pierden la propia estimación. La mayoría de las cosas que consiguen la consiguen con el sexo: lo hacen valer a sabiendas o no, y lo utilizan, en último término, si no para ganar un sueldo, como refugio y como burladero. —Tuvo una idea que la hizo reír—. Tú fíjate las Venus, por ejemplo: debieron de ser unas vacas de armas tomar; qué cachos de pelvis, madre mía; no me extraña que los griegos miraran a los chicos y dejaran a esas mujeres sólo para parir.

—Claro, como tú te llamas Aspasia... Aspasia, Friné, Cleopatra, la Pompadour, Ninon de Lenclos... Los grandes hombres vivían en Grecia en casa de las cortesanas; aceptaban sus consejos; aprendían de su sabiduría en todos los sentidos... Han sido las grandes putas de la Historia.

—Hay muchas mujeres honradas que han nacido para putas, y viceversa.

—¿Y tú?

—Yo no tengo problemas. Siempre que por putas se entienda las que usan su cosita para sus propios fines, y por honradas, las que hacen el amor sólo cuando aman. —Dejó pasar un momento. Se le apenó la voz—. Cada día me importa menos la gente, hombres incluidos. Y me da pena, me doy pena. Porque antes era más solícita; pero ahora me distraigo y se me cierran las orejas. Es que ni oigo. Y cuando no tengo nada que decirles a las pobres infelices, en vez de hablar del tiempo, les hablo de recetas de cocina. Que a mí me jeringan, pero qué voy a hacer, las entretienen a ellas, las pesadas...

No muchos días después, reconoció que siempre había odiado la compostura. Ella empleaba las grandes palabras con una gran soltura: siempre, nunca, todo, nada. Era una mujer de absolutos y yo la adoraba.

—La gente aquí es taimada y ñoña, fútil y cargante, gazmoña y peligrosa. Como en las sociedades pequeñas, en que se dispara contra todo lo que brilla, la ignorancia y la envidia son las reinas aquí. Eso si no se le dan motivos; si se le dan, es capaz de poner en la picota y linchar al sursum corda: sobre todo, al sursum corda. —Soltó su risa fresca—. Y yo se los di.

—¿Cómo fue? Siempre me pones la miel en los labios y luego me escamoteas el cuento.

—Todo a su tiempo, ya vendrá. Mira, las personas decentes y tranquilas, que han nacido con instintos frugales, no pueden comprender a los furiosos. Ellos siempre tienen una copa de menos. Ellos son respetables de nacimiento. Quienes se indignan ante las pasiones inaplazables y esgrimen su concepto del deber son los de temperamento frío, los de rutinas rígidas y apetitos moderados. Ay, qué asco me dan. Si sintiesen los aguijones de los sentidos, las demandas que urgen... —Rió otra vez, y dejó de gesticular—. En fin, qué voy a contarte.

—Pues lo que quieras, porque yo no creo ser tan furioso.

—Anda, que si lo llegas a ser un poquito más, nos detiene la guardia civil y nos lleva conducidos... Yo me pregunto a menudo qué quiero, qué amo, quién soy. Me he convertido en una especie de vieja Julieta con éxito en la isla. Y estoy harta. Como lo estaría Julieta quince años después de estar casada con Romeo. Cada vez me siento más al borde de dar otra campanada. —¿Quién la había enseñado a reír con tal encanto?—. En el fondo, no he vivido mucho tiempo sin darlas. Me chifla escandalizar a los pusilánimes... Pero también cada vez me siento menos yo. Los desprecio ya tanto, que se me quitan las ganas de llamar su atención. Tendría que irme a otro sitio, a otra isla: yo soy mujer aislada... ¿Sabes lo que me pasa? Que soy una adicta al amor como otros a la cocaína. No al físico, al total. —Bajó los ojos, se mordió los labios—. Me parece que, desde que estoy a tu lado, quiero más a Leo. Porque lo veo en peligro...

—Yo no podría enamorarme, creo, de una persona que no pudiese serme infiel.

—Ni de una persona a la que no pudieses serle infiel, ¿verdad? Lo segundo es más grave.

Dejé pasar un rato sin hablar. Regresó la clara tarde, que habíamos mantenido apartada y en suspenso, y nos arropó. Estábamos en el campo, bajo un gran algarrobo donde cantaban, en la plenitud de la primavera y de su amor, los pájaros. Las mesas y las sillas eran toscas, no muy confortables y de madera sin desbastar. Habíamos comido torreznos con gofio y bebido un vino potente. Dejé pasar un rato. Después dije lo que pensaba desde el principio de la conversación:

—Hasta cuando estás conmigo, Asia, te echo de menos. Y es que temo perderte.

Con dos dedos de la mano derecha ella me tiró un beso.

Me fui convenciendo de que Aspasia aún se cuestionaba la ruta por la que llegó a mí. Estaba dudosa de si se habría enamorado por sí misma, o si su amor era un reflejo del que en mí percibía, incoado a su vez por ella. En todo caso, se reconocía enamorada. Y yo también. La influencia de Aspasia en mi trajín diario empezaba antes de venir ella y desaparecía mucho después de haberse ido. Nunca conjeturé que pudiera prendarme tanto por una mujer casada que ejerciese, lo cual era evidente, su matrimonio. Pero me ocurrió algo más alarmante y más comprometido: comencé a encontrar incompleto, en su lado físico, el amor de Asia, porque evocaba, cuando la tenía en mis brazos, los otros brazos que también la poseían.

La intensidad de su vida, la suficiencia que desprendía y la edad que le llevaba a su marido, habían convertido a Aspasia en un ser ambivalente, que se manifestaba, en general, con el vigor y el despego de un hombre. Eso era fácil de observar, y en eso residía parte de su aliciente para mí. Pero, por otra parte, con quien se comportaba del modo más *femenino* era con Leo. En el mejor y en el peor sentido de la palabra. Junto a él aparecía como desvalida, débil, necesitada de protección y desde luego frágil e incluso enfermiza. Le suplicaba todo con una voz más aniñada y siempre por favor. Daba lo mismo porque, al trasluz, se notaba que era ella quien mandaba: por su tono, por su decisión casi maternal, por la costumbre de ser obedecida. Sin embargo, jamás le levantaba el galillo, como decía ella, por lo menos en público o delante de mí, ni se molestaba por ningún descuido de él, ni se quejaba tampoco. Como si, con la certeza de su autoridad, se complaciese en mostrarse tierna y afectuosa. (Más tarde hube de revisar estas primeras impresiones.) Cuando estaba junto a mí era otra persona. Hasta en el amor, yo la trataba casi como a un hombre, de igual a igual. En mí había mucho de amistad, de calibrado respeto y de admiración por ella. Y lo mismo le ocurría —estoy seguro— a Asia respecto a mí. Tanto, que fue por esa causa por la que sospecho que ella empezó a intuir mi progresiva tendencia hacia Leonardo.

Una mañana me telefoneó para proponerme ir en busca de su marido al aeropuerto. Hacía bastantes días que no coincidíamos él y yo. A las seis me recogería Aspasia en coche. No obstante ser de una puntualidad en la que concordábamos, habían pasado tres cuartos de hora desde las seis y ella no comparecía. Yo estaba ya mareado de dar vueltas alrededor de mi saloncillo; abrí la puerta del dormitorio para alargar los paseos. No cesaba de mirar al reloj, ni de llevármelo a la oreja. Cuando a las siete menos diez llamó a mi apartamento, le eché una bronca que hasta yo encontraba desproporcionada. Le pregunté a voces si sabía con quién estaba tratando; le eché en cara toda clase de gratuidades; me conduje, en fin, como un perfecto idiota de mala educación. Ella me examinaba con mucha gravedad esperando que terminara. Y cuando supuse que iba a volverme la espalda y salir dando un portazo, dijo con una sonrisa fulgurante:

—A esto es a lo que yo llamo una declaración de amor. Creo que, de ahora en adelante, me retrasaré todos los días.

Se disipó automáticamente mi enfado, y la estreché como si la hubiese perdido durante largo tiempo y nos hubiésemos reconciliado luego. Después de hacer el amor con una pasión nueva («*Irae amantium renovatio amoris*»), montamos en su coche y, al ponerlo en marcha, comentó ella como sin venir a cuento:

—A ninguna mujer normal le son indiferentes la hermosura y la gloria.

—Lo de la hermosura no lo dirás por mí.

—No; ahora voy, en manos de la gloria, a buscar la hermosura. —Me miró de reojo.

Yo tardé un poco en preguntar, y lo hice con precaución e impaciencia:

—¿Es que pueden tenerse las dos cosas a un tiempo?

—Depende de la habilidad de la mujer —me respondió sin darle mayor importancia.

Estuve meditando sus palabras, aunque hablásemos de otros temas, durante el viaje al aeropuerto, cuyo paisaje ya había conocido. Asia, que lo entrevió, insistía:

—Te he propuesto recibir conmigo a Leo porque está atravesando un mal momento. Y somos responsables de él los dos.

—Te ha hecho una escena de celos, ¿no es así? —Eso lo normalizaba todo: la simultaneidad de dos amores que no coincidían en el acto del amor.

—Leo no sabe de quién tiene celos, si de mí o de ti; pero creo que los tiene. No es la primera vez. En nuestra historia... —No continuó.

—Pero ¿qué historia?

—Ya te la contaremos cuando llegue el momento.

—¿Los dos?

—Si no, no valdría la pena. —Después de un instante, añadió—: Anteayer me cogió con sus grandes manos por los hombros, me miró de hito en hito y me habló en voz baja pero dura: «Ahora no lo resistiría, Asia. Ahora me quedan menos esperanzas. No me hagas sufrir más.» Luego no sé si se retiró él o me empujó. Y me amenazó con dejarme... Yo se lo estaba facilitando porque sentí de repente menosprecio por mí. ¿Qué soy? Una mujer mayor que se pone en ridículo... Ya supondrás lo que me dijo: tú has escrito bastantes páginas sobre esto. Lo de «te he sacrificado mi vida, pero no daré ni un paso más: me inspiras desdén y odio». Pero él adivina que tú no sientes lo mismo por mí, que a ti te parezco jugosa y fresca (dime que es verdad) y que te atraigo. Y sabe, su cuerpo lo sabe, que a él también lo atraigo y siempre lo atraeré... En cuanto a tu parte, no es mejor que la mía: Leo siente asimismo desprecio por ti. Se ha enterado, por sus amigotes o por quien sea, y ha tardado bastante, de que eres bisexual. Lo cual aumenta su odio sedicente. Aunque el odio básico se apoya en que, siendo todavía mayor que yo, has venido a robarle lo que es suyo... En resumen, una empanada mental en toda regla. Considera que tú y yo somos unos desechos y que él debe encogerse de hombros y escapar. Hasta cierto punto es comprensible. Pero hay una novedad en esta situación de ahora: Leo presiente que a mí me atraes en serio. Y no sé por qué olfateo que a él también: tu nimbo, tu forma de vida, tu independencia, no lo sé. Sin embargo, nunca lo he visto tan confuso, tan fuera de sí. «¿Cómo te puede gustar alguien más viejo que tú si siempre te han gustado los más jóvenes?», me gritaba y me sacudía. «Qué vergüenza. No puedo dejar de preguntarme qué ves en él», añadió. Yo le contesté: «Pruébalo.» Estábamos en el dormitorio. Él acabó de ponerse el uniforme. Me quitó de en medio de un manotazo y bajó de dos en dos peldaños la escalera.

«Mi gozo en un pozo», pensé. Pero no tuve más remedio que poner una apostilla imbécil:

—Me dejas de una pieza.

Ella, que había hecho el relato como una primera actriz, me palmeó la espalda sonriendo:

—No te preocupes mucho. Leo, en amor, está acostumbrado a luchar contra corriente.

Cuando, entre los que facturaban, vi salir a Leo de uniforme, comprendí que la gente girara la cabeza para seguirlo. Traía un maletín en la mano, que alzó en el aire, agitándolo, para saludarnos.

—¿Es que ha pasado algo? —preguntó mientras se acercaba, lleno de extrañeza.

—No, cariño. Teníamos ganas de verte cuanto antes, y vinimos.

Me alargó la mano con neutra corrección, y a Asia la besó como siempre, dejando resbalar la mano por su espalda hasta rozarle el trasero.

—Mañana no vuelo. ¿Tomamos una copa antes de irnos?

—Como quieras, mi niño. Octavio nos ha invitado a cenar.

—O sea, otra noche sin cambiarme.

—Estás muy guapo así —intervine yo sin ninguna fortuna. Leo se volvió y me analizó con los ojos.

—¿Me permites hacerte una pregunta? —Yo hice un gesto alentador—. ¿Quién te ha hecho ese chupetón que llevas en el cuello?

Leo no esperaba que le respondiese. Habíamos llegado a la barra del bar. Yo no vacilé:

—No recuerdo si alguno de los botones del hotel, o alguna de las camareras.

Su perenne sonrisa se acentuó. Apoyado con un codo en la barra, era un canon griego. Sus ojos azules, que griseaban en la sombra, se os-

curecieron hasta el plomo y le brillaron como a
un gato.

—Tengo que darte las más rendidas gracias,
amigo. Desde que Aspasia, quiero decir mi mujer
—¿lo subrayó?—, se trata contigo está conmigo
mucho más amable. Últimamente, no sé por qué,
hacía aguas nuestro matrimonio y yo tenía el deber de estar achicando todo el día. Para un hombre del aire no es un trabajo cómodo.

—Si quieres que te socorra en el achique,
cuenta conmigo —dije sin achicarme yo.

—Y conmigo también —agregó Asia—: en ese
mismo barco estamos todos.

Leonardo nos miró a uno después de otro con
tal intensidad que daba miedo. Luego, levantó su
vaso de whisky.

—Por vosotros, por todos —brindó sin que yo
supiera a qué carta quedarme.

—Por vosotros dos —completé—, de todo corazón.

En la cena, estimulado sin explicármelo por la
presencia de Leonardo, tan cálida y contenida,
creo que bebí más de la cuenta. Un vino blanco
de Tenerife pedido por él me lo facilitó. Y la rum-
bosa frecuencia con que lo vertía en las copas.

—Copero —le reclamaba yo, señalando la mía
agotada. Sonreía él, y la llenaba obediente—. Ga-
nimedes hacía lo mismo en el Olimpo. No sé si el
águila de Zeus lo arrebató por guapo o por escasez de servicio doméstico. Quizá por lo primero, porque entre ellos algo hubo.

—También hay señoritos que se acuestan, en

los hoteles, con los criados —refunfuñó Leo, tampoco muy sereno.

—Entonces esas cosas eran más inmediatas —murmuró entre sorbo y sorbo Asia—: llegaba el águila y zas; caía la lluvia de oro, y Dánae, en lugar de poner una palangana, se abría de piernas; llegaba el cisne, y Leda, en vez de retorcerle el cuello como recomendaba Rubén, se lo colocaba en lo alto.

—¿Quieres decir que no había noviazgos? Entre tú y yo...

Leo balbuceaba, y lo interrumpió Aspasia:

—Tú y yo no éramos dioses.

—¿Lo somos hoy? No serlo nos ha salvado hasta ahora... —Leo bromeaba y me miraba—. Con los dioses nunca se sabe.

¿Me provocaba el muchacho, o es que, con un físico como el suyo, cualquier movimiento resulta provocador? Yo trataba de hacerme consideraciones: a su edad, todo el mundo es un poco coqueto; que guste gustar es comprensible... Lo que me aturdía es que él tuviera claro que me gustaba... Bueno, quizá es que soy un poco tonto.

La cena fue íntima y regocijada. Se nos hizo muy breve. Me dolía no continuar la reunión. Leo iba a disfrutar de un par de días libres y estaba autorizado a beber, por lo menos en privado. Los invité a mi apartamento, implorando su perdón por adelantado dado lo ínfimo de sus muebles.

—No están tan mal —comentó Asia sin demasiado acierto.

—¿Por qué lo sabes? —le preguntó Leo, ensombrecido.

—Anda, que no he estado veces en ese apart-

hotel. Y además, tú conmigo. Desde que lo inau-
guraron, cientos de veces...

Yo respiré.

Di sólo la luz de una pantalla y prendí un par
de velas —«Para el humo», expliqué sin necesidad— que había comprado unos días antes. Les
serví lo que me pidieron. Mientras me servía yo,
de espaldas a ellos, advertí lo cargado del ambiente. En esa habitación se desprendía sexo por
todos los poros y se aspiraba por todas las narices. Desconocía el estado de ánimo de Leo, pero
Asia y yo habíamos encendido allí demasiadas fo-
gatas como para que no se columbrasen por cualquier rincón, especialmente sobre el sofá de cretona donde el matrimonio se sentaba. Yo, con mi
vaso en la mano, me senté en un sillón casi frente
a ellos, y elevé el whisky para darles la bienvenida.

—Os miro —dije tras un sorbo bien largo— y
veo sexo. —Ellos rieron a la vez, y se miraron con
muchísimo amor. Sus manos se entretejieron—.
Qué palabra tan tornasolada y alarmante... No
hablo del sexo exterior, que jamás cesa, que nos
reviste como un aire, unas veces diáfano y otras
irrespirable. Me refiero al que nos llama desde
dentro, al que se abre como una oscura y delicada flor, como una oscura e incurable herida,
delicada también. Y no en respuesta a otra persona, no hablo ahora de eso, sino en respuesta a
nosotros mismos. La voz de nuestro propio sexo
que, sin saber por qué ni para qué, despierta, se
despereza, se frota los ojos y observa su alrede-

104

dor... Veo en vosotros el sexo puro, esa aparente contradicción. Sois su isla misteriosa.

Después de una pausa en que el silencio se aposentó a su gusto, como rompiendo un hilo que la vinculara no sé si a Leo o a mí, se desprendió Asia y habló despacio, ensimismada:

—Ese sexo íntimo que dices amanece tan pronto. En mi vida... —Tachó con un gesto de la mano lo que seguía—. El otro día leí que las ecografías detectan indicios de actividad sexual en los fetos. Parece que desde la semana veinticuatro de gestación se observan erecciones en los masculinos, concretamente cuando su posición acerca el pene a la boca. Y la succión del pulgar es significativa entonces, y la mano, que no sabemos si tiene o no una difusa consciencia ya, baja a los genitales... De esos arrabales del sexo de los que tú hablas, Octavio, el más inmediato somos nosotros mismos, y el propio cuerpo coge tan a mano —se echó a reír—, literalmente tan a mano —depositó la suya sobre un muslo de Leo—, y queda tanto tiempo para que la nueva fuerza, invencible y secreta, pueda ejercerse en plena gloria... Qué fascinante la masturbación. El ser humano es sexo y pocas cosas más.

—Ni siquiera es que aparezca el sexo —repliqué yo—: es anterior a nosotros. Se llama ojos, boca, padre, madre, vientre... ¿Por qué no manifestarlo con sencillez? —Me refería a Leo, más que a Asia—. ¿No nos enseñan, para que los repitamos ante todos, nuestro nombre y nuestro apellido? ¿Y no es el sexo más personal que ellos, más decisivo, más útil y más gratificante? A mí nadie me dijo nada de niño: sólo mi nombre y

apellidos. Y no he averiguado mucho tampoco...
Sólo que el sexo que somos no nos ha sido dado
para procrear, ni para atrapar enfermedades, ni
para elegir por él tanteando como por un pasillo
a oscuras nuestro amor, ni como argumento de
tragedias. El sexo simplemente no nos ha sido
dado: somos nosotros quienes hemos sido dados
a él. —Los señalé con mi mano—. Como el mar
entrega sus náufragos a una isla misteriosa. ¿Estás de acuerdo, Leo? —Leo me miraba con sus
ojos más grandes y se humedecía, de cuando en
cuando, los labios con la lengua en un gesto estremecedor—. Es la pansexualidad lo que nos justifica, si es que el hombre necesita justificarse de
algo después de haber sido empujado a una vida
que no entiende y se acaba... La pansexualidad es
la región por la que avanzo, y me pierdo, y me
reencuentro.

Leo aplaudió, seguido por Aspasia, creo que
no de una manera irónica.

—Da gusto oírte hablar —dijo.

—Por lo menos algo de mí da gusto. Pero
¿tengo o no razón?

—Tu única ventaja es que les hablas a dos
convencidos. —Atrajo la cabeza de Asia y la besó
en el pelo.

Serví unas nuevas copas. Había llegado el momento de clarificar mi posición.

—Detesto las clasificaciones —comencé antes
de volver a sentarme—. Ellas tienen la culpa, secular, de que muchos homosexuales se comporten de una forma *privativa*, digamos. Como si residieran en un gueto moral, en un gueto de gestos
y de usos. Se entiende que son hombres incons-

106

tantes, antojadizos, inocentes y pérfidos a un tiempo, de convicciones y de voluntad sin arraigo, débiles y violentos a la vez como mujeres. Se entiende que son de una inteligencia no profunda, pero sí ingeniosos, oportunos y encantadores. Son caprichosos y sentimentales, de palabras suaves y promesas sin base, engañadores y engañables, y con la virtud de olvidar hoy lo que ayer proclamaron. Dan la impresión de que se los conoce desde siempre, y es que todos hemos tratado antes un ejemplar de ellos. Son contradictorios: crédulos y escépticos, bondadosos y perversos, sarcásticos y afectivos. Mirados con superficialidad, son cómodos: se les perdona todo, se acoplan a todos los grupos, se los echa de menos. Si mienten, se les sonríe y se les da la perra gorda; si admiran algo, consiguen que se les regale. Son tan aparatosos que convencen sin tener opiniones. Exageran tanto sus elogios como sus desdenes. Adoran y odian con poco tiempo de distancia: «Soy de telones rápidos», comentan. Acarician, o desprecian, o acarician y desprecian a la vez. Se exaltan por una amistad, que casi siempre es amorosa; se entusiasman por una obra de arte, y cinco días después no lo recuerdan. Obran como *aficionados* en todo lo que emprenden. Sus relaciones con las mujeres son fraternas: se adoran y se hacen confidencias; si ella les pone cuernos, los dos lloran y ellos las perdonan; se hacen escenas con frecuencia, porque sin ellas no pueden vivir; se insultan y se besan; se matan y están a partir un piñón... Son hombres valerosos y cobardes, inesperados siempre. Creen en el honor y cometen infamias atroces.

Obedecen a sugerencias momentáneas (la mala educación, que llamó Kierkegaard), y se dejan llevar por su pensamiento dominante, que cambia de rumbo igual que una veleta. Y la acusación de falta de delicadeza es la peor, y quizá la más injusta, que puedan recibir.

Noté que la atención de Leo se había, en buena parte, evaporado.

—Eso es cierto —dijo—: todos conocemos a hombres así.

—Sin embargo, no todos los homosexuales, ni muchísimo menos, son *así*. Pero en fin...

—¿Por qué hablas de ellos ahora? —preguntó Asia, extrañada.

—Porque siento por ellos una singular aversión. La aversión que me inspiran no los que son opuestos a nosotros, sino los que se nos aproximan en nuestros defectos. Yo no pertenezco a ese tipo de hombres, y por eso los detesto aún más: porque ellos representan lo que yo mismo representaría ante unos malos y precipitados observadores, que son los más frecuentes. Porque no basta con ser homosexual para ser de ese modo... —Ahora noté en los dos un silencio expectante—. Todo surge de una valiente reacción frente a las persecuciones: valiente y muy triste. El hombre homosexual las desafía afeminándose; la mujer homosexual, se masculiniza. Antes hubo una homosexualidad de costumbres, una homosexualidad ambiente: en Grecia, en Roma, en los países árabes aún. Tu homónima, la mujer de Pericles, lo sabía muy bien, y los discípulos amancebados en toda la extensión con sus maestros, y los pastorcillos de Virgilio... Eso se terminó. Ahora lo que hay es una homosexualidad a contramano, involuntaria, individualizada, de nacimiento o no, es decir, mucho más dura de sobrellevar.

—Siempre he sentido por esa caterva, perdón por la palabra, una gran misericordia —dijo Asia como para sí.

—No es compasión lo que merecen —corregí yo—: es respeto, es incluso indiferencia. Si la obtuviesen, serían idénticos a todos los demás. —Ahora estaba mirando a Leonardo—. En el sexo todo el mundo puede ser cualquier cosa. Los dos sexos convencionales sólo tienen una justificación digamos funcional. Es la sociedad, por tradición milenaria y por propia conveniencia, la que nos reduce a elegir (si es que puede llamarse así) entre ser heterosexual o no. Drásticamente... Pero todo el mundo es omnisexual como es omnívoro. Un placer no excluye otro: se puede amar a un hombre y ser heterosexual también. —Había llegado, por fin, donde quería. Era imprescindible retener a mi hermoso auditorio, sin beber o bebidos él y yo—. El sexo es una posibilidad y no una obligación. Y mucho más todavía el sexo a secas, el que se hace sin amor. —Di un sorbo de mi vaso; ellos también lo hicieron—. A mí me da horror integrarme (así se dice ahora) en semejante sociedad. No me casaría jamás: ni con una mujer ni con un hombre. Quizá sólo con vosotros dos a la vez. —Se miraron, se sonrieron, y me sonrieron—. Lo de las parejas de hecho como premio de consolación sólo sirve para herencias y pensiones: cosas de funcionarios. Pero tampoco aspiro a rebelarme ni a acaudillar movimiento ninguno. Yo, como escritor, no tengo por qué ser objetivo. Y, en cuanto al sexo, menos aún que en ninguna otra circunstancia: soy sencillamente lo que me apetece ser en cada caso... El sexo no es una actitud que se tome para siempre. En eso es lo mismo que el amor, por mucho que nos empeñemos. Nadie quiere acostarse con todos los guardias de la circulación porque le haya gustado uno. Ante todo, el sexo es una experiencia individual, privada, placentera y probablemente irrepetible, aunque se produzca otra vez con la misma persona. —Procuré hundirme en los ojos de Leo—. Creo que no hay un solo hombre, ni uno solo, que no haya deseado alguna vez a otro; ni una mujer que no haya deseado a otra mujer. Quien lo niegue, después de haberlo pensado bien, es que habrá deseado a más de uno y pretende escapar ante sus propios ojos. —Leo bajó los suyos. Luego los levantó y sostuvo mi mirada riendo. Yo reí también. Y Asia. Los tres bebimos—. Perdonadme que os esté largando este rollo macabeo. Pero consideraba que habíamos llegado a un punto de afecto en el que yo necesitaba sincerarme. Y más que en otros, en este aspecto de la personalidad que es tan significativo. Yo creo ser una de las personas más normales, en el sentido esencial y constitucional, que existen. A pesar de todo, como a vosotros supongo, algo me estropearon.

—A todos, sí, a todos —repitió pensativa Asia con los ojos en su vaso.

—Me abandonaron —proseguí, en tanto renovaba las copas— como a un Robinson niño en la isla misteriosa. Nadie me dijo nada. No sé si me espiaban, ni si alguien a hurtadillas asistía a mi florecimiento, a mi intrincado desconsuelo, a mi embrollo.

—Es cierto, es cierto —afirmó Asia con desusada intensidad.

—A los seis años jugaba, con las niñas del vecindario o del veraneo, a juegos tan eróticos que hoy me provocan una sonrisa más abochornada que condescendiente. En rincones de penumbra, sin más guía que lo instintivamente codiciado, sin otra luz que los tabúes, trababa relaciones temblorosas con los cuerpos ajenos, cómplices frente a los mayores, oficiantes de un culto sólo por ellos anatematizado... Mi madre me descubrió un día con dos niñas. Se puso como de cinco metros de alta maldiciéndonos, acusándonos, amenazando con decírselo a sus madres respectivas, lo que no sé si hizo. Era la voz de Dios tonante. O sea, un trauma... Mi padre, cuando iba una tarde a dar leche y almendras a sus pájaros de perdiz para reclamo, me descubrió con un par de amiguitos en la azotea, con las pililas al aire, comparándolas. «Maricas», gritó alteradísimo, y echó escalera abajo a los chiquillos, y a mí me tuvo de rodillas soportando sus excomuniones... —Leo se reía algo borracho; Asia, no—. En la adolescencia, me desojaba viendo desnudarse a los compañeros mayores que jugaban al fútbol en el colegio, o viendo los sostenes y los pechos de las criadas y las amas de cría. Mis padres, cada cual por su lado, habían conseguido que me excitara todo, que me atrajera todo. Pero les salió el tiro de la represión por la culata: ahora soy como el ser humano fue pensado: bisexual. Sin embargo, quizá no obtengo la total satisfacción que en ambos extremos tendría que obtener. Todavía me siento a veces conminado, condenado, ilegal como si dijéramos. Y eso, en ocasiones, me produce un gozo extra, y en otras, no. —Me senté de nuevo—. Ahora sé con evidencia dos cosas: que os quiero y que os estoy dando una lata espantosa. ¿Estáis servidos?

—Por favor, sigue hablando. —Leo farfullaba por la bebida, pero estaba dispuesto a complacerlo—. Hace muchos años que no oía nada tan interesante. De eso no se habla... Nosotros también te queremos.

—El positivo y buen flechazo de la amistad —dijo Asia. Se levantó vacilante, se puso un agua tónica. Yo traté de ayudarla. Mientras lo hacía, pensé cuánto me había equivocado de entrada al juzgar por su apariencia a Leo.

—El pobre amante —le dije mientras recargaba con whisky su vaso aguado— no delibera. No pasa largas tardes midiendo pros y contras. No elige esta o aquella nariz, esta o aquella buena cualidad, la mejor conveniencia, como no elige este sexo o aquél. El pobre amante ama y desea, que es bastante y lo único que se le permite. El pobre amante acepta o se subleva, pero no elige nunca. Por otra parte, hay una variedad muy grande de placeres. El verdadero para cada cual es aquel por el que, en cada ocasión particular, abandona los otros. Yo he sido siempre bisexual con naturalidad. He bebido del vaso que, en cada momento, me atraía. Ahora sé que existe la tentación de beber en dos vasos a la vez... Es difícil. —Notaba un nudo en la garganta, y admiraba con cierta desolación a la pareja—. Puede derramarse acaso el líquido; puede mancharse a alguien... Es un momento extraño. Me desanima beber en sólo un vaso. O sí lo haría, pero teniendo el otro en la otra mano... No sé si queda claro... Quedará aún más si agrego que estoy hablando de amor, esa especie de sexo con música. Con música unas veces festiva, y otras, no.

Los dos me miraban cuando dejé de hablar, y los dos entretuvieron sus ojos en sus vasos después. Yo pasé detrás del sofá, descorrí las cortinas, y vi la noche, y oí el mar. Sentía una profunda tensión a mis espaldas. Era prudente continuar hablando, no pareciera que, con la pausa, exigía una respuesta. Sin volverme todavía, me eché a reír.

—La naturaleza es una vieja avara, a la que lo único que le interesa es su propia continuidad. Por economía le ha dado a todos los sentidos utilidades paralelas. —Recuperé mi sitio frente a ellos, no sin antes rozar las nucas de los dos, y gesticulaba al hablar—. La mano se mueve, transporta y ordena los objetos, pero acaricia también. El ojo ve y llora. La nariz respira y se siente atraída o repelida por el olor. Los oídos perciben las señales de sobresalto, pero también la música. La lengua saborea los alimentos y los besos... Fornicar es someterse a la animalidad, pero el hombre ha inventado el sentimiento que lo embellece todo. Este mundo no ha sido creado para nosotros: en él somos una excepción desnuda e intimidada sobre la tierra, poseedora de un arma sólo: la razón, equivalente a los instintos protectores del resto de los animales... La naturaleza crea sin ton ni son, como una rana o un pez que depositan sus huevos o los fertilizan porque no se les ocurre otra cosa que hacer. Por eso con nosotros corre el riesgo de fracasar; de que, por ejemplo, precisamente por causa del celo amoroso, una pareja, en lugar de procrear, que es lo previsto, decida suicidarse. El amor es evidente que no entraba en los cálculos de la naturaleza; ni quizá el pensamiento que lo produce. Y así resulta que un náufrago que se ahoga es más grande que el mar, porque el náufrago sabe que se muere y el mar no sabe que lo mata. —Me incorporé. De pie ante ellos, pregunté—: ¿Me hacéis sitio? —Me lo hicieron con ingenuidad y me senté en medio—. De ahí que nos encontremos, como nosotros tres en este sofá, con tanta incomodidad frente a la naturaleza inmisericorde a la que no entendemos, llena de terremotos y catástrofes: no hay más que echar una mirada a esta isla. El pensamiento, y el amor que brota de él, son una alteración del orden (o el desorden) natural. Peor que un cáncer, porque la muerte que el cáncer acarrea forma parte de los designios naturales, mientras que el amor —pasé mis brazos por sus hombros— (que es más que simple sexo) significa siempre una infracción demasiado grande, demasiado continua, por el solo hecho de existir... El mundo no se inventó para albergar el pensamiento humano. No se inventó para que tres seres como nosotros, con una bebida en la mano y muchas más en el estómago, dialoguemos (o monologue yo, mejor) a altas horas de la noche, y nos entendamos emitiendo o captando sonidos. Salta a la vista que la razón es un error dentro de la naturaleza: no hay nada en ella preparado para

114

el hombre. El pecado original trata de explicar esta terrible inadecuación. Los animales están en su casa; el hombre ha tenido que fabricársela a pulso. No hay ninguna madre tan desnaturalizada como la naturaleza con nosotros. El hombre ha de disputar hasta la comida con los animales, y comérselos luego. Todo ha de elaborarlo, guisarlo, aderezarlo, para convertirlo en comestible. No; no hay nadie aquí que haya contado con nosotros. Nadie ha contado con la piedad del hombre, con su benignidad, con su pacifismo, con su solidaridad. Mientras los animales se devoran, el hombre avanza a solas con la cruz a cuestas, intentando ser cada vez más hombre, es decir, menos natural; intentando ir en contra de muchos de sus instintos que lo identificarían con las fieras. —Levanté mis manos hasta sus cuellos, debajo de sus orejas—. Me excuso por esta conferencia, pero os la debía. El libro que está ahí, sobre esa mesa, apenas comenzado, trata de todas estas cosas. Del amor y la muerte... Por eso, no, no hablemos, por favor, de lo natural y de lo contranatural. No hablemos de parejas amorosas obligatorias, ni de vías naturales por donde hacer el amor. No hablemos de religiones que sean antifaces o mordazas con que se nos ciegue o se nos enmudezca... Lo único natural sería el más feroz de los egoísmos, la destrucción continua, la defensa, a lo sumo, del clan, de la manada o de la tribu. Porque no hay naturaleza humana: eso es un artificio, una paradoja y una consolación para no sentirnos solos en el universo, rodeados de un infinito que nuestro pensamiento, ese intruso, empieza a vislumbrar... No hay más que una naturaleza: la que nos ignora absolutamente y nos es absolutamente hostil. No hablemos, por tanto, de normas amorosas que sólo sirven para la reproducción y el mantenimiento de las crías. Yo de lo que hablo es de amor humano, de placer humano, de compañía humana. De esa simple y complicada, de esa lógica y difícil regla de tres.

—¿Complicada una regla de tres? ¿Por qué? —Asia volvía a reír, y nos señalaba, a ella y a mí, con un dedo—. Basta multiplicar dos cantidades.

—Sí; pero luego hay que dividir... Tú no eres una reproductora como lo son una gallina o una vaca. Eres el producto particular de una cultura, de un refinamiento, de unas apetencias, de unos ideales... Eres un lujo que nadie podrá poseer del todo en exclusiva (¿lo oyes, Leo?). Porque a nadie, ni a ti misma, perteneces del todo. Un lujo del que yo me atrevería a querer participar.

Yo estaba atento a Leo. Por eso me sorprendió que Asia se levantase, se inclinara sobre mí, me besara, me ayudara a incorporarme, y depositase luego con blandura su cabeza sobre mi pecho. También Leo se levantó entonces, con una mirada larga y honda que no supe entender, y me palmeó con las dos manos en la cara.

—Adiós. Seguiremos oyéndote.

Su voz, a pesar del alcohol o a lo mejor por él, me sonó suave y cálida.

Al día siguiente, con resaca, esa impresión de cabeza algodonosa que tanto le gustaba a Esteban, y con bastante arrepentimiento por haberme exhibido como una Salomé danzarina y sin velos,

116

me dispuse a trabajar un poco en penitencia. Esto escribí:

El amante no tiene perspectiva. No sabe cómo es el ser que ama. Lo tiene demasiado cerca. Ve sus facciones, oye sus palabras, pero nada más: no piensa, no calcula, no compara, no lo relaciona con los otros seres del mundo. El mundo entero es, en realidad, para el amante, el ser que ama. En él se envuelve, en él se descubre y se extravía en él. Para conocerlo tendría que alejarse. Y eso sería morir; y si sobreviviese, desde lejos ya no querría juzgar al ser que amó: ya habría dejado de sentir esa necesidad de su indigencia.

¿Cómo aspira a saber el amante la verdad sobre aquel al que ama? Duele reconocerlo, pero la inteligencia no cuenta mucho en el amor. Es nuestro camino habitual para aprehender la verdad; pero quizá tampoco la verdad sea un concepto esencial para el amor. En él cuentan más los instintos humanizados, las intuiciones, los presentimientos y un poco quizá los sentimientos, aunque no demasiado y siempre como en tromba. Lo único razonable en el amor es abdicar de los procesos razonadores y abandonarse a otras potencias más oscuras o menos controlables. La inteligencia no nos sirve para calibrar todo aquello —desánimos, enfriamientos, distracciones— que, pasado el tiempo, al recordarlo, nos obliga a decirnos: «Ah, si estaba tan claro...» Todo aquello que cualquiera hubiese visto venir menos nosotros.

Pero nos conocemos tan poco nosotros

117

mismos... Cuando creemos estar deseando romper con alguien que nos resulta ya una rémora, un peso insostenible y no compensador, y de repente él o ella, el peso y la rémora, es quien rompe con nosotros, en lugar de satisfacernos, nos destroza: nos deja solos, angustiados, agonizantes como peces fuera del agua... Recuerdo la habilidad de Narciso para prever mis cansancios y espolearme en ellos. Ay, el horror de que sean los enanos los que se despidan del dueño del circo. Y no para herirnos, ni siquiera para herirnos, ni para vengarse, sino porque ya no tienen nada que hacer a nuestro lado, ni los alumbra nuestra luz, ni nuestro ingenio los divierte, ni les resulta estimable la vida que les dimos. Se anticipan a nosotros: eso es todo. Y, al huir, las rémoras reafirman su poder, lo renuevan, lo fortalecen. En el amor quien gana es el que huye: ya antes de que comience, cuando se inaugura el mundo con su anunciación, ya en su declive, cuando anochece todo. Porque el que huye a tiempo no es verdad que se vaya: se queda más presente que nunca, recuperado su fulgor, añorado, magnificado por los celos y los recuerdos, omnipotente de nuevo y misterioso. Cuántas noches me pulverizó Narciso esperando hasta la madrugada que llegase después de sus funciones. Y arteramente no llegaba.

Qué poco conocemos también nuestro propio sentir. Nos atrae alguien por su simpatía general, por su extraversión, por su insolente hermosura. Y apenas lo consideramos nuestro, intentamos echar un velo sobre su cara; que su gracia se limite a nosotros y a nuestro diminuto mundo; que no se ría, o que se ría sólo a nuestra vera. Es decir, queremos, como jíbaros, reducirlo y que desaparezca a los ojos ajenos, con lo cual hacemos desaparecer las razones por las que nos enamoramos, amargando sus horas y, por tanto, las nuestras. Porque en el amor lo que hace sufrir, mucho más que el comportamiento del amado, que por lo general no desea nuestro mal, es precisamente la costumbre, la presencia cotidiana, la seguridad de tenerlo al alcance de la voz o del extremo de los dedos, los comentarios nimios de cada instante, la satisfacción de saber lo que ha hecho y lo que no... Puesto que, cuando falta eso, a lo que no damos importancia cuando lo tenemos, se hunde, poco o mucho, el universo. El mío, sin más, se lo llevó Sonia consigo...

Y cuando pasa el tiempo y envejecemos, somos menos fuertes para soportar la desdicha; transigimos: amamos menos, pero reaccionamos como si amásemos más; somos más hábiles pero menos sinceros. Porque el tiempo nos ha debilitado y no queremos renunciar, ni padecer el desamor, ni acostumbrarnos al abandono. Y tampoco tenemos la esperanza de ayer de enamorarnos pronto de nuevo. Y entonces preferimos rendirnos, suplicar, humillarnos, con tal de eliminar ese dolor sordo e imaginarnos al amado viendo el sol con otra persona, floreciendo junto a ella, tomándola del brazo; o sin nadie, libre por fin de nosotros paseando con sosiego, lejos por fin de nuestras exigencias, independiente de hacer y deshacer, de acariciar o dejarse acariciar... O sea, actuando como había dejado ya de interesarnos que actuara.

Y con tanta ignorancia y tanta complicación, ¿cómo va el amante a decir a un tercero la verdad sobre aquel al que ama? Ni siquiera él la sabe. Yo soy un buen ejemplo: me he expresado con toda la gama de retrancas habidas y por haber. La verdad del amante... Una vez pretenderá hacer creer que está muy seguro de ser amado; otra, que es incapaz de resistir la tensión violenta, o la torpeza, o la pequeñez de su pareja; otra, por el contrario, que no se ve suficientemente correspondido por la persona a causa de la cual lo dejó todo, o lo hace todo, o a quien mantiene; otra, tratará de contradecir lo que supone que supone su interlocutor, o darle un indicio de lo que estima que es la verdad, o estimular su curiosidad, o probarle la originalidad de sus relaciones; otra vez, por fin, confesará que se encuentra hasta el gorro de soportar un sentimiento que lo entumece, que no lo alegra ni lo multiplica ni lo ilumina, o que lo aburre con sus celos y reproches, o que exacerba sus propios celos con mentiras u oscuridades o lagunas en su quehacer diario, que se niega a explicar o explica mal.

¿Y quién nos creerá de entre nuestros amigos cuando mencionemos la crueldad del amado ido, que fue tan jocoso y despilfarrador e impecable con todos? ¿O quién que no lo conozca creerá en su belleza, que sólo tiene verdadero ascendiente sobre nosotros, ya que para los demás el amado siempre fue un ser corriente, un tanto gris, porque con los otros él no perdió el tiempo conquistándolos, ni bajo ellos gritó de placer, ni rió a carcajadas, ni lloró de arrepentimiento, ni dejó de ser él mismo para tratar de ser nosotros? Y, desacreditados, ¿a quién convenceremos de que en cada amor nos va en serio la vida?

Sin embargo, es cierto que, en cada escaramuza de amor, uno empleó todas sus fuerzas y todas sus armas y toda la resistencia que sacaba de su propia flaqueza, porque estuvo convencido de que sería la última. Las mentidas separaciones que inventan los amantes y que se cierran con una ardiente reconciliación no son tan mentidas, no, y tienen una finalidad: ser trasuntos o tentativas de la separación verdadera, de la mutilación verdadera, que ellos ignoran cuándo y cómo tocará a su puerta. Son fértiles ensayos para el atroz estreno de la soledad. Un estreno al que siempre precede el aburrimiento del amado, distraído, pendiente sólo de lo que queda fuera, echando en falta quizá a otra persona, otro lugar, otra forma de ser, una actividad distinta, otra alegría que en su vida existió antes acaso —y acaso en la nuestra también—, pero que se ha perdido y se sueña con recuperar. ¿No fue éste el caso de Gabriel?

Todo es en vano. ¿Qué quedan de tanto amor y tanta muerte en mí? Los puntos de luz, en la oscuridad, de unos cigarrillos fumados a la vez por Martina; el resplandor de ciertas manos mientras modelaban el barro; el olor de un ramo de lilas por abril que no retrocederá para inundar otra vez los brazos de Esteban; la modulación de la voz de Narciso, que pronunciaba mi nombre de una manera irrepetible; aquel olor a bosque de la primera casa que fue mía; el consuelo de haber sido un asidero a orillas de una vida muy joven, la de Sonia, que se iba ya camino de la muerte... Y acaso ahora el ciego y desordenado anhelo de empezar otra vez todo el largo y agobiador proceso.

Taché la última frase. Era verídica, pero también prematura y no iba bien al contexto. Sin embargo, mientras tomaba un café bien cargado, reconocí que había un brote nuevo dentro de mí, un retoño a deshora en el antiguo tronco inanimado. «¿Por qué? —me reconvine—. ¿A qué viene esta novedad importuna?» «Añoro —me contesté— una convivencia, una familiaridad, la casa acogedora y habitada, el hallazgo de unas manos conocidas, del pan y las horas y el fracaso y el éxito compartidos.» Siempre, en realidad, había estado solo. Y siempre, como ahora, había tratado de dejar de estarlo.

Sonó el teléfono. Como si hubiesen adivinado mi situación de necesidad, Aspasia y Leonardo «tenían el honor» de invitarme a cenar con ellos en su casa esa noche, «siempre que no tuviera un compromiso previo o algo mejor que hacer». No lo tenía y fui.

Era una casa de principios de siglo con dos plantas. En la baja, un salón (al que se accedía casi desde la calle a través de un simbólico vestíbulo del que arrancaba la escalera del segundo piso), el comedor y la cocina. Había también una especie de despacho o estudio, probablemente de Asia, y un baño. Las habitaciones daban a un minúsculo jardín o a un patinillo con suelo de terrazo. Estaban amuebladas con un buen gusto heredado y muebles antiguos, también heredados, de la familia de Asia, bastantes libros, un cúmulo de objetos preciosos y, en las paredes, una espléndida colección de fotografías de familia. Yo dejé el cesto que llevaba sobre la mesa del recibimiento. Leo y Asia me acogieron descalzos y con ropas caseras: Asia con una falda y una blusa de un azul desteñido; Leo, con pantalones cortos, mostrando sus largas piernas, fuertes y morenas.

—¿Te importa que no nos vistamos con mayor seriedad? —me preguntó.

—Esas piernas son una tentación, pero estáis bien así. —Nos reímos los tres.

Eché un vistazo a la casa, eché un vistazo a ellos del brazo ante mí, apoyada Asia en él, y comprendí por qué los envidiaba. Había entrado en su territorio, y me veía más alejado de ellos que nunca. Yo era un solterón, sin más esperanza en su vida que la que pudiera surgir de dentro afuera. De ordinario, la condición de soltero se une a la pasión, a la juventud, a la dádiva de sí, al ansia de la vida, a cuanto sirve de objeto para la libertad. Yo entonces, tan cerca de la muerte, no sólo de la ajena, me preguntaba asimismo con desánimo: «Libertad, ¿para qué?» Quizá para ir de un amigo en otro, de unas en otras manos, encomendado a secretarios fríos y servidores indiferentes. Quizá para sentir el calor de las sobras que alguien se halle dispuesto a dar... Intempestivamente, se me llenaron de lágrimas los ojos. Cuando se es joven se puede amar a distancia: existen cartas, viajes, improvisaciones, se ve la vida entera por delante y las expectativas trocean con sus metas el camino. Yo había llegado a la edad de sentarme, de charlar sin estridencias en la intimidad, de nombrar herederos, de ennoblecer con mi experiencia a alguien. Había sobrepasado la edad de los hijos, y era sólo un transeúnte que está hoy aquí y mañana en otro lado, sin sólidas y dulces raíces que lo aten. Me volví hacia el pequeño cesto que había llevado para que no percibieran mi emoción. Quizá eran cosas del climaterio y de la edad. Logré balbucir:

—Hay una edad en que todo embellece, y hay otra en que todo peligra.

—Si tú lo dices, será verdad —Leo me tomó del brazo—, pero de momento vamos a tomarnos un whiskazo.

Los acompañé hacia la cocina. Al pasar, sobre la gran mesa baja y de cristal del salón, en un ancho marco de plata, vi una foto de Aspasia joven. Toda la sed, todo el ímpetu, toda la incontinencia de vivir se reflejaban en aquel rostro que apenas sonreía, cuyos ojos se adentraban en los del espectador. Sólo las comisuras de los labios se fruncían temblorosas, ávidas, lo mismo que las cejas, en un gesto de golosa expectación. Era un rostro dibujado para atraer, desnudo y limpio, que traslucía el alma que detrás lo iluminaba. Lo tomé en mis manos, y miré a la Aspasia de hoy. Por detrás de su entrecejo fruncido en una interrogación y de su boca entreabierta a punto de hablar, se adivinaba aquella joven infinitamente cautivadora.

—Vamos, deja esas antiguallas —insistió tirándome del brazo.

Apenas llegados a la cocina, llamaron a la puerta. Era Valeria, su hija de siete u ocho años. Tan parecida al padre que daba risa descubrirlo en un ejemplar tan reducido —yo recordé mi sueño y la cabeza empequeñecida de Leo—: su misma nariz, aunque más descocada, la suave caída de los ojos azules, a través de los pómulos, hasta las mejillas, con los mismos deliciosos hoyos, la barbilla partida, el torso erguido y el ritmo de los movimientos, cuya armonía la niñez no descomponía. Me besó.

—Tienes que quererlo mucho —le advirtió su madre.

—Pero a la fuerza, no —dije—. ¿Te gustan los perrillos?

Valeria miró a su padre y luego a su madre. Soltó una carcajada: estaba claro que era hija de los dos.

—Es lo que más me gusta.

Deshice el recorrido y fui a coger el cestito que traje. Saqué de él un cachorro de téckel, que se despertó lloriqueando. Era chiquito, rubio, chato y gordo lo mismo que un juguete. Se lo tendí a la niña. Extasiada, se volvió a su padre como solicitando su permiso. Leo, sonriendo, aprobó. Alargó la niña sus manos y lo adoptó como una madrecita; recostó su posesión nueva sobre su brazo izquierdo y comenzó a hacerle zalamerías, a elevarlo hasta su boca, a mecerlo, a besarlo. Era otra envidiable imagen de ternura. No olvidaré la mirada con la que Asia me agradeció el regalo: ahora era ella la que tenía los ojos empañados. Lo busqué, pero no vi a Leo.

—El perrillo ha encontrado a su familia —murmuré.

—Y tú también, so bobo, que vas a acabar por hacernos llorar a todos... Venga, a comer jamón y a brindar por el niño chiquito. —Regresábamos a la cocina—. ¿Cómo se va a llamar, Valeria?

Del salón vino de pronto una música de piano. Era la marcha triunfal de *Aida*. Como si hubiese entrado un miembro de casa real. Estaba claro que se refería al perro.

—¿Es Leo quien toca? —pregunté.

—Sí, cuando está contento —rió Asia—. Y hoy, que además quiere lucir sus habilidades ante ti.

—Toca muy bien.

Me hallaba sorprendido. Volví al salón, y lo vi de espaldas: la nuca firme y suave, en pico el nacimiento del pelo, la cintura estrecha, los anchos hombros que señalaban el compás, y la hermosa apostura. Giró la cara un momento y me sonrió. De nuevo en la cocina, entre las cacerolas, Aspasia dijo en voz alta lo que yo había pensado:

—Ha entrado un rey en la casa.

—El pequeñito se llamará *Rey*, ¿te gusta, mamá?

—Mucho, hija, pero el rey es Octavio: un rey mago.

Mientras tomábamos nuestra primera copa, cenó la niña, luego, sin aspavientos ni largos besuqueos, la madre la mandó a dormir.

—¿Puedo dormir con *Rey*? —El perrillo lamía la nariz de su ama.

—Sí; pero sácalo primero a hacer pis al jardín. Que os acostumbréis él y tú. —Me rozó una mejilla—. Gracias otra vez. Siempre.

Yo pensé que las gracias debería dárselas yo a ellos: por su vitalidad, por su simpatía en el más alto sentido, por su ejemplo y por su total confianza mutua. Y por su carnalidad y por su forma de beber o no beber, y de preparar la cena fraterna, y de mandar a la niña obediente a acostarse. Y quise con toda mi alma ser algo de ellos: hermano mayor, o tío, o padre. O amante, pero de los dos o de los tres: de cuantos aquella escena suponía.

Valeria, con *Rey* en brazos, vino a decir que había tenido carta de Claudia.

—Es su hermana, la de diecinueve años. Estudia en Norteamérica. —Ante mis hombros encogidos y mi asombro, agregó—: Sí, lo sé, ya te enterarás de todo pronto.

Leo dejó el piano y vino a cortar, muy responsable, lonchas de jamón con la parsimonia de un experto.

—¿Dónde están las llaves de la bodega, Asia? Quiero darle a Octavio un vino bueno.

—Las tenías tú: te quedaste con ellas.

—No es verdad. Te las devolví la última vez. —Dejó de cortar jamón y la miraba enfadado, con las manos en las caderas—. Cada vez tienes peor la cabeza.

—Llama a Telma... Telma es mi asistenta —me dijo—. Ella sabrá. —Leo salió de la cocina—. Siempre tiene que llevar la razón: es un fresco —rezongó Asia. Y de pronto soltó una estrepitosa carcajada—. Vaya un modo de recibirte. Qué ordinarios. Mira, ya que lo hemos estropeado todo, parte este lomo, hazme el favor. Tiene muy buena pinta.

Cuando me disponía a hacerlo, volvió Leo.

—Las llaves estaban en la mesa de tu estudio: ya lo sabía yo.

—Pues si lo sabías, haberlas buscado allí, bobo.

Se hizo un silencio momentáneo, que provocó otra vez la risa de Asia. Leo, que volvió a su tarea del jamón, también se echó a reír.

—Mira que poner a Octavio a partir rajas de lomo... —Se reían los dos a un tiempo sin poder parar.

—Venga, arriba —exclamó por fin Asia—. No quiero que me veáis afanar, fisgones. Os llamo en cuanto esté la cena... Llevaos eso que habéis partido y el whisky y el agüita con gas y lo que vayáis a necesitar. Pero todo, ¿eh? No me pidáis luego ninguna bobada más. Yo no soy vuestra chacha.

Al ponerme en las manos el plato con el lomo, me guiñó un ojo riéndose.

En el segundo piso había tres grandes dormitorios con amplios y valiosos armarios de luna, una espaciosa cámara casi vacía y un cuarto de estar. Las paredes de la cámara estaban decoradas con paneles de herramientas, y toda ella era una revolución.

—Es mi oficina —dijo Leo—. Y la de Valeria, porque juega aquí. A mí me gustan los trabajos manuales. Hacer cosas que se vayan viendo a medida que te aplicas. Vencer dificultades fáciles, ¿comprendes? —Me sonreía, y yo afirmé.

Sobre una extensa mesa de aglomerado había un armatoste de bastante altura. Me acerqué por el lado contrario, y vi que era una casa de muñecas de cuatro plantas. Sólo tenía acabadas la estructura y tres o cuatro salas, minuciosamente amuebladas y adornadas con todos los detalles.

—Se la estoy haciendo a Valeria. Me entretiene mucho; pero ahora la tengo muy abandonada.

Mientras observaba cómo se movían sus grandes manos con precaución entre esas frágiles pequeñeces, pensaba yo qué sorprendente es cualquier ser humano, y cuánta pasmosa ternura y cuántos admirables recovecos caben dentro de él. Ante aquel proyecto de casa de muñecas, me sentí más identificado con Leonardo, o con la faceta más entrañable de él.

El cuarto de estar, muy desordenado, familiar y vivido, era la auténtica tarjeta de visita de la casa: con intención me admitieron en él. Una televisión estaba prendida y funcionando. Nos instalamos ante ella en un comodísimo sofá con escabeles. Daban un documental submarino. Salían unas tortugas trabadas con anzuelos, heridas, sangrantes e impertérritas. Su aparente impasibilidad y su impotencia hacían, a nuestros ojos, más dolorosas sus lesiones, soportadas con la infinita mansedumbre con que los animales sufren nuestras gratuitas crueldades.

—Lo hemos endurecido todo, todo, la vida, el mundo —se lamentó Leo, con lo que me acercaba más aún a él—. El ser humano, además de haber inventado lo que decías ayer, es torpe y muy dañino... ¿Por qué será tan feroz, Octavio? ¿Por qué será tan despiadado? —No contesté; pensaba que también el ser humano era quien salía curando a las tortugas y quien filmó el episodio—. ¿Por qué? —insistió Leo—. Tú tienes que saberlo.

—No lo sé —repliqué en voz muy baja, y bebí de mi vaso.

—Sí, tienes que saberlo. Tú sabes casi todo. Lo sabes todo.

Levanté los ojos del vaso y lo miré. Luego dejé el vaso en la mesa y le palmeé una mano a Leo.

Él me apretó la mano con que palmeaba la suya. Turbado, volví a beber.

—Ése es mi vaso —dijo Leo riéndose.

Se escuchaba la voz de Valeria hablando sola.

—¿Qué es lo que dice? —pregunté a su padre.

—Se está duchando. Deja la puerta del baño siempre abierta. Supongo que ahora habla con su perrillo: ella habla sin cesar. Desde hoy tiene con quién. —Volvió a apretar mi mano—. Gracias a ti. —Cambió el tono—. Estoy muy ofendido por no haberme dado tu opinión sobre mi casa de muñecas.

—Siempre he admirado a los buenos aficionados al bricolaje. Puedes estar orgulloso de cómo va quedando. Si yo fuese Valeria, te metería más prisa. —También yo cambié el tono—. Eres un hombre muy completo: piloto y entusiasta de labores caseras: marqueterías, jamones, pianos. Un verdadero hombre *full time*.

Leo apagó con el mando la televisión. Estiró las piernas sobre el escabel y, mientras me ofrecía una loncha de lomo, dijo:

—Lo que me gusta más que nada es la música. De mi profesión, lo que me entusiasma de verdad es llevar el avión, o sea, despegar y aterrizar; lo otro lo hace el automático. Por eso los vuelos transoceánicos son un aburrimiento. Yo estoy en esta compañía no sólo porque es la de las islas, sino porque en un mismo día hago seis saltos: seis despegues y seis aterrizajes quiero decir. Luego descanso tres días, y siempre duermo en casa, ¿entiendes? —A fuerza de mirarlo, había dejado casi de oírlo. Renové mi atención—. De tres y media de la tarde a diez y media de la no-

130

che hago los seis saltos. Por ejemplo, Tenerife-La Palma, ida y vuelta; Tenerife-Hierro, ida y vuelta, y Tenerife-Las Palmas... Para nosotros el vuelo Tenerife-Lanzarote, que dura cuarenta minutos, ya es transoceánico. Y alargarnos hasta Funchal se nos hace eterno: una hora y diez minutos, qué barbaridad. —Lanzó una carcajada mientras servía otra copa—. En las escalas desayunamos o merendamos, y tomamos muchísimo café. Esto —levantó su vaso—, ni probarlo... Claro, que cuando hay mal tiempo, los saltos resultan un tostón... ¿Sabes lo que me sucedió el otro día? Por eso me ha impresionado más lo de las tortugas. —Se acercó a mí. Hablaba como un chiquillo que desea quedar bien e impresionar favorablemente a un adulto—. Maté a unas cuantas gaviotas. Al aterrizar, había una bandada en la pista, en la mismísima zona de contacto. Metí motores para evitarla, irme al aire y tomar tierra un poco más allá. Intenté pasarles por encima. Pero entonces levantaron el vuelo y se estrellaron contra el avión. Fue aquí, en La Palma... El señalero me trajo luego una... Era enorme.

Permaneció en un pesaroso silencio. Yo, como se hace con un niño, le alcé la cara empujando con la mano su barbilla. Nos miramos. Le sonreí y él, después de un momento, me sonrió también.

En la puerta estaba Valeria con un camisón florido y con *Rey* en los brazos. Dio las buenas noches, nos besó —«Gracias, muchas gracias, tío Octavio»— y se fue a dormir con su nuevo amigo íntimo.

La cena fue magnífica y entretenidísima. Picábamos los tres de lo que había en el centro: croquetas con clavo, berenjenas rebozadas con miel de caña y un pescado, peto de nombre, con papas guisadas y mojo de cilantro. Yo me negué a beber más alcohol, porque de repente me acordé de que estaba tomando antibióticos por un problema de muelas.

—Lo que no tienes es que beber en exceso —me decía, fingiendo una severa lucidez, Leo—; pero puedes hacerlo para brindar un poco. —Él producía la impresión de haber brindado algo más de un poco—. Beber no es que sea contraproducente, sino que rebaja el efecto de la medicina.

Yo, no resignado sino encantado, me dejé convencer; pero hice a Leo responsable de lo que me ocurriese.

—Si empeoro —añadí—, tendrás que velarme sentadito al lado de mi cama. Y tendrás que renunciar a tus seis saltos.

—De acuerdo —repuso con gran circunspección.

—En ese caso beberé con muchísimo gusto.

Lucía sobre la mesa un ramo de flores. Saqué dos distintas y coloqué una junto a cada uno de ellos. La de Asia era una rosa blanca. Asia besó su rosa.

—¿Cómo se llama la tuya? —le pregunté a Leo.

—Tú lo sabes todo. Es un poquito rara... No lo sé.

—Su nombre es astromelia; pero tú y yo estamos a tiempo de darle el nombre que queramos. Se llamará así sólo para nosotros. Luego se lo diremos a Asia.

—Menuda pareja de cerdos estáis hechos. Os habéis merendado el lomo y el jamón sin acordaros de vuestra cocinera.

A la vez, como por un resorte, nos levantamos Leo y yo y la besamos cada cual por su lado. A los tres nos entró la risa. Cuando me senté otra vez y dejé de reírme, dije:

—Cuánto me gustaría vivir con vosotros.

—Pues eso es muy sencillo: quédate —dijo Asia—. Tendrás sitio de sobra. Arriba hay un dormitorio con un estudio adjunto que no has visto.

—No seas tonto, quédate —agregó Leo, con la voz un poco tomada, quizá por el alcohol—. Trabajarás con toda la tranquilidad del universo. Asia sabe lo que es no molestar: al único que molesta es a mí. La niña está en su colegio y vuelve a la hora que has visto. Yo, cada dos días, tengo tres de trabajo, o al revés. Quien puede perturbarte es el perro, y lo has traído tú. Lo que es a mí, no me verás siquiera.

—Es que también a ti querría verte. —No me cabe duda de que mi voz también debía de estar tomada—. Querría veros a los dos, de día y de noche, siempre, siempre.

Se me volvieron a empañar los ojos, probablemente porque había bebido demasiado, pese a los antibióticos. Leo se me quedó mirando unos segundos, después miró a su mujer, y por fin continuó comiendo.

—No nos damos cuenta de lo felices que somos —murmuró Asia—. Por muy desdichados que nos creamos, podríamos serlo mucho más. Y, por otra parte, en todo momento somos un poquito felices... No sé: viendo una flor como ésta —mostraba la rosa blanca—, o el mar, o el color de los cielos. O escuchando música, o la risa de un niño...

—Creo —contradije yo— que no nos damos cuenta de lo desgraciados que somos. Por felices que nos consideremos, cuando el amor nos ciega y nos asume, lo cierto es que, por detrás de todo, nos encontramos sumamente tristes. Y que, por si fuera poco, nos demos cuenta o no, tenemos que morir. ¿Qué hay frente a eso?

—Algo muy sencillo, Octavio: la vida.

Fue Asia quien habló, mientras Leo afirmaba despacio con la cabeza, no sé si compasivo o desdeñoso.

Siempre me ha sucedido igual. Yo, que resulto en general bastante seductor, cuando intento seducir a alguien concreto me pongo mustio, exigente, reprochador y antipático con quien sea. Y con el resto sigo siendo encantador. Es como si me entrara un ataque de celos. Y cuando quien me atrae se divierte con las cosas de los otros, me voy yo encerrando más y más, hasta que me rebosa el mal humor y una ironía amarga y execrable.

Nos hallábamos en el salón después de cenar, con una mansa música de adagios en el aire, cuando Asia tomó de la mesa de cristal una revista.

—Fíjate qué casualidad, Octavio: aquí hay un artículo serio sobre la moda de la bisexualidad.

—¿Moda y seriedad? No puede ser.

—Más o menos, hombre, déjate de bobadas. Dice que antes los papeles hombre-mujer se marcaban a fuego, como la divisa a los terneros; pero que hoy se intercambian, y el sexo queda más libre para ir de un lado de la frontera al otro. —Acaso leía frases que había subrayado. Al levantar los ojos de la página me inspeccionaba a mí, pero inspeccionaba más aún a Leo—. El sexo ha perdido su antiguo tabú, y la revolución actual ha conseguido una especie de disponibilidad y de igualación creciente entre mujeres y hombres que conduce a la permutación entre homo y heterosexuales.

—¿Y la bisexualidad, entonces?

—Ahora va, divino impaciente. La sexualidad, muy decidida, ha pasado al terreno de lo recreacional (esa palabrita dice, ¿eh?). Ya ser lesbiana o ser gay no es ni un estigma, ni una enfermedad, ni un delito. Y el más importante y cuantioso reto a esas tres posibilidades, la hetero y las dos homos, es... ¡la bisexualidad! El bisexual, dice, no es nunca menos, sino más: más en experiencias, más en posibilidades, más en placer. Por supuesto, hay que atreverse, pero los dioses ayudan a los audaces, y la osadía forma parte de la modernidad. La prueba es que, en la cultura joven, la bisexualidad se ha instalado a través de los anuncios, a través de las modas de cualquier tipo y todas unisex, a través de los hombres desnudos que se han convertido en fetiches de la publicidad, a través de los vídeos y de los clips musicales... ¿Estás de acuerdo o no?

—Bueno, yo soy bisexual de una forma inconsciente, es decir, *soy*, no me hago. No se razona el color del pelo o el color de los ojos... —Miré a Leo, que parecía estar en otro sitio. Con ello decayó bastante el interés de la conversación—. Por lo que tú dices, o dice esa revista, soy un redentor *avant la lettre*. Pero sin proezas. Siempre han podido enamorarme los unos o las otras. O acaso los unos y las otras, cuando me alienta el mismo amor que emana de dos personas y ni puedo ni quiero elegir una de las dos.

Leo, regresando de su exilio, dijo con mucha solemnidad, quizá no exenta de alcohol:

—Un hombre que no se alimenta de sueños envejece muy pronto. —Asia y yo cruzamos nuestra mirada y nos interrogamos en silencio—. Lo he leído en una novela tuya.

—Y cuando se alimenta de sueños, envejece también. No sé si antes o después —repliqué yo. Leo estaba enfrente de mí y los dos prolongamos nuestra mirada unos segundos más de lo sensato—. Mírame, ¿me ves bien?

—Yo te he conocido así —me contestó— y te veo muy bien. —¿Tropezaba en alguna sílaba o era impresión mía?

—Tú eres, entonces, un gerontófilo —le amenacé con el dedo.

—Eso ¿qué es? —preguntó riendo a mandíbula batiente.

—Alguien a quien le gustan los viejos.

Leo rió más fuerte aún, y su risa ronca nos hizo reír a Asia y a mí. Después tosió, se pasó una mano por la boca, miró a su mujer como pidiendo venia, y dijo:

136

—Lo que vosotros llamáis la *frescura frutal* de una muchacha es tan sólo un barniz... Un celofán que envuelve lo que quizá pueda llegar a ser cuando se cuaje y su personalidad influya en su porte, en sus andares, en su cara, en sus ojos... —¿Había fingido estar cargado antes, o es que la lectura de Asia lo había hecho recuperarse?—. El atractivo de una jovencita no tiene ningún mérito: se ha de dar por supuesto. Sucede como con esas películas tediosas de las que alguien comenta: tiene una estupenda fotografía o una estupenda música, pero que viéndolas se le cae a uno el alma a la butaca. No faltaba más, claro que tienen buena música y buena fotografía, pero además tienen que contar cosas. La juventud, en plan belleza, es aún muy indecisa.

Asia y yo estábamos mirándonos en el colmo del estupor.

—Nunca creí que hablaras tan bien y tan seguido —dijo por fin Asia, maravillada.

—Se me habrá pegado de éste —dijo Leo señalándome.

—Cuentan de Eugenio d'Ors que un día recibió a un muchacho aprendiz de escritor. Tenía el maestro sobre la mesa una rosa natural amarilla. El muchacho, no sabiendo qué decir, se despachó con una obviedad: «Qué rosa más bonita.» Y D'Ors comentó, con sus eses exageradas: «Sssí, yo no puedo vivir sssin ella»... Nadie está obligado a vivir con una rosa, ni es posible. Pero, se haga o no, la rosa es la quintaesencia del sol, del color, de los aromas. Está ahí, y no tiene que demostrar nada —yo indicaba con mis manos a Leo—, no tiene que conquistar a nadie; perfuma para todo el que se acerque, porque ése es su destino, de momento. Ensimismada en su propia hermosura...

—Yo no quiero que la persona a la que yo ame se ensimisme —dijo Leo con la majestad de los que se han pasado en la bebida.

—Haces muy requetebién —lo secundó Asia riendo.

Cuando me despedía, ya en la puerta, de un modo imprevisto, como siguiendo el hilo de una conversación que no existía, le dijo Leo a Asia:

—De toda tu familia, quien me cae mejor es tu primo Roberto.

—¿Por qué? —le preguntó ella, y me hizo un gesto, dándome a entender que Leo había enloquecido.

—Porque es el único que me besa. Los demás son unos cardos.

Besé en las mejillas a Asia y, a la vez que estrechaba su mano, besé también en las mejillas a Leo. Él me sonrió con una expresión de insólito agrado. Asia y yo perseveramos en cruzar nuestras miradas.

Al día siguiente, supe lo ocurrido cuando salí de la casa de Asia y Leo, porque me lo contó ella con meticulosidad.

Leo se sentó en el salón e indicó a Asia un sitio en el sofá junto a él. No tomó ni una copa más, y Asia no estimó que estuviese bebido.

—Nuestra pareja vuelve a estar en peligro,

Asia. Ahora que yo creí que había llegado la hora de poner el piloto automático. Corren peligro nuestras vidas, nuestro amor, nuestra hija...

—No sé a qué te refieres, pero creo que exageras.

—Sí lo sabes. Mejor que yo.

—Si te refieres a Octavio, tengo que advertirte que él no piensa en lo que piensas tú. No proyecta ningún adulterio, como dirías tú que eres tan aparatoso, sino el trato, el roce, la asimilación... Ya ves con qué comedimiento nos menciona siempre a los dos. Es un señor mayor que...

—No digas tonterías, Asia. Es un señor famoso, bien plantado, vestido con distinción y con muchísimo gancho. Y, por si no lo sabes, te diré que se lo rifan las señoras: lo noté el otro día en casa de Amalia. Incluso los señores: estoy bien informado.

—Pues como a ti, hijo mío. A ver si os aclaráis —replicó Asia riendo—. Tanta complicación con lo sencillo que es decir: aquí estoy, tómame.

—¿Lo has dicho tú ya? ¿Se lo has dicho? —Ante la imperiosa reiteración, Asia negó con la cabeza despacio y firmemente—. Asia, hay gentes que se tienen uno a otro, y hay gente que no quiere estar sola... Hay que tener cuidado, muchísimo cuidado.

—Nadie quiere estar solo, Leonardo.

—Pero tú ¿de parte de quién estás? —Leo se había puesto en pie y gritaba.

—Vas a despertar a la niña, Leo... Aquí no hay partes, ¿no lo comprendes?: no hay partes. Todos somos amigos. Tú, el primero.

Leo subió los escalones de dos en dos y se me-

tió en el dormitorio. Cuando Asia apagó las luces
abajo y subió también, Leo tenía apagada la suya
y dormía ya a pierna suelta.

—O simulaba dormir —concluyó Asia su relato, y agregó con buen humor—: Juzgo que estás
haciendo avances en el corazón de Leo.

—No mientas, Asia, no hiperbolices, por favor.
—Por descontado, me halagaba, pero me era for-
zoso negarlo. Yo actúo como esos supersticiosos
que, hasta que no tocan los resultados que codi-
cian, no reconocen ni un avance, porque temen
que traiga mala suerte hablar de ellos—. Son bobadas, bobadas tuyas que pueden hacer daño.

Esa tarde me atormentó la memoria todo el
rato un día de mucho viento en Nápoles. Divisaba
desde mi ventana del hotel, en el centro justo de
la primera planta, el Castell dell'Uovo, y escuchaba sin parar el bronco ruido de los mantazos
que daban, restallando, las banderas de distintas
naciones de la marquesina. No sé por qué soñaba
en el atisbo de felicidad que, resguardado de
la cruda intemperie y en compañía, sin salir de la
suite ni para cenar, me había sido dado recibir
durante aquella otra tarde junto a Martina.

«Avances en el corazón de Leo», repetía. ¿Cuál
es, cómo es el corazón de un muchacho de vein-
tinueve años de hoy? ¿Y tienen todos los muchachos de esa edad, aunque coincidan en ser guapos y pilotos, el mismo corazón? Por supuesto
que, de un modo más o menos perceptible y sin
enterarme del todo hasta después, había iniciado
un cerco de atenciones equívocas (¿equívocas?,

no para mí), de preferencias unas más explícitas que otras. Había ido incluso percibiendo en los ojos de Nardo (gozaba llamándole Nardo cuando reflexionaba sobre él a solas) una comprensión, un indeciso aliento, una liviana vacilación, hasta temerosa, que yo no me atrevía a forzar. Porque nada más lejos de mí que una simple aventura efímera. Por supuesto también, yo sabía que cierta atracción física resulta inexcusable entre dos personas, cualquiera que sea su sexo, que proyectan una plenitud juntos. Es decir, respecto a mí, no tenía Nardo sólo que resignarse a fuerza de buena educación, no tenía sólo que consentir por no perder a Asia: tenía que corresponder. O más tajante aún, tenía que enamorarse. He ahí lo imposible.

Para una persona avezada no era difícil presumir que, en nombre de la amistad o en nombre del alcohol, un día, bien dispuesto, Nardo se me entregaría, aun ignorando con certeza qué es lo que yo deseaba de él. Pero establecer una relación impredecible y sin fin resultaba infinitamente más complicado. A muchos chicos la curiosidad los mueve a desnudarse y hasta a escudriñar el desnudo de otro o sus reacciones, y casi en juego o con un aire de desafío transgresor, pueden llegar a una cierta forma de consentimiento. Pero, a mis años, no era bueno negarme que el amor es otra cosa, que siempre el amor es otra cosa. Y suficientes riesgos ofrece ya ese objeto, trémulo y de cristal, como para abrir unas relaciones respetuosas (y aunque resulte anticuado eso era lo que yo anhelaba) sin la imprecisa garantía, que tantas veces para nada sirve, del amor. Tales desaprovechadas relaciones, de las que un ventajista sacaría partido, se reducen a ser flor de un día. Cualquiera sea el designio, siempre es preciso asegurarse de que, entre las dos personas, se edifique una fortaleza cautelosa contra los embates de fuera, contra las destructivas tentaciones de fuera, contra los proyectos de dentro pero unipersonales que no coincidan con los de la pareja. Y aun siendo así, qué pocas veces lo que comienza *sub specie aeternitatis* llega a ser tolerablemente duradero.

Y es que el proceso corriente del amor joven es acercar los corazones enamorados y los cuerpos enamorados, y fundirlos en uno. Pero en el proceso mío y de Leonardo, primero tendría que producirse una aproximación casta, digamos, y más tarde, en el mejor y menos esperado de los casos, surgiría el amor. Un amor físico también a ser posible, en el que, no obstante, el deseo no tendría que ser la base previa a todo. Y no evolucionaría el sentimiento a solas bajo sus leyes arbitrarias, sino que a Leonardo habría que ayudarlo —y yo llevar su mano— con las falsillas de otros sentimientos, como quien hereda una rara fortuna, y también con la experiencia y con los desencantos ya sufridos por mí, pero aprendiendo él de ellos para evitar un amargo futuro... Sería como si yo tararease el principio de una canción, y Nardo se supiese invitado a cantar sus estrofas.

Pero acaso para Nardo, que era aún tan joven, la entrega física lo supusiese todo, y le desanimara que se le impusiera seguir este largo cursillo de aproximación. Todo porque para mí el amor —el amor total al que aspiraba entonces—

142

era una cuestión de coincidencias, de cooperación, de sigilosas comunicaciones a través de maneras insinuadas, de leves guiños, de medias palabras...

Sé bien que hasta el amor perfecto, cuando existe, dura sólo un instante. Por eso quizá —reflexionaba— lo mejor fuese que nada sucediera; que se cegaran las vías entre Leonardo y yo. Que él quedara para siempre, deslumbrador, en mi recuerdo. Él y aquel apunte de pasión que me hería... Lo que pudo haber sido, lo que no fue jamás. Quizá más tarde, cuando ya nada fuese remediable, Nardo se diera cuenta de por qué renunciaba al desenlace, a cualquier desenlace, antes de emprender la batalla. Un corazón humano siempre acaba por comprender a otro.

A estas inteligibles dudas había que añadir otra dificultad: la de que yo no pretendía la conquista ni la aproximación ni la asunción de una sola persona, sino de dos que componían un matrimonio. Así las cosas, el asunto se transformaba en el más imposible de los imposibles. Como Asia había resuelto aliarse paladinamente conmigo, me creí en el derecho, y en la obligación, de hacerle confidencias. Lo que conseguía más que nada con ellas era darle unas tabarras monstruosas. Como un primer paso, le supliqué que no hiciéramos más el amor ella y yo a solas, porque tenía, estando entre sus brazos, la impresión de que engañábamos no sólo a Leo sino a nosotros mismos, que, espiritualmente por lo menos, formábamos ya a mis ojos una sola persona.

Se lo había rogado, con una voz quebradiza —voz de confesionario, dijo ella después— una tarde en mi apartamento. Mientras le hablaba, no me atreví a mirarla. Miraba al mar de plomo. En el momento de concluir, al interpretar como una negativa su silencio, me volví y la miré. Tampoco me miraba ella a mí, y también se volvió entonces de repente. Nuestras miradas fueron una sola de ida y vuelta, como los saltos del avión de Leonardo.

—¿Has oído lo que te pedía?

Asia afirmó sin palabras. Luego alargó la mano y la puso en mi brazo. Los dos habíamos estado contemplando, a través de los cristales, la misma declinación hermosa de la luz. Ya era noche cerrada, con un secreto destello y un póstumo azul en las nubes más lejanas. Y seguíamos, sin embargo, tenazmente empeñados en mirar hacia fuera. Abierto el ventanal, escuchábamos el bisbiseo del impasible mar bajo lo oscuro. Asia susurró al recostar su cabeza en mi hombro: «*Le coeur, le coeur, toujours recommencé.*» No habíamos dado la luz. Yo adivinaba apenas el pelo de Asia recogido en un moño popular, su frente pálida.

—A veces —continuó como si le costase mucho esfuerzo hablar— siento acercarse el desastre con tanta claridad que extiendo las dos manos para impedir que me empuje: estoy en una edad en que el desastre se ha sentado en mis hombros. Me pintará canas, me arrugará la piel, me aflojará los músculos, me arrancará la inconsciente alegría, me avinagrará el agua, me nublará los cielos... Miedo me da pensarlo. Hay días en que no lo puedo evitar. Hoy es uno. Y todo se vuelve entonces como un avance suyo: como el tráiler de una horrible película que se anuncia para muy pronto, para demasiado pronto... Y esos días todo lo que hago, todo lo que los demás días hago con satisfacción, me trae más cerca el desastre: bañarme en el mar, besar, reír, escribir bobadas. Y lo veo llegar por todas partes: por el aire, por el agua, en las caricias que se rinden por falta ya de fuerzas, en los brazos de quien me ama (en los tuyos también), en la acidez del estómago, en el insomnio que suelo aprovechar para soñar despierta, en el claro de luna que tanto me emociona, en los anocheceres como éste, en la suave temperatura de la isla, y en el frío, y en la respiración que ya no logro que sea a pleno pulmón como hasta hace poco todavía, y que me obliga a toser o a suspirar... En todo, en todo... —Yo le atusaba el pelo, le tocaba la frente, las mejillas, igual que a una niña chica que nos cuenta su primera pena de amor—. Y entonces siento, más insondable, la diferencia de edad con Leonardo. Lo que tendría que ser el aval de sentirme ya para siempre acompañada, me distancia de él y me deja más sola. Porque hay cosas que no le puedo decir a Leo sin profundizar aún más ese abismo de la edad que nos separa. Y tengo que tragármelas yo sola... —En la pausa que hizo yo intuí que iba a seguir hablando. Levantó su cabeza y me miró de frente—. Quizá soy una mujer demasiado egoísta: empiezo a sentir celos... —Una sonrisa muy pequeña volvía a apuntar en su boca. Yo la besé—. He sabido que Leo sale con una amiga que fue miss hace un par de años: ya tiene veintitrés. —Aumentó la sonrisa—. Por eso habló quizá la otra noche de la *frescura frutal* de las muchachas... Tengo miedo, Octavio. Tú me serías de una ayuda impagable. Yo para Leo fui su amante y su madre; tú podrías ocupar el puesto vacío, el otro puesto... Se ha ido la luz, ¿lo ves? Y nosotros nos iremos como ella, pero no renaceremos nunca de ningún modo. Nada, nada... Y en lugar de que esa negra certidumbre te estimule el deseo, el deseo se amortigua, tú lo sabes, y deja de existir. Como si el desastre hubiese ya llegado. Y es que el temor al desastre es el desastre ya.

Me entristeció tanto oírla hablar así. Me entristeció tanto verla triste, y me atrajo tanto su cuerpo, que tuve que entrar al baño para no incumplir la promesa recién hecha.

Entretanto, Asia llamó a alguien por teléfono, con quien discutía. Cuando volví al salón me encontré ante un espectáculo milagroso. Me senté para empaparme de él y me pregunté, ante esta otra Asia que hablaba, por qué no había hecho cine. Nunca he visto, ni espero ver, un rostro tan cambiante, tan volátil, tan expresivo. Cruzaban nubes, se trenzaban, se destrenzaban, salía el sol sobre él. No era un rostro, era un paisaje entero lleno de vigor, de entusiasmo, de mudanzas, de tesoros. Brillaba como un yacimiento de diamantes. No podía perderme ni un segundo de aquella exhibición. Un rostro interminable, inasible, en continua metamorfosis de risa, de atención, de desdén, de picardía. Y en cada aspecto, cuánta potencia y qué seguridad de que su firmeza sería inamovible. Fue una lección, qué una lección, fue un curso de interpretación en que las palabras prolongaban sin solución de continuidad las expresiones, pero las primeras sólo eran precisas para aquel que no veía las segundas.

Ningún desastre podría hundir jamás a aquella diosa. Me acerqué y la besé en la boca. Ella, riendo, me dio un golpe con el auricular en la cabeza. Poco después, colgó.

—Asia, Asia, Asia, tú siempre estarás acompañada... Si algún día no lo estás, piensa en mí. Yo estoy solo, solo, muy solo.

—Calla, bobo. Pienso en ti más de lo que imaginas. Tu compañía me ha hecho, me hace, y me haría mucho bien: eres irónico, brillante, tienes sentido del humor, quitas importancia a lo que yo de pronto se la doy, tienes tu propio peso. Es decir, eres lo que yo llamo un hombre... Y mi compañía quizá a ti tampoco te estorbara. Convivir, esperar cosas juntos, conseguirlas, hacerse espaldas, como dice santa Teresa, frente a los enemigos comunes. Y contrarrestar todo lo negro con la luz del amor, que a nuestra edad está tan lleno de misericordia.

Nos besamos de nuevo. Al principio el beso fue tranquilo; luego ya no. Aquella noche incumplí, por primera vez, la promesa que acababa de hacerme.

No muchas noches después salí de copas con unos cuantos amigos de Nardo: amigos del colegio, de profesión o de aficiones. A pesar de que no venían mujeres, Asia prefirió no acompañarnos.

—Estaréis más cómodos solos —nos dijo al despedirnos.

Los amigos, no recuerdo si cuatro o cinco, eran «chicos majos». Alguno bastante mayor que Nardo. Bebíamos al tuntún, y reconozco que yo no estuve mal. Los muchachos se reían con mis salidas y con mis ocurrencias. Cierto es que ya estaban predispuestos por Nardo, que evidentemente había presumido ante ellos de su *amistad íntima* conmigo. Sabían, por ejemplo, que le había regalado un cachorro a su hija.

Por ciertas bromas de sus amigos, deduje que era cierto el temor de Asia: Nardo, en efecto, estaba saliendo con aquella miss, que se llamaba Ana. Por una fotografía que alguien sacó, vi que la chica era despampanante.

Un colega de Nardo, incapaz de ocultar su machismo, entre copa y copa afirmó con énfasis y falsa culturilla:

—La mujer ya tiene distribuidos sus papeles: el amor o la maternidad, juntos o separados. Los griegos, que pensaban muy bien, lo definieron para siempre con toda claridad. Las madres futuras se quedaban en casa con la pata quebrada, sanas y fértiles, bien cuidadas y con un trabajo indiscutible de antemano. Las otras vivían libres, agasajadas, y con una obligación también indiscutible: ser bellas y callarse cuando llegara la hora. Y cuando llegaba, ellas disponían de la destreza y de las artimañas que les habían enseñado.

—¿Quién? ¿Sus madres? —preguntó otro, algo tosco, que llamaban Julián.

—Las madres no sabían nada de eso, no te enteras. Sus antecesoras en los banquetes y en las camas.

—No sé si estoy de acuerdo con tu tesis —intervine—. No dudo que fue así; lo que dudo es que pudiera serlo ahora. Los hombres tendemos a creernos irresistibles. —Él, desde luego, se lo creía—. A mi entender, bastante más que las mujeres. Ellas sin duda hacen cuanto está en su mano por serlo, y eso, conociéndolas, quiere decir que piensan también que *son* irresistibles. Estamos en términos muy semejantes. En cuanto a esa cuidadosa educación a la que aludes, entiendo que en los colegios debería haber una asignatura (en los colegios masculinos, digo) que nos previniese contra los riesgos de la mujer: más que nada, contra su tenacidad y sus argucias. Porque contra su egoísmo ya estamos prevenidos con el nuestro. —Hablaba en broma, pero ellos aprobaban.

—Tienes toda la razón —ratificó Nardo, una vez más algo bebido, y al que yo no había mirado en toda la noche, no sé si para castigarlo de manera inconsciente, ni, si era así, por qué lo castigaba—. En el bachillerato hay latín e incluso griego, o hubo, que son mucho menos útiles; pero no se nos enseña a defendernos de ellas.

—A lo mejor no nos servía de nada —continué—. A ti, por ejemplo, no te sirvió. Tú caíste en sus garras antes de llegar a la edad de la asignatura. —Rieron todos. Menos Nardo, que adoptó una postura de niño enfurruñado y calló durante largo rato como si no le interesara lo que decíamos, o mejor, lo que decía yo—. Me parece que el juego de la seducción, en el que el hombre interviene no siempre como sujeto paciente, es demasiado serio como para dejarlo a la torpeza o a la improvisación de los jugadores. El juego acaba por jugar con ellos, y las consecuencias son a menudo lo contrario de lo que se pretendía. Igualito que los juegos de azar, la seducción puede arrojar pérdidas o ganancias, y no siempre depende de la habilidad del apostante... Yo reconozco que soy una nulidad en ese aspecto: con frecuencia no me entero de por qué, a pesar de haber sido incitado por alguien a primeras horas de la noche, acabo por acostarme solo. En cualquier caso, la seducción es siempre buena en un aspecto: orea al sexo de su urgencia animal, lo entretiene, lo disfraza, lo colorea.

—¿Y crees tú que las armas de las mujeres y de los hombres son las mismas? —me interrogaba un compañero de estudios de Nardo, simpático y sincero: Damián Roca.

—Se van pareciendo más cada vez. —Miré a Nardo de refilón y vi que él me miraba—. Ésa es la causa, una de las causas, de la bisexualidad, que está hoy, al parecer, de moda. La otra noche Asia nos instruyó mucho sobre ella, ¿verdad, Leo? —Leo no dijo nada, quizá preocupado por el sesgo de la conversación—. Antes, el hombre alardeaba ante la hembra de su poder social, de sus signos externos, de su éxito, de su trabajo bien remunerado, de sus proezas físicas. La mujer, por el contrario, se reducía a la exhibición de su cuerpo, de su belleza, de su decoración... Hoy creo que no es ya así. Por una parte, la mujer presume de su vida interior, de sus opiniones, de su selectividad; por otra, el hombre cada vez enseña más su cuerpo, la gallardía puramente visual y externa, si la tiene. Ya no es cierto eso de «el hombre desea y la mujer desea ser deseada». De-

150

sean los dos y a los dos les gusta ser deseados por quienes ellos desean... Y a los dos les gusta también gustar un poco a todos.

Hubo comentarios muy diversos, pero la verdad es que se alzó un acuerdo confirmativo. El único que no opinó fue Nardo. Otro de los asistentes, Anturio, estuvo ce por be, de mi parte. Él había constituido, con amigos de todos los pelajes, una coral. Y fue él el que sacó la conversación sobre la música. Deduje que la que le gustaba era la música cubana y de los años treinta; pero yo lo que quería era brindar un toro a Nardo, partidario de otra muy distinta, y confirmarle nuestra afinidad electiva a toda costa. Por eso comencé:

—Puede que la única verdad absoluta sea la nada y que a ella nos encaminemos. Pero hay dos cosas que me cuesta mucho trabajo reconocer que entrarán en ella.

—¿Cuáles son? —interrogó un muchacho que se ocupaba de cementos o algo así. Yo supe que Nardo me atendía.

—Unos ojos que se afirman y se hunden en los nuestros —respondí con los míos en los de Nardo— y la música. Esas dos cosas son las que me sugieren que, si todo termina, ¿por qué no ha de terminar también la muerte? Lo que nos amenaza, por fortuna, también está en peligro.

—Cómo habla el tío —dijo el del cemento.

—Pero tú, como arte, preferirás la literatura —terció el aviador machista.

—No. Jamás le perdonaré a mi destino que no me hiciera músico. La música es la más excelsa de todas las artes. Si el hombre no hubiese sido capaz de crearla y de engrandecer con ella su corazón, estaría incompleto. La vida sería un error. Un pueblo que no encuentra su propia música y la canta y se regocija a su través, es un pueblo sin alma.

—Lo que yo digo siempre. Peor, pero lo digo —comentó Anturio, el de los sones cubanos.

—Tener que contentarme, como esta noche, con hablar sobre música, es para mí una tragedia. Además es tan inútil como hablar sobre amor: el amor y la música no se dicen, se hacen. —Recibí pruebas de general aprobación—. A la música y al amor no se los describe, se los siente: ellos son su propia descripción. El lenguaje de la música es más preciso, más expresivo, más sugerente y desnudo a la vez que el de la literatura. Que el hombre haya inventado ese lenguaje lo redime y lo salva del olvido. Puede que otra generación sustituya a la nuestra, pero de la nuestra siempre perdurará la música, quizá nada más que ella.

—Qué verdad más grande —le corroboró a Nardo, mientras le daba con el codo, un último personaje que no supe quién era en toda la noche.

—La música sí que puede encararse con la muerte y preguntarle dónde está su victoria. Es el auténtico esperanto, el idioma universal que empieza donde no alcanzan los otros, y nos revela la esencia íntima del mundo. Sin intermediarios, lo mismo que un perfume. Las demás artes se dirigen sólo a la inteligencia; la *música extremada* se dirige derecha al corazón.

Era consciente de que estaba opinando de una manera pedestre y consabida; pero también era consciente de que así quedaría mejor ante mi auditorio, y no era otra cosa lo que pretendía por mí y por Nardo. Continué:

—Ahí reside el asombroso ecumenismo de la música, por encima de credos, de ideologías —miré al aficionado de Cuba, que batía palmas—, de religiones, de razas y de hostilidades. Su milagro consiste en transmitirnos la más honda verdad y la más honda esencia de la vida. Desde una nana hasta una marcha heroica, desde una balada hasta una danza guerrera, desde una sinfonía hasta un himno religioso. Por el camino luminoso de la música, quizá un día comprendamos los hombres que todos somos de verdad hermanos, que todos somos un eco de la inaudible voz del cosmos, un compás cada uno de la melodía universal, un ritmo o una estrofa, o un silencio (porque sin silencio no hay música) de la armonía eterna.

Los buenos chicos majos vociferaron con entusiasmo y yo pude dedicarme libremente a beber y a mirar a Nardo, que sólo me miraba cuando yo no lo miraba a él.

De madrugada, me llevaba Nardo, en tozudo silencio, a mi casa en su coche.

—¿Qué te pasa? —pregunté, ya que estábamos solos.

—Nada —respondió. Después de un rato dijo—: Cuando se quiere a una persona, nos molesta que destaque demasiado y que hunda a los demás... Nadie quiere que le quiten lo que era un poco suyo. —Nardo balbuceaba. Yo además de bebido me sentía encantado—. El brillo sirve para llamar al principio la atención de alguien, pero después ya no... En mi caso, por lo menos, es así.

—Yo he entendido que deseabas sentirte orgulloso de mí. Contigo nunca se sabe qué partido tomar.

—Lo mejor es no tomar ninguno.

A la semana siguiente, el mismo grupo de amigos le pidió a Nardo que repitiésemos la reunión. Yo me comporté de un modo reservado e indulgente. Notaba la mirada de decepción de Nardo, pero no la tomaba en consideración. Me empestillé en mí mismo, oyendo complacido todo lo que ellos comentaban, y aprobando. Al llevarme al hotel, Nardo echaba chispas.

—Me has defraudado.

—No he ido a la junta de amigos tuyos a distraer a nadie. Hace ocho días me reprochaste lo contrario. —Me halagaba la confusa ambivalencia de Nardo—. No soy un bufón al que se paga. Y además tengo muchos años como para ser un chiquilicuatro o un chisgarabís igual que los asistentes. Ni con ellos ni, por lo que veo, contigo, tengo un tema de plática que me encandile.

—Caramba, no te muerdes la lengua, no. Allí, al revés. Allí has estado todo el rato con la lengua mordida.

—Como no tengo quien me la muerda, me la muerdo yo solo.

—Podrías haberlo tenido —terció de muy mal modo—: había dos aspirantes como mínimo.

—Yo no busco un besito pasajero —le dije muy despacio—: lo quiero todo, no sólo la boca que da el mordisco, no sólo el cuerpo entero, sino también el alma. Es raro que no lo sepas ya.

—Entonces no me extraña que te encuentres tan solo. Es pedir demasiado.

—Sí, y es dar demasiado también.

Me apeé del coche dando un portazo. Nardo, que tenía por costumbre acompañarme hasta la recepción, no sólo no lo hizo, sino que arrancó lleno de furia.

TRES

Asia tardó unos días, para mí lóbregos como pozos, en advertir la tirantez entre Leo y yo. Por fortuna, consiguió arreglar el asunto por teléfono.

—Se acabó. Yo no soy santa Engracia, a la que la amarraron a dos caballos y los arrearon en direcciones contrarias. Y menos si los asesinos son sólo dos burros que no se llevan bien. —Leo estaba en un teléfono accesorio y yo en el mío—. Ya os estáis saludando... Vamos, adelante.

—Buenas tardes, Leo —murmuré yo.

—¿Qué has dicho? —rió Asia que no me había entendido.

—Buenas tardes, Leo —repetí más alto.

—Perdóname, soy un cretino. Lo siento, Octavio —dijo él.

—Esta tarde —culminó Asia triunfante y satisfecha— te invito a merendar con nosotros, cariño. Por supuesto, irá Leo a buscarte.

Vino, pero a pie. Íbamos dando un paseo. Caminábamos en silencio, sin saber cómo iniciar una conversación aséptica. Yo no excluyo que gozara con la falsa hostilidad de Leo. Nos ayudó

156

una muchacha espléndida que nos detuvo poniendo una mano sobre el pecho de Leo. Tendría alrededor de veinte años, y estaba en la fase de deslumbrar al mundo. No sé por qué recordé la *frescura frutal*. Con motivo. Nardo me la presentó. Era Ana. Vestía de trapillo, cosa que la favorecía muy particularmente. Charlaron de intrascendencias; ella me pidió luego permiso para dejarme en el hotel un libro; me suplicó una dedicatoria, y me alabó mi última novela. Nos besamos los tres, y reanudamos nuestra ruta.

—Tenía entendido —le dije, y acorté el paso— que nunca le habías faltado, como se dice en mi tierra, a Aspasia. No sé a qué viene ahora tu coqueteo con esta chica, desde otro punto de vista irreprochable. Me refiero a la chica, no a ti.

—¿No coquetea mi mujer contigo?

—Qué sandez. Mis relaciones con tu mujer son completamente blancas. —En aquel momento no mentía—. Y además Asia no puede coquetear porque no *es* coqueta. Parece que tú sí. A mí las ambigüedades de avanzar y retroceder, una de cal y otra de arena, y esa estrategia tuya de tira y afloja, no se me hacen muy masculinas. Ni me gustan un pelo. En amor yo voy a pelo y por las bravas; sé esperar, pero no sé otra cosa. Y a Asia le ocurre tres cuartos de lo mismo. No perdonaría una traición. Te lo advierto: la palabra divorcio no está muy lejos de ser pronunciada.

—¿Divorcio? —Se detuvo en seco como por un mazazo.

—Sí, divorcio, Leo. Y ya que hablamos con sinceridad, te diré que yo también tengo graves reproches que hacerte. Sé que has bromeado sobre mí con tus amigos. —También había en eso algo de verdad—. En esta isla todo se sabe. Sé que has dicho que me tenías en el bote, con esas mismas palabras, y que yo bailaría cabeza abajo si tú me lo pidieras. —Hablaba sin levantar la voz en el rincón de la Recova, donde los sábados instalan unos puestos de flores—. Yo no seré nunca tu amante, no lo olvides. Pero tampoco olvides que la pose de amado no le cae bien a un hombre que adopta actitudes y hace alardes femeninos. Eso son tus comentarios sobre mí y la jactancia que supone dar alas a esa chica: llover sobre mojado. El amado, de un hombre o de una mujer, da igual, ha de ser todavía más viril, más natural y más recto. Sobre todo si es un hombre, otro hombre, quien lo ama... Me has defraudado de la peor manera. Has babeado en un hermoso sentimiento de amistad ante unos compañeros de barra, y en un hermoso sentimiento de amor con una chica vana, pero que, por muy vana que sea, no tiene por qué verse en lenguas... Si tú no te respetas, ¿a quién vas a exigir que te respete? —Nardo había bajado la cabeza, avergonzado no sé si por los remordimientos o porque la gente nos miraba—. El que ama se ve arrastrado a reiterarse, a estar pendiente y algo fuera de sí, a encarecer su valía; pero el amado debe sostener una línea inflexible. Aunque no corresponda del todo, o en el mismo grado, al amor, no debe ensuciarlo ante ojos ajenos. Y sobre todo: un hombre amado, que no es ni piensa ser nunca amante, se parecerá mucho a una mujer si no se quita de en medio, si no esclarece su posición y si no se pone definitivamente en su sitio. Con esto quiero decirte que la decisión ya la he tomado yo: salgo mañana mismo de la isla.

Cuando eché a andar, Leo lo hizo detrás de mí, azarado y conmovido. Principió a hablar sin llegar a mi nivel; luego apretó el paso y se puso a mi izquierda. Le temblaba la voz:

—Perdóname, Octavio. Tienes razón, siempre tienes razón... Pero lo que le dije a esa gente fue por presumir. Por presumir de ti, de tu fama, por el fervor que ellos sienten por ti... Perdóname... Y en cuanto a lo de Ana no hay nada. Díselo a Asia, por favor. No hay nada. Es otra broma mía.

—Son demasiadas bromas.

—Te lo juro, Octavio. Díselo a Asia... Y no te vayas, por Dios. No se te ocurra irte. Yo no me lo perdonaría. Ni Asia me lo perdonaría tampoco. Por favor, quédate.

Como era de esperar —*irae amantium*...— fueron una tarde y una noche felices.

No así los días que siguieron.

Uno de los primeros, había ido a recoger, para cenar juntos, a mis dos amigos. En líneas generales, el horno no estaba para bollos. De una parte, mi trabajo lo tenía del todo arrumbado, más convencido cada vez de que me había metido en un berenjenal, y de que daba sin ton ni son palos de ciego. De otra parte, a Asia la encontraba nerviosa, no sé si disconforme con mi propuesta de no vernos a solas para evitar las tentaciones, o porque no confiaba en las protestas de fidelidad de Nardo.

Nada más ofrecerme una copa, cuando ya estábamos los tres sentados en el salón, Asia señaló una revista abierta sobre la mesa.

—Mira lo que dice ahí.

Miré sin mucha atención. Se trataba de una revista estúpida sobre gente famosa. Unos titulares se me echaron encima: «La isla y los demonios. El escritor Octavio Lerma encuentra las hormas de sus zapatos: de los dos.» No seguí leyendo. Sin mucha convicción, eché a guasa algo que no tenía gracia ninguna, pero no encubro que me sentí muy mortificado y no supe hacia dónde mirar. Sin leerla, sostuve la revista ante mis ojos, para ocultarme detrás de ella. Empecé con un tono de voz intrascendente:

—Muchas personas me han tratado más y con mayor agrado cuando tenía un amante masculino que cuando mi amante era una mujer. Es inevitable: estamos ante un público imbécil y cobarde. Supongo que será para demostrar su progresismo, o su mundanidad, o la indiferencia moral que está de moda. No por auténtica virtud, ni por el equilibrado razonamiento que reduce lo sexual a la más estricta intimidad... Cuando alguien se me ha acercado hipócritamente: «Eso se murmura hoy de todo el mundo, desde un ministro hasta un torero», yo le he replicado: «Si se dijera de todo el mundo, usted no estaría a mi lado ahora, no merodearía a mi alrededor, ni yo olfatearía el secreto morbo que le atrae»... Quiero decir, amigos míos, amigos míos —repetí—, que no soy responsable de lo que en mi ausencia se diga. Precisamente porque, al no ser sólo homosexual, no agoto de una vez los comentarios. Lo siento, de veras que lo siento. —Se produjo una pausa

160

que ninguno de los dos se decidió a romper—. Contra lo que tú leíste, Aspasia, el otro día, la gente opina que la bisexualidad es una ficción. Muchos homosexuales la creen un imposible, una tapadera debajo de la que cada cual hace de su capa un sayo. ¿Quién se atreve a proclamar que la bisexualidad es un privilegio envidiable? —Hice un gesto de desesperación.

—Lo sé. Sé lo que dices. He vivido en otras sociedades que no eran ésta —dijo Asia—. Ni Leo ni yo somos tan primitivos. Sé que existen los envidiosos que pretenden lapidar a quien sea con la palabra *maricón*, o que explican el éxito de otro atribuyéndoselo a la masonería de los homosexuales. Sé que a unas relaciones de ese tipo nadie medio formado las llama vicio ya. Igual que a la drogadicción. Como mucho, son costumbres más o menos irregulares. Y la segunda peor que la primera. A mi entender.

—Sin embargo —insistí—, hay demasiada gente que todavía identifica lo homosexual con lo alegre, *gay*, porque quieren identificar lo normal con lo serio. Como si lo otro fuese una forma de prostitución: la vida alegre de las putas, y todas esas cosas trasnochadas...

—Sea como sea, no es plato de gusto descubrirse aludidos en una revista sin comerlo ni beberlo.

—No es culpa mía. —Estaba de veras muy apesadumbrado—. ¿Y os nombran?

Nardo, que me escrutaba sin intervenir, moderó la animosidad:

—No, no. No te inquietes... Asia es así, Octavio. Hay que matarla o quererla. O las dos cosas...

Sabemos que tú no tienes nada que ver con la noticia, que son chismes de la isla.

—De tu amigo el tartaja —afirmé.

—Quizá sí. —Leo soltó la primera carcajada—. No lo perdonas, ¿eh?

—Nunca creí que el arte —agregué—, ningún arte, sirviese de pretexto a una revistucha... Quizá hemos sido los tres... No, quizá he sido yo poco discreto...

Nardo le ofreció fuego a Asia, y después encendió él su pitillo. Fumaba dando grandes caladas, y expulsaba borrascosamente el humo.

—Maldito lo que le importa el arte a esa gentuza —comentó a Asia, y colegí que ya estaba de mi parte—. ¿Saben acaso lo que es? —Cambió radicalmente la inflexión de su voz—. El arte, anteanoche lo leí en Bergson, es liberar las cosas de su servidumbre funcional y manifestarlas en su puro ser. A la mierda la revista. —La cogió de la mesa y la arrojó contra la pared. Yo me mudé de asiento para acercarme a ellos.

—Esa definición hay que aplicarla también al amor —intervine más reforzado— cuando se lo desprovee de la carga reproductora y se lo deja en cueros como fuente de gozo... En definitiva, puede aplicarse a casi todo lo que alberga un cariz de belleza. La noche (por ejemplo, esta noche) sirve para dormir, pero igualmente para otras muchas cosas. O mejor todavía, *es* muchas otras cosas.

—Tienes razón —confirmó Asia. Luego miró a Nardo—. Tiene razón. Hay gente, con vocación de inapetencia, que se conforma con vivir dentro de su parcelita, y llama placeres y deleites a las diversiones sosísimas que caben en su parcelita... Nosotros no hemos sido nunca así. Me da horror que haya podido preocuparnos ni un segundo esa noticia asquerosa. Yo prefiero salir de las parcelitas, aunque me pierda, y arriesgarme a devorar la vida como se devora una fruta. Odio comer la fruta con cuchillo y tenedor: la domestican.

Encendí a mi vez un cigarrillo, pensando que quizá yo era uno de los de la parcelita, más o menos grande, porque lo único que había hecho de extravagante era amar a algún hombre cuando me atrajo y se me puso a tiro. Caso que, según iba deduciendo, no era el de Nardo.

Aquella cena no fue lo que se dice un éxito. Nardo no dijo ni pío, y Asia y yo no podíamos decirnos en su presencia lo que deseábamos decirnos. De ahí que no me turbasen mucho las confidencias que, a la mañana siguiente, me hizo Asia por teléfono.

Al acostarse, y después de acostados, había mantenido con Leo una conversación «trascendental». Dándole a entender que eran las suyas, Asia le confesó a Leo mis intenciones y mi amor por la parcela de ambos: de ambos y de su hija y de sus familiares y del cachorro. Todo dependía de la sentencia de Leo.

—Pero ¿tú sabes lo que me estás proponiendo? —la interpeló él con el entrecejo fruncido.

—Una novedad muy interesante —replicó Asia mientras se cepillaba el pelo ante el espejo de su tocador, y observaba a su través a Leo.

—¿Cómo puedes decir semejante cosa? Es que no doy crédito a lo que oigo: esto no es normal en absoluto.

—Lo normal, a ti y a mí, querido, nos ha mortificado toda la vida.

—¿Y cuándo pensáis hacer ese trío?

—Cuando tú quieras.

—¿Y con qué duración, si es que puede saberse?

Asia se había dado la vuelta. Leo en el espejo veía ahora su largo pelo lacio cayendo por su espalda.

—Toda la vida —contestó lentamente—: es un proyecto intemporal, esperemos que de muy dilatado cumplimiento.

Ya en pijama, tras una pausa, preguntó otra vez Leo, tragando saliva:

—¿No sería más sencillo que tú eligieras a uno de los dos?

—Si te eligiera a ti, todo seguiría como hasta ahora, o sea, no muy bien. Si lo eligiera a él, tendría que renunciar a ti, y a eso no estoy dispuesta porque te amo. Y a él me parece que tampoco quiero renunciar. Octavio nos quiere a los dos, ya lo sabes. Y yo también os quiero a los dos. Eres tú el único que quiere a uno solo: por eso todo depende de ti... Yo sólo te planteo esto: si me quieres, ¿por qué no actúas con generosidad?

—Porque no se trata de generosidad, Aspasia. —Leo parecía estar en el colmo de la estupefacción—. Qué cosas se te ocurren. Ésa no es una decisión fría ni relativamente fácil de tomar como das a entender. Bueno, ni siquiera es una decisión, y basta... No depende de mí: yo le tengo

164

afecto a Octavio, lo admiro, pero de eso a... —Se lamentó—. Ahora que estábamos tranquilos, después de tanta lucha...

Se habían acostado ya. Asia fumaba y expulsaba el humo en forma de anillos con displicencia. Entre anillo y anillo, dijo:

—Quizá por eso: demasiado tranquilos. En amor, lo que se desdeña es o porque no se puede conseguir o porque se ha conseguido definitivamente... Leo, todos nos acostumbramos a convivir con el defecto o con el vicio que detestamos más. Acuérdate de Canedo, aquella mala época. —Cuando le pregunté qué era Canedo, sin responder, siguió—: Los hechos nunca deshacen nuestras creencias ni nuestros sentimientos. Aun los hechos más opuestos al amor no prevalecen contra él, y tú lo sabes como yo. Para desvanecerse, como para nacer, el amor necesita otros aliados u otros enemigos: los que van de dentro afuera, y no al revés. No sé si me he expresado bien. —Asia pasó su brazo bajo el cuello de Nardo.

—Empiezo a temer que lo quieres más que a mí. Te tengo miedo. —Nardo se había calmado.

—De quererlo, lo querría a través de ti... Él es capaz de querer como nosotros, Leo. Construiríamos entre los tres todo nuestro mundo...

—La parcelita, ¿no? Ésta es una conversación increíble. Nadie la tomaría como real.

—Hablo en teoría, claro. —Asia apagó el pitillo—. Pero sería maravilloso que nos levantásemos cada mañana los tres deseando sonreír: al café con leche, o al té que toma Octavio...

—¿Por qué lo sabes? —Asia no contestó.

—... al aire que sostiene tu avión, a las cuartillas de él, a mi instituto, a la mañana clara o a las nubes del día lluvioso... Y que supiéramos que cada uno tiene dos caminos que seguir juntos y cuatro manos que estrechar con cariño y dos bocas que besar...

Leo también apagó, con rabia, el cigarrillo, y se dio media vuelta en la cama. Asia se dispuso a leer.

Me vino a la cabeza algo que escribí en la isla: «El único que gana en amor es el que huye.» Sin darle más vueltas, juzgué que lo mejor era alejarme de allí. Habían ocurrido demasiadas cosas ajenas a mi voluntad, y ninguna de las que mi voluntad buscaba. No me bastaba ya el amor de Asia: quería compartirlo con quien compartía conmigo el de ella. En adelante no me sería posible separar ese matrimonio dentro de mí, y no me hubiese permitido separarlo de hecho. No había ninguna solución.

Hice con rapidez mi maleta. Pregunté la hora de los enlaces y de mi próximo vuelo y, cuando calculé que era oportuno, subí en un taxi hacia el aeropuerto. Antes había telefoneado a casa de mis amigos. No había nadie. Repetí en los últimos minutos la llamada y nadie contestó.

Fue una durísima media hora. En ella reflexioné que probablemente en mi vida había reflexionado con exceso. El cuerpo y el ardor de Asia se me representaban con una lacerante nitidez. Quizá nunca antes me había entregado por entero al placer físico; quizá necesitaba ese duermevela, ese vaivén del amor sin respuesta de

Nardo... Había una prueba: en mis amantes, del sexo que fueran, me anticipé a indagar siempre sus virtudes de trabajo, sus antecedentes, su seriedad y su permanencia en el sentimiento, su dedicación social, su educación y su familia, su utilidad en suma. No me había abandonado a la alegría de la carne, al júbilo sin ayer ni mañana, al hecho en sí del amor, fuera de otros requisitos previos y de otras perspectivas y presagios... En Asia, hasta la irrupción de Nardo, había descubierto ese gran lujo. Pero ¿qué hacer después de esa irrupción? Todo había llegado demasiado lejos: los amaba y los estaba perjudicando. Recordé el titular de la revista; recordé a los amigos de Nardo...

Llamaban a mi vuelo por la megafonía. El embarque fue lento y lastimoso. Cada paso me costaba un esfuerzo. Me dejé caer, por fin, en el asiento al que me condujo una azafata.

A partir de ahí todo fue muy rápido. Entró en el avión Nardo. Oteó, me localizó, fue hacia mí, me tomó de un brazo, me levantó a la fuerza.

—He ordenado que desembarquen tus maletas —dijo.

—Sólo llevo una —corregí tontamente— y este maletín.

—Vamos.

Aquel hombre que me sacaba del avión no tenía mucho que ver con el que solía callar ante su mujer y ante mí. Era exacto, taxativo y eficiente. Tenía enérgica autoridad y seguridad en sí mismo y en ser obedecido, es decir, las cualidades que yo atribuí a Asia. Mientras me llevaba del brazo hasta la terminal de color arena, me dijo con cariño aproximando su cabeza a mi oído:

—Hay que tratarte como a un niño. Y ya no eres un niño.

—Ya lo sé: no soy nada.

—Bobadas, bobadas, como dice Asia.

—Os llamé... No había nadie. ¿Quién te avisó?

—Mis amigos del aeropuerto saben localizarme. Se extrañaron de que no te estuviésemos despidiendo, y supusieron algún imprevisto. —Hubo un cambio en su voz—. Más vale que Aspasia no se entere de este episodio. Menudo escándalo te iba a formar: ella no es como yo.

—Infortunadamente. Para ti. Y para mí. Si tú fueses como ella...

Me detuvo. Se colocó frente a mí. Aún estábamos a la vista del público.

—No ha sido ella la que te ha bajado del avión. He sido yo.

Bajé los ojos. Echamos a andar de nuevo. Quizá había querido irme porque me rebajaba tener necesidad de Nardo, de su protección y de su serena sensatez (la sensatez que precisamente lo alejaba de mí). Una necesidad no sólo del gozo físico que habría podido compartir con él o proporcionarle, sino la desaforada necesidad de poseerlo entero, que se agrandó aquel día en aquel aeropuerto... La necesidad soñada de obtener, junto con Asia, su dedicación y su cuidado, su tiempo, su alma, su tristeza y el bies de su sonrisa.

Me había querido ir por eso, y era por eso mismo, agravado, por lo que regresaba.

Atardecía. Pero el cielo y el paisaje estaban llenos de su propia luz que habían acaparado mientras reinaba el sol. Volvíamos en el coche de Nardo.

—El día ha recogido ya a los pájaros —comenté—. Esta hora, que ella llama exquisita, le agrada mucho a Aspasia.

—La quieres a ella mucho más que a mí, ¿no es cierto? —Yo negué con la cabeza—. Entonces ¿por qué cuando estamos solos o decae la conversación o discutimos?

—Es que tú no me dejas acercarme a ti como hace ella.

—¿Estás seguro de haberlo intentado? Hablas, hablas, no haces más que eso.

Llevaba mi brazo izquierdo extendido sobre el asiento de Nardo. Lo dejé caer levemente. Nardo se recostó, y apretó mi brazo contra el asiento. ¿Fue un movimiento casual? ¿Por qué, cuando descubrió, y era imposible no descubrirlo, que apretaba mi brazo no lo dejó libre? ¿Por qué yo tampoco hice nada por liberarme?

Proyectó llevarme a su casa y que permaneciese allí. Me excusé: ¿qué explicación darle a Asia de esa mudanza?

—Asia no necesita ninguna explicación: ella está en todo.

Cuando llegamos al aparthotel, me bajó la maleta y la llevó a recepción.

—El señor Lerma tiene que hacer aquí mucho todavía —le aclaró a la empleada.

—Gracias —le dije mientras nos abrazábamos.

—Bien venido de nuevo —me gritó él desde la puerta.

Retomé mi trabajo. Desorientado y a ciegas, con un libro que por primera vez en mi vida ignoraba a dónde me conduciría y, por primera vez en mi vida, me contenía a mí. Por eso recomencé:

Este libro es como un panteón de familia en el que yacen, junto a los de la misma sangre ya seca, cuerpos que fueron amados por ellos y que con ellos engendraron seres en los que confluían sangres ajenas y renovadoras; cuerpos que amaron y detestaron, y que fueron amados y quizá por momentos detestados; que encarnaron la bienaventuranza y el pasmo de los días, las contradicciones y los ritmos de algún corazón que no fue el suyo. Muchos de ellos murieron de la misma enfermedad mortal, o la padecieron sin morirse en apariencia, aunque en verdad sí sucumbieran a ella. Como los enfermos terminales del sida, cuya explícita causa de muerte suele falsearse... Y ahora todos aquí, juntos, hacen como si esperaran una improbable resurrección. Es decir, continúan mintiéndose o mintiendo a los de fuera como cómplices de un dios inexistente, fingiendo así un doble comportamiento, al que en vida ya se habituaron.

¿A quién consolará saber que estos cadáveres, de tan distinta procedencia, fueron recolectados y sembrados y aquí yacen, en orden riguroso, con sus casi olvidados nombres y sus fechas de principio y de fin ajadas, unos debajo de los otros, igual que en un archivo no muy bien llevado? Y, sin embargo, yo me he propuesto escribir este libro. Edificar este panteón confuso e inmotivado, precaver un futuro impredecible que no me pertenecerá, ni acaso a nadie. Cuando el destino nos araña una vez y otra con sus alas de murciélago, al anochecer, surcando el cielo fatigado ya, es imprescindible reconocerlo, identificarlo, hacerle frente y llamarlo por su nombre verdadero. Pero ¿cuál es su nombre: Martina, Gabriel, Narciso, Esteban, Sonia o Calibán? ¿No llegará a nombrarse —me pregunté de pronto, temblando, convulso el corazón por su corazonada— Aspasia y quizá Leonardo? El destino no tiene nombre propio. No le hace falta: es proteico y seguro. Este libro es sólo el pago de una deuda sin acreedor, o con un acreedor ya desaparecido: no sé a quién debo pagar, pero sí sé que debo.

Ahora mismo atardece. A mis espaldas debe de haber unas nubes cuyos vientres serán nacarados y luminosos como el regazo de una caracola. Ante mí, sobre el mar, unas anchas nubes oscuras que, sobre el horizonte, se desflecan en lluvia. Canta una codorniz, no imagino desde dónde, su monótona aflicción en una jaula. Y sin saber por qué, me asalta una tristeza indefinible... Después de una penosa duda, he comprendido su causa: a través de la pared llega una música que pugnaba por no oír para trabajar mejor: el tercer movimiento de la Tercera Sinfonía de Brahms, que tantos vacíos ha colmado en mi vida. Sus acordes ponen de pie momentos de refulgencia y de tiniebla, tanto amor y tanto inexplicable olvido. Como si una mano revolviera el recuerdo, un poco indiferente y frío hacia el pasado, en que se ha convertido mi vida.

Cuando nos separábamos, cuando se separaban de mí, lo hubiese dado todo, en ese mismo instante, para que mis amados retornaran. Ahora forman parte de mi tiempo perdido. A pesar de ello, me sigo preguntando con obstinación qué había dentro de aquellos cuerpos que amé tanto, cómo no adiviné que su amor por mí se había extinguido: que Gabriel o que Narciso ya no me amaban.... ¿Qué es el amor si no intuye, si no se adentra a través de la frontera de la piel, si consiente en quedarse preso por fuera, cautivo en el exterior de los amados?

En este atardecer recuerdo otro, en la pequeña casa de Madrid: el color de plomo, tempestuoso y congestionado, con una luz azufre sobre las casas de enfrente, y yo solo, acabado, deseando morir. Qué bello desde hoy, y ayer qué congojoso: en él adiviné por vez primera que Gabriel me dejaba para siempre... Y después, mucho después, las sombras uniformadoras del olvido, la cicatrización de las heridas y acaso la ausencia también de tales cicatrices para ofrecer a las nuevas cuchilladas una carne bien tierna y en apariencia ilesa. Hoy viene ese todopoderoso amor de Gabriel a oleadas, tal como fue —tal como lo viví, que es otra cosa—, mezclado con los otros: como historias de pesares que a veces se amortiguaban, pero sin dar nunca paso del todo a la felicidad. Recuerdo las excepciones sonrientes: los cines de los barrios, las comidas en casa, los fugaces encuentros en los camerinos, las complicidades en la ducha: la simple pregunta *¿me ducho?* equivalía a declarar un deseo apremiante... Pero quizá ninguna historia de amor sea melancólica sólo. Quizá todas tuvieron más días soleados que cubiertos, sobre todo al principio, cuando el amor se desata igual que

172

una locura... Ahora, sin embargo, siento un nudo en la garganta sólo con evocar, junto a los queridos nombres, sus días impregnados de gloria, que se confunden unos a otros. Pero fue cuando Gabriel comenzó a desamarme, más aún que cuando Martina se mató, cuando oí el pistoletazo de mi carrera de hemorragias y duelos.

Fue entonces cuando aprendí dos cosas: primera, que el amor a un hombre, hasta en lo físico, es más fuerte que el amor a una mujer, más valiente también —si es que algún amor puede dejar de serlo— y mucho más difícil, arriesgado y violento. Segunda, que yo padezco una inercia del corazón, que se posa sobre un objeto y aspira a seguir sobre él, de forma que, cuando se abre el cárdeno crisantemo del desamor en la otra persona, yo, que he sido amado mucho más que amante, me comporto como un amante y soplo los rescoldos de aquel fuego para que siga calentando, mientras el ex amante mira ya hacia otro lado, y me ignora, y sólo con su cuerpo permanece cerca de mí. Me he preguntado a veces si no seré yo, en este aspecto, un tanto femenino.

¿No lo seré acaso también por mi sentido tan peculiar del orden? Cualquier convivencia me hace sufrir. He sido educado con rigidez, y los años no han conseguido que olvidara tan malsana buena educación. Ya el hecho de infligir normas *esenciales* de la sexualidad me parece que basta y sobra como para añadir el quebrantamiento de otras normas: accesorias, sí, pero que son rieles sobre los que avanzar, que facilitan la dirección y la velocidad. Normas de higiene, de aseo, normas sobre saludos,

173

sobre la educación formal, normas de puntualidad, de silencio, de respeto a lo privado, de imprescindible petición de permiso para entrar en un cuarto o para perturbar la querida (cada vez más querida) soledad... Por ejemplo, aunque hubiera habido una pelea grave, me descomponía que Esteban o Narciso no asistieran a una cena con invitados previstos, descomponiendo así la composición de la mesa, o que no disimularan nuestros enfados ante los otros, o que, por una discusión, se largasen de un restaurante después de encargado el almuerzo... Tales normas secundarias adquieren, por la proximidad, unas dimensiones insuperables en la convivencia. ¿Habré sido toda mi vida un solterón? Quizá; pero de tal modo el descuido de esas normas amarga la consistencia de unas relaciones amorosas, que se erigen en primordiales. Y lo son, en efecto, puesto que tienen la facultad de separar a los amantes.

Es —lo reconozco— como si dar muerte a un enemigo, o deseársela al menos, se considerase algo tolerable, pero no así dejar de contestar a un saludo o envenenar todas las horas con impertinencias y chinchorrerías. En todo caso, si hay que dar la muerte, lo educado es darla de una forma instantánea, sin asechanzas ni agravantes. Malo es que nos apuñale alguien mientras nos conduce en su coche, pero aún más que luego nos pase la factura del tintorero que quitó de su tapicería nuestras manchas de sangre.

Recuerdo que, en la pensión donde viví mi primer año de universitario, la madre de unos bulliciosos chiquillos que ocupaban una habitación contigua a la mía, les solía advertir: «No me importa que juguéis con Octavio, pero hacedlo cuando él quiera. Dejad que os llame él para jugar. La hora del juego ha de ser él el que la decida, no vosotros.» Así ha sido después en toda clase de juegos en los que, por lo general, siempre he perdido. Y he perdido pese a despreciarme a menudo por inventar episodios y argucias con los que retener a mis amantes cuando ya se alejaban: imaginarios suicidios, imaginarias cartas de amigos o de familiares que nos invitaban juntos a unas vacaciones o a una cena a las que era indecente no asistir, enfermedades graves que alguna vez, por somatización, pasaron de imaginarias a reales... Y he perdido, aun con trampas, a pesar de la bendición de las reconciliaciones: porque, al ser provocadas y escenificadas por mí, en cuanto se desenredaban los primeros abrazos me decepcionaban, ya que yo las sabía irreales y no modificadoras, por tanto, de la consunción en que me debatía.

¿Cómo es posible que una persona tan vulnerable como yo haya sido tan arrogante con quienes me han amado? Acaso hice de mi debilidad mi fuerza, lo mismo que el apóstol. Como si no los necesitase vitalmente, me he enfrentado con ellos, en ocasiones sin motivo, embriagado en mi propia ira, adentrándome en los terrenos de su amor como un caballo en una cacharrería, insoportable y altanero, agudo pero parcial razonador, sin dar oportunidad para que el amado se defendiera, dueño yo de la palabra más cortante y más seca, hiriendo y removiendo el cuchillo en la herida. Yo, que tan bien sé cuánto duelen.

Y, frente a eso, siempre he estado, en el amor físico, más preocupado por el placer del otro que por el mío. Lo cual me ha distanciado, sin vuelta posible, de lo que sucedía, y me ha impedido abandonarme, como quien se hace el muerto en el agua marina, al oleaje del deleite carnal. Muy tarde he aprendido que el placer es también contagiable, y que gran parte del placer del otro la constituye el placer provocado por él mismo en nosotros.

Quizá es que en el amor nunca se aprende nada. Yo no he aprendido al menos. Siempre, en todos mis amores, desde el primero hasta el último, he actuado con la flema del que cree en una felicidad perenne; o quizá no en una felicidad, pero sí en una situación estable: terrible a veces, dañina, recíprocamente destructora quizá, inconveniente, pero estable. Lo contrario me habría parecido una aventura. He confiado con firmeza en que aquel proyecto común, se realizara o no, no iba a agotarse; en que aquella relación, aunque decayese el sentimiento, no concluiría nunca. He sabido que insultaba con frecuencia, incluso que golpeaba, o ponía en tela de juicio, o llamaba idiota con todo mi rencor, a quien era para mí lo más querido de la creación. Y he confiado, equivocándome, en que, por mucho que yo lo malamase, jamás se separaría definitivamente de mi lado. Aunque a mi lado encontrara el infierno, y yo, al suyo, el inminente peligro de un derrumbadero. No me hallaba lo bastante convencido de que por la fuerza se consiguen muchas cosas, pero no otras. Se puede obtener que alguien coma, pero no que tenga hambre; que alguien siga cediéndosenos, pero no que nos siga amando; que alguien nos sea corporalmente fiel, pero no que deje de soñar con otra libertad o en otros besos.

Uno está derrotado —y cada vez lo ha estado sin advertirlo— cuando el ser al que ama o que lo ama se transforma para él en una sucesión de peripecias, casi todas agónicas, en las que ya no es capaz de hacer la luz. Cuando cada abrazo viene precedido o seguido de reprimendas y de desconfianzas; cuando la sonrisa o la mirada cómplices y festivas son sustituidas por recelos y agobios, por soberanas imposiciones, por problemas insolubles, por dudas vergonzosas, por mentiras recíprocas que transforman el escaso amor aún superviviente en una catástrofe incesante. Sólo la ruptura, es decir, sólo la muerte, puede salvar al paciente impaciente. Porque la presencia del amante, aunque aún traiga alguna remuneración, llega a no compensar las ansiedades de su ausencia. Ya que, aunque sólo se ama aquello que queda por conquistar y poseer del todo, el territorio del corazón del amado se transforma en inconquistable, como esos campos que el enemigo, aun vencido, abandona sólo después de haberlos quemado y arrasado: una victoria pírrica.

Las historias siempre tienen oscilaciones frenéticas, pasajes exasperados en los que uno lo que quiere sobre todo es herir, degradar a su compañero, dañar a su pareja. No ser compadecido por ella sino para suscitarle remordimientos. Exhibirse como un malvado que todo lo había previsto, por lo que, al cumplirse sus calamitosos vaticinios, se satisface con aquel terremoto que pone patas arriba el amor y sus incomprensibles consecuencias. Ser hasta cierto punto dadivoso, pero sólo para humillar al otro enfrentándolo con nuestra bondad. Tachar de interesados y de viles todos los trámites de acercamiento que el otro emprenda. Echar en cara las caricias, calificándolas de vías de ganancias. Recordar las fragantes palabras que un día nos susurraron, como si hubiesen sido ganzúas con las que un ladrón abre la caja de caudales y se apropia de su contenido. Considerar la ternura del otro, si es que se reconoce en él la posibilidad de la ternura, como una enredadera que intenta apuntalarse indiscriminadamente para trepar y para medrar... Y es que ser cruel con quien se ama es una póstuma y aborrecible prueba de amor. Ninguna indiferencia invita a la maldad.

Y hacer todo esto, por si fuera poco, reñir este aleve combate, con la mirada puesta en la reconciliación inflamadora, hacia la que de ninguna manera se está dispuesto a dar el primer paso, pero a la que se impele a quien se ama para subrayar nuestra magnanimidad al perdonar, y a la que se arrastra al otro con nuestra violencia, para descreer después de sus buenos propósitos. Y para recaer así en otra nueva, apasionada e igualmente falsa reconciliación... Porque en el amor todo se repite infinitamente y todo es al mismo tiempo irrepetible, en cuanto ha de ser cumplida cada estación del camino, sin límite ni llegada alcanzable. Cada fragmento, cada día, cada hora, cada viaje de Sísifo, cada carga de agua de la crátera de las Danaides, cada picotazo del águila de Prometeo, cada ansia de Tántalo, cada giro de la flameante rueda de Ixión.

El corazón es en amor igual que un perrillo sordo. Actúa como si escuchase los interiores sonidos registrados que ya dejó de oír, pero que lo acaparan y ensimisman. Si se le grita con mucha potencia, alza los ojos, porque ha escuchado un ruido distinto de los suyos. Y mira con despistada sorpresa alrededor, como un recién despierto que no ha tomado aún contacto con su día, y avanza en un sentido diferente de aquel en que le viene la llamada... Obediente y dócil y humilde como siempre; pero también equivocado como siempre.

El sobrecogimiento del alma de uno de los amantes, que le acontece en cualquier instante de una conversación y aun en mitad de los gestos del amor, cuando le lastima la punzante certeza de que el futuro será distinto para uno y para el otro, que no tendrá nada en común, ni siquiera los recuerdos de este instante, porque cada uno lo recordará de un modo diferente aunque ahora les parezca inconfundible, ese sobrecogimiento es lo único incuestionable en el amor. Porque es cierto que un futuro, más inmediato que el intuido, los distanciará: a los amantes, que ahora se hallan tan engarzados como si fuesen uno.

Todo es contradictorio, porque todo en el amor aspira a encarnar la ilusión en realidad, es decir, a satisfacer el deseo. Y justamente la realidad es lo que mata la ilusión; justamente su satisfacción es lo que mata los deseos. Y qué arduos de renovar son, día a día, los deseos y las ilusiones... Todo es contradictorio: el amante siempre exagera porque ha perdido la noción de la medida: o se queja de no ser bastante amado, de no ser correspondido en el mismo grado que él se ofrece, o se jacta de ser amado hasta el cansancio, la saciedad y el hastío. Y casi de seguro miente en los dos casos. Cuando, por azar, me he reprochado la prepotencia que ejercía sobre mis amantes, llegando hasta imponerles mi nombre como los señores feudales a sus feudatarios y los amos a sus esclavos, me he preguntado si tal autoridad tenía alguna justa razón de ser. Sí; ¿y cuál era? Sólo una: mi sumisión al otro, mi menesterosidad del otro, para impedir cuya separación no era suficiente ninguna garantía. Salvo una tal vez: la garantía del amor, que he ejercido tan mal.

Ante todo esto, ¿cómo no va a mentir en defensa propia el amado? Miente al principio para cobijar un pequeño terreno de privacidad que lo resguarde. Miente después porque ha mentido: para solapar sus mentiras anteriores. Si el amante lo acosa y lo descubre, mentirá mucho más, ya será una mentira todo él... La única verdad que ha de quedar de pie será la de su desamor que va metamorfoseándose, como en una danza de disfraces, en aburrimiento, en miedo, en ahogo y en odio... ¿Cómo no iba a mentirme Esteban, que nació para mentir de continuo y sin ningún pretexto, por puro gusto o lujo o brillantez, por sumar verosimilitud a un hecho verdadero, por adornar la vulgaridad de la causa de un retraso? Pero ¿cómo iba a orientarme yo en el laberinto de espejos de sus grandes o insignificantes mentiras que poblaban el aire entre los dos? Yo veía ante mí la cara de mi amor, bella y embellecida además por mis ojos. Y mi amante veía frente a él mi cara, ya cansada y no hermosa, a la que sus ojos habían dejado de iluminar y redimir... La diferencia era excesiva. Y por quedar, aún queda la mayor mentira: que donde el amante veía su destino —en esos soberbios ojos zarcos de Esteban—, los indiferentes —y el amante está siempre a punto de convertirse en uno de ellos— vieron los de un cualquiera que nada significaban: unos ojos más o menos refulgentes, más o menos azules, pero que se expresan en un idioma ajeno.

Nos habíamos ido a Fuerteventura, una isla de belleza para pocos, con una serenidad tan sin adornos que resulta inquietante. Una isla cuya geografía está de vuelta de todas las vanidades, y donde se maneja la escasez de los medios para producir una imborrable huella.

Alquilamos un todoterreno y paseábamos entre el pedregal y el desierto de dunas, sobre los que resbala la luz infatigable, y se desliza, quieta sin embargo, para manifestar sólo los imprescindibles volúmenes gastados, feminizados por el amor del tiempo.

Deseábamos bañarnos, lo más solos posible, en una playa al sur. Por almorzar en un lugar rocoso batido por las olas, entre cuyos rompientes se conservaban vivos los peces que habíamos de comer, y a su olor acudían las gaviotas, llegamos con retraso al lugar que había elegido Leo para el baño. Era media tarde. La arena dorada, por uno y otro lado, se perdía de vista, y una alta duna nos protegía del aire.

Leo se quitó el calzón corto que llevaba y se

quedó sólo con el traje de baño. Asia y yo nos cambiamos tras las puertas del coche: «una preocupación boba», porque, salvo unas cuantas parejas de alemanes desnudos, la playa estaba desierta. Bromeábamos con nuestros pudores, cuando Leo, de un golpe, cerró la puerta que me tapaba a mí, ya con el bañador.

—Estás como un toro —me dijo echándose a reír—. Ándate con cuidado porque uno no es de piedra.

Yo que, cuando alguien me desconcierta, reacciono con sequedad, repliqué:

—Pues quién lo diría. —Luego amainé el tono y añadí—: Soy un soltero demasiado mayor. No me gustan las bromas salvo que sean absolutamente en serio.

—Yo no hablo más que en serio —dijo Leo, y alargando la mano, la pasó por mi hombro—. Qué piel más suave tienes. ¿Lo sabías o no?

—Sí; llevo cincuenta años oyéndolo decir.

—No paras de recordarnos tu edad a todo trance. Ya se me había olvidado.

—Pues por eso —dije yo.

Por delante del coche apareció Asia y se quedó un rato viéndonos juntos, al sol, desnudos.

—Qué curioso —exclamó—: Octavio, rubio, y Leo, moreno, los dos tenéis el cuerpo del mismo color.

—Se conoce que el sol que nos acaricia es el mismo —dije sin segunda intención.

—¿Te refieres a Asia? —preguntó Leo con retintín.

—Asia es una galaxia entera, inasequible a todos menos al elegido. Yo confío —avanzábamos hacia el agua llevando detrás a Asia, provista de cremas y toallas; Leo me había puesto un brazo sobre los hombros— en que nuestras mayores esperanzas, si son auténticas, no están por encima de nuestras fuerzas nunca. No sé por qué, pero confío en eso. —Lo miré, sonreía—. No lo olvides, Nardo. —Se me escapó el nombre secreto que le daba para pensar en él; procuré borrarlo—: Si nos dedicamos íntegramente a esas esperanzas, seguro que se realizarán.

—¿Nardo? —preguntó.

Yo me atropellé en busca de una explicación:

—Una vez tuve en Bagdad un sabroso amorío con una intérprete. Se llamaba Narmín. «Mezcla de nardo y de jazmín», le decía yo: el olor para mí más perfecto... Tú, en cambio, eres una mezcla de nardo y de león: no estoy nada convencido del desenlace.

Asia y yo nos tumbamos sobre las toallas con la placidez con que el cuerpo tiende los miembros a un sol no demasiado fuerte que, lo mismo que un lebrel áureo, acude a reposar sobre nuestro pecho, nuestro vientre, nuestras piernas... El cuerpo de Asia, bajo la pasiva luz, mostraba una piel clara, límpida hasta el punto de traslucirse las venas; una piel como de pelirroja, sólo interrumpida por una bien visible mancha fresa sobre el muslo derecho que, sin embargo, yo no había observado en la cama. Todavía estaba yo suspendido de ella, cuando se volvió, y nos miramos con tanta intensidad que temí denunciarme con un efecto físico. Tuve que distraer mis ojos, y entonces tropecé con los de Leo, que, a su vez, nos miraba. Trató de disimular empleando un ardid:

—¿Quieres que echemos una lucha?

Yo, tendido, con los ojos cerrados, supuse que podría estrechar entre mis brazos el cuerpo musculoso de Leo; que podría besar y hasta morder su nuca al socaire de alguna llave útil, u oprimir con mis muslos su pecho y su cintura, o sentir sus muslos en torno a mi cuello.

—Octavio, ¿quieres que echemos una lucha? —repitió. Yo abrí los ojos.

—No; me vencerías demasiado pronto. Prefiero otro tipo de lucha en que, a pesar de vencerme también, te costara un poco más de tiempo.

—¿Qué lucha? —preguntó mientras acariciaba con el pie una cadera de Asia.

—No te hagas el bobo: ya lo sabes. —Me giré otra vez hacia Asia. Ella estaba de espaldas. Vi su moño de mujer de pueblo, reluciente y un poco suelto. Vi unos cabellos cortos que sobresalían en su nuca y que una baja brisa estremecía—. Asia, me gusta tu cogote.

—No seas ordinario —soltó una carcajada—: las mujeres no tenemos cogote.

—Me gustan tu cerviz y tu occipucio. Y tus orejas pequeñas y perfectas.

—En qué cosas te fijas —dijo Leo antes de irse. Y gritó lejos ya—: Siempre haces trampas.

El sol decaía sin prisa. Asia se había dormido. Leo subía y resbalaba y volvía a subir por la ladera de la gran duna. Yo me entregué a un sopor y me quedé flotando entre realidad y sueño. Y en esa área inconsciente, ni dormida ni vigilante, a través de la rojez de mis párpados que el sol transparentaba, vi más que oí unas frases, o mejor, unas sensaciones... «Quizá Aspasia finge. Quizá, conocedora de una latente homosexualidad (o bisexualidad) de Nardo, le ha propuesto mi seducción (una persona mayor y en idea equivalente a ella misma: padre y madre los dos) para continuar con éxito y sin desmayo el propio amor de ellos... O quizá Leo ha descubierto que Asia me ama, y se resigna a compartirla antes que perderla... Puede incluso que el gran amante de los dos sea Nardo, a punto de aceptar una intromisión no sólo para no perder a Asia, sino más bien para satisfacerla. Pero una duda aún: ¿fuerza Leo su intimidad en tal postura, o algo en él lo atrae hacia mí, aunque sólo sea como experiencia insólita?... O acaso los dos me aman. O, para mayor exactitud, los dos me solicitan como un catalizador que renueve su ternura, y se hacen, sin embargo, las víctimas de mi amor... No lo sé. Quizá nunca lo sepa... A pesar de que nos miramos al fondo de los ojos, para espiar el alma del otro y asir la verdad última, creo que nos desconocemos... Pero asimismo creo que nos husmeamos, nos acechamos sin cesar, nos tememos y nos entusiasmamos... Quizá porque nos hemos reconocido semejantes en todo...»

Me despertó, si es que estaba dormido, el pie de Leo, que se agachó en seguida, en medio de nosotros, advirtiéndonos que era la hora del regreso. Asia se dio un chapuzón rápido. Al calzarnos, descubrimos Leo y yo que teníamos los pies manchados de alquitrán.

—Aquí se llama piche —dijo Leo.

—Dejadme que os lo quite —suplicó Asia, encantada de ser útil.

Nos sentamos en un estribo Nardo y yo con los pies extendidos. Asia limpió primero los pies de Nardo con una crema protectora. Nardo reía:

—Me haces cosquillas. Prefiero que me dejes las manchas. No seas boba, Asia, que me voy a caer...

Cuando llegó mi turno, y Asia, en cuclillas, puso mis pies sobre sus muslos, me fijé en que, ya de pie, Nardo examinaba mi cuerpo, con una mano puesta sobre el cuello de Asia. Noté que me excitaba.

Ya en el hotel decidimos ducharnos, y quedamos citados para tomar un aperitivo en el vestíbulo media hora después. Me besó Asia:

—Hasta ahora, mi amor.

Nardo y yo, con una forzada naturalidad, nos juntamos para darnos también ese beso superfluo. Uno de los dos calculó mal, y mis labios fueron a parar a la comisura izquierda de los suyos. Fue un roce perturbador, al menos para mí.

Cuando bebíamos, ya frescos y en bonanza, nuestro whisky, se presentó un periodista que me había entrevistado esa mañana antes de irnos a la playa. Venía a obsequiarme con una esterlicia y con un libro de Unamumo sobre la isla, donde estuvo desterrado. Asia hojeaba el libro. Yo departía con el amable joven. Nardo, que se había levantado, hacía unas carambolas en un billar tapizado de azul, dejando bien patente su indiferencia. El periodista, al que el conserje avisó de mi regreso y de ahí su extraña y puntual comparecencia, se despedía ya. Yo, en pie frente a él, alargué la mano, atraje su cabeza hacia mí, y lo besé. Por encima de su hombro vi la cara de Nardo, que reflejaba un enojado desconcierto.

Después de cenar, resolvió la pareja que contemplásemos las estrellas —era una noche infinitamente limpia— desde la piscina del hotel. A esas horas sus puertas estaban cerradas y había que dar una gran vuelta por el exterior. Nardo sugirió que saltásemos la baranda de la terraza de mi habitación que, en la planta baja, daba a la piscina a través de un jardín.

—El salto no es moco de pavo —dijo Asia—, pero en fin...

Saltó Nardo primero y, después de él, muy ágilmente, Asia, a la que recogió. Yo salvé como pude la baranda de madera azul, y quedé del otro lado, sí, pero a ras de mi terraza. Nardo levantó los brazos, me tomó de la cintura, y me depositó sin esfuerzo en el césped. Nos recostamos en unas tumbonas, con Asia en el centro.

—Debía de ser «Asia a un lado, al otro Europa y allá en el frente, Estambul» —dijo ella.

No hablamos mucho al principio. La alta noche estrellada era demasiado imponente.

—He leído —comenzó Asia en voz baja— que el telescopio Hubble ha descubierto cincuenta mil millones de galaxias ahí arriba.

—Cuarenta mil millones —corrigió Leo.

—En esas cantidades, da igual —dije yo—. Pero lo que a mí me inquieta es lo que haya más allá de esas galaxias, las que sean. ¿Estará ya la nada (y qué es la nada) u otros cosmos quizá, con una configuración distinta y distintas materias? Ese ojo de la cerradura que significa el Hubble, ¿da para llegar hasta los confines del universo? ¿Y qué es el universo?

—Nosotros, esta noche —murmuró Asia, y luego en otro tono—: Leo, te has dejado las copas en la terraza de Octavio. —Nardo se puso en pie de un brinco, y en un minuto trajo los tres vasos—. Dicen que hay galaxias rojas y azules, grandes y chicas, unas muy bien estructuradas y otras amorfas... Lo que no dicen es qué significa todo esto.

Ella y yo estábamos cara al cielo, bajo la mirada de Nardo, que nos daba los vasos murmurando:

—¿Qué significamos nosotros?

Asia me había tomado con su mano derecha la izquierda mía. Yo apreté esa mano con amor. Fue a su mano a quien hablé:

—Nada, para esas galaxias; todo, para nosotros. Nuestra vida es una gota de rocío sobre una brizna de hierba, y dura lo que dura la noche. No hay más, pero ha de ser suficiente... La vida es corta y hay que hacerla muy ancha...

Una estrella fugaz cruzó el ancho pecho negro de la noche.

—¿Habéis visto? —preguntó Asia—. Eso somos. Esa chispa que se extingue. Tiene razón Octavio: poca cosa, pero ha de ser bastante.

Extendió la otra mano y buscó a tientas la derecha de Nardo. De nuevo estábamos los tres, por medio de Asia, en contacto.

—Yo me conformo con reconocer la Osa Mayor —comentó Nardo, y yo le repliqué.

—Y eso que, de los tres, eres tú el que más navega por los aires.

Levanté la cabeza y, desde los cielos, bajé los ojos para que descansaran. Primero tropezaron con el encendido boato de una rosa; después, con los ojos de Nardo...

—Si existe el infinito, ¿no es infinito todo? —se preguntó Asia—. Lo infinitamente pequeño y lo infinitamente grande se identifican.

Yo seguía mirando los ojos de Nardo que, en la noche, se habían tornado violetas.

—Cualquier mirada es infinita —dije—. Las manos abiertas de la vida, o de lo que sea, nos sostienen a los cincuenta mil millones de galaxias y a esa rosa y a nosotros y al perrillo de Valeria... Quizá sea tan importante como la luna mi idea de la luna, o tan falta de importancia. El ser humano ha existido hasta ahora sólo durante un parpadeo. Los millones de años son tan cortos como los cincuenta que yo he vivido. El tiempo no es medida de nada. ¿Es más breve la vida de esa rosa que la mía? ¿Y la mía, más breve que la de Aldebarán, allí en lo alto, tan rojo? ¿O que la de Sirio, tan azul, al otro lado de Orión? La duración, el tamaño y la distancia son sólo producto de nuestra insuficiencia.

—Todo es uno y lo mismo... —meditaba Asia en voz baja—. También quizá la vida y la muerte. Nada se malgasta.

—Sencillamente hay sueños que al despertar no recordamos —dije yo para mí.

Nardo se incorporó con un cigarrillo en la mano y su copa en la otra:

—Me estáis poniendo nervioso. Si lo sé, no venimos.

—Quien traza la resistencia de tus nervios es el mismo dictado que traza las parábolas de las constelaciones —le amenacé con el dedo—. Lo que a mí me preocupa es el borde exterior de ese brasero... El hombre (que muere tan de prisa, que se afana y se desespera, que acaso tiene el bienestar como único deber) se resiste a estar solo... Espero que me comprendáis vosotros por lo menos. —Bebí de mi copa—. El hombre sueña con alguien que lo mire en la noche.

—Hemos salido a mirar, no a que nos miren, coño —exclamó Nardo—. No empieces a asustarme.

—¿Te refieres a Dios, o a otras criaturas? —me interrogó Asia.

—No lo sabemos. El hombre quiere inundar con un comprensible diálogo el infinito y quiere hacerlo accesible y a la vez seguir creyendo que es el rey. Quiere no desanimarse comprobando no si hay vida inteligente en otros mundos, sino que, en contra de las apariencias, la vida es inteligente en éste.

Después fumamos en silencio durante largo tiempo. Cuando se extinguió el fuego de los cigarrillos, persistió el silencio.

Para regresar a mi habitación, Nardo levantó a Asia hasta que ella puso los pies en el nivel de la terraza, y se afirmó en ellos asiéndose a la barandilla. Para ayudarme a mí, se agachó, me mandó abrir las piernas, metió su cabeza entre ellas, y me elevó despacio en el aire, sentado en sus hombros. Yo sentí mis genitales contra su nuca, y, después de unos segundos de vacilante perturbación, le despeiné con brusquedad el pelo.

Inesperadamente, mientras se despedían en la puerta de mi habitación, dijo Nardo con voz ronca:

—Yo puedo hacer el amor contigo.

Después de una pausa prolongada, en la cual miré a Asia, que miraba a la moqueta verde, dije:

—Eso ya lo sé. Vaya una bobada. No basta que puedas, sino que quieras.

—Está bien, quiero hacer el amor contigo.

—No basta, tampoco basta. Yo quiero que me ames.

Besé turbado a Asia en las dos mejillas mientras oprimía con calor sus brazos. Mi mano derecha ascendió hasta su nuca, acarició allí sus cortos cabellos, descendió por la espalda y se detuvo después sobre sus nalgas. Su frente descansaba en mi pecho. La separé de mí y me volví hacia Nardo. Él se acercó. Esta vez mis labios coincidieron clara y voluntariamente con los suyos. Lo besé y percibí al besarlo su sorpresa. Dio un paso atrás. Los miré a ambos.

—No creo que haya ningún suceso inútil —comenté—: ni esta noche, ni esta despedida, ni ese retroceso tuyo... Sólo hay sucesos incomprendidos. Acaso un día los comprenderemos.

Para romper la violencia del silencio que siguió a mis palabras, preguntó Asia:

—¿Ningún suceso inútil? ¿Ni la muerte?

—Quizá ni siquiera la muerte.

Me dio un escalofrío. Deduje que habíamos estado demasiado tiempo al raso. Asia y Nardo se fueron a su habitación.

A la mañana siguiente, a la hora del desayuno, Nardo, para saludarme, me tendió la mano. Aparte de ese gesto, noté algo raro en él; luego caí en lo que era: no sonreía. En un momento en que se ausentó de la mesa para buscar unas pastillas que Asia había olvidado, ella murmuró con una voz fogosa:

—Te quiero, Octavio.

—Yo también. Cada día más.

—Espero que podamos ser fieles a nuestra conjura —sonreía—. No sé si resistiremos. Esta noche te he echado en falta tanto...

—Tú por lo menos tenías a Leo. Yo sólo tenía mis recuerdos.

Por debajo de la mesa se trabaron nuestros pies en amoroso diálogo.

—Comprende a Leo —se refería a sus palabras de la noche anterior—: él identifica todavía amor y entrega física.

Ignoré si Nardo había oído esta frase. Apareció de improviso. Nuestros pies se desenlazaron. Yo creí poco honrado disimular.

—Confundir amor y placer físico —dije precipitadamente— es de torpes. El placer es sólo uno de los lenguajes del amor; pero son muy distintos, a veces incluso contrapuestos. El amor es una exaltación de lo humano, mientras que el placer puede manifestarse como una manifesta-

192

ción de lo animal. Hay que mantenerse en un complicado equilibrio... De ahí que uno y otro se busquen a menudo en fuentes muy distintas, y que en pocas vidas coincidan largo tiempo. Vuestro caso no es corriente... La exacerbación y la ciega búsqueda del placer nunca tienen como lazarillo al amor. El amor personaliza siempre; el placer no distingue, o distingue apenas: ése es el porqué de los cuartos oscuros de algunos bares. El amor no es ciego de ninguna manera, usa los ojos, pide a su modo permiso para acercarse. El placer, al revés, entra a saco y sin distinciones... —Leo bebía, ausente al parecer, su café—. Espero que me hayas oído, Leo. Agradezco que me ofrecieses tu mano —reí—: hablo en el sentido estricto de esta mañana, no en el metafórico de anoche. Me interesa más que tu boca. Sin embargo, lamento de todo corazón que hayas perdido tu sonrisa.

A Nardo, de repente, sobre su taza de café, le sonrieron los ojos.

Fue esa noche, la última que pasábamos en Fuerteventura, cuando acaeció un hecho que resultó elocuente. Había entrado yo en los servicios comunes de la planta baja en lugar de ir a mi habitación, mientras esperábamos pasar al comedor. Estaba utilizando un urinario con los ojos perdidos, como se suele, en el alicatado. Escuché abrirse la puerta. Era Nardo. Se colocó precisamente en el aparato sanitario de mi derecha e hizo los gestos que hace cualquiera que proyecte una simple y vulgar aventura.

Yo me retiré hacia el lavabo, me enjugué las manos y me las sequé pasándomelas por el pelo. Nardo —me decía— no ha comprendido nada. No es eso lo que quiero de él: quiero mucho más. Esto está al alcance de cualquiera. Yo aspiro —pero ¿cómo ponérselo más patente?— a que, antes de alcanzar el sexo, nuestra relación se perfeccione. En una palabra, lo que anhelo se llama amor.

Más tarde, ya a solas, recapacité en que quizá Leo, más sincero, más sencillo, más inexperto, era justamente amor lo que ofrecía —mal o bien ofrecido, pero amor: un primer paso a la cercanía y a la complicidad a solas, en el desinfectado urinario de un hotel—. Para mí el sexo, por el contrario, era entonces el fin de un largo camino convergente: un camino que había que hacer a solas, cada cual por su lado, aunque bajo la estrella común. Y sería al final, ya con el sexo, cuando se iniciaría el cumplimiento, un hombro contra otro, y el paso coincidente del destino repartido entre dos. En nuestro caso, repartido entre tres.

La opinión que me merecía el comportamiento de Leo se vio ratificada por Asia unos días después.

Apareció, sin previo aviso, en mi apartamento. Yo, que trabajaba mal, agradecí su impensada visita. Tomábamos un té bastante malo y ella, quitándole importancia a lo que decía, explicó:

—La inmejorable disposición de Leo respecto a ti es indiscutible. No te lo vas a creer. Ha intentado tener un contacto más o menos sexual con un joven pescador que conoció hace meses en la otra parte de la isla. El chico se le había insinuado con discreción, y ayer Leo cogió el coche y fue en su busca. —Asia reía con una chispa de ternura—. Me ha confesado que lo hizo para entrenarse. Qué encantador, ¿no es verdad? Leo no sabe que la ingenua torpeza es capaz de poseer el mayor de los hechizos. Si lo sabré yo...

—¿Y qué ocurrió?

Después de un momento interminable, en que Asia tomó un sorbo de su taza de té, dijo:

—Lo que tenía que ocurrir: que fue un desastre estrepitoso. «No me gustan los hombres», me contó Leo. «Ni he entrado en situación; no he podido hacer nada. No creo que llegue a amar a Octavio nunca.» Pero ya el hecho de dar un paso semejante tiene su mérito, ¿no? Como supondrás, yo le advertí que el sexo no se impone: se hace y ya está, sin calentamientos previos, ni ensayos, ni tanto protocolo.

—Eso es cierto; pero siempre que te sientas atraído.

—Tenéis unas reacciones que son de colegiales. Los dos, ¿eh?, los dos.

—Es que *son* reacciones de colegiales, o sea, de auténticos neófitos, de corazones limpios, no de los de aquí te cojo aquí te mato.

—Pero ¿por qué no practicar el sexo por sí mismo?

—Lo que dices es una chifladura tan grande como la suya de ensayar con otra persona diferente. De lo que yo estoy bien seguro es de que a nadie le gustan los hombres: le gusta este o aquel hombre. Y no se trata de un camino directo ni fácil en casos como éste.

—Pues, mira, tú y yo lo hicimos sin dudarlo, sin antecedentes penales... Estoy convencida de que la sensación de placer compartido y de mutua ternura es lo que más alivia el corazón de los seres humanos.

—Sí, sí, sí. Pero no te das cuenta de que, sospecho que por tu intervención y por mi imbecilidad, Leo se ha propuesto formalmente que yo le guste. Y no lo logrará hasta que deje de proponérselo y actúe con íntima libertad. Los caminos del amor son, como los de Dios, inescrutables. Unos empiezan, como el nuestro, donde otros desembocan. La obligación, proceda de fuera o de dentro, es exactamente lo contrario del amor.

—Entonces dale tiempo por lo menos. Él no es como tú. Necesita digerir despacito las cosas. Y ésta es costosa hasta de tragar, seamos justos... ¿No te das cuenta? Tiene rotos y por el suelo sus esquemas. Parece mentira que tú... Cuando un muchachito descubre que le gusta otro, el hecho simultáneo de sentir el amor lo anestesia; pero no son ésas las circunstancias de Leonardo. Leonardo lo que siente, de momento, es sólo miedo, sólo desconcierto, sólo estupor.

—Quieres decir que nota la atracción, pero el amor aún no —dije para mí.

Asia, después de mirarme y de reñirme, se incorporó y alzó los brazos para clavarse en el moño, delante del espejo, unas horquillas que había dejado sobre un mueble. Me observó a través del cristal, y yo a ella. Subrayaba la luz sus pómulos, el arco de sus labios, la sombra de sus pestañas. También yo me incorporé atraído por ella. Recordé, no obstante, nuestro pacto y hasta qué punto la pareja era para mí un único objeto de amor. Pensé también, como justificándome: «Pero ¿lo es realmente?» Inicié una sensata retirada hacia el dormitorio para no seguir contemplando aquel rostro y aquella espalda que se combaba hacia las nalgas... Asia giró y me tendió una mano. No vencí la tentación de tomarla. Nos acercamos impulsados por algo más fuerte que nosotros, o más fuerte que nuestra voluntad. Cuando quise reflexionar lo que hacía, la tuve entre mis brazos y su lengua tanteaba la mía. Al apretar su cabeza contra mí, las horquillas no bien sujetas dejaron caer su largo pelo, negro y sedoso... Esta vez sí entré en el dormitorio, pero no solo.

Cuando los desorbitantes gestos del amor nos están prohibidos, aunque sea por una norma personal, se convierten en mucho más irresistibles: nos arrastran a impensables extremos. El arrepentimiento tarda en hacerse presente: llega cuando no sirve para nada.

Debo reconocer, a pesar de todo, que Leo compareció en medio de nosotros esa tarde. Y quizá comparecía ya a todas horas.

Crecía el calor. Una mañana fuimos los tres a una piscina de agua de mar. Se hallaba en un club muy selecto. A su entrada se abrían los más perfectos hibiscos que había visto nunca, de un colorido emocionante.

—Hasta que tú lo has dicho, no me había fijado —dijo Nardo—. Para mí eres el descubridor de la isla. —Ahora se encontraba como hechizado por las flores, y añadió—: Y de todo.

Mientras Asia organizaba la casa antes de salir, Nardo me había acompañado a la alta azotea. El cielo aparecía de un uniforme azul casi cobalto. Dos o tres pinceladas de nubes subrayaban esa impresión de uniformidad. Subía el olor de los minúsculos jardines de las casas colindantes. Un juego de tejados floridos de bejeques se divisaba, en un sube y baja anárquico y enternecedor. Casas recientes, blanquísimas de cal, alternaban con restos de viejas murallas. Escaleras de piedras oscuras subían o bajaban sin saber hacia dónde, entre berodes. Patinillos con arriates en los que destacaba una palmera o un papayo sonreían. Rampas rellenas de tierra en las que los cactus triunfaban. Una higuera laberíntica cuajada de hojas emanaba su aroma metálico y áspero. Unas cuantas farolas, encendidas a deshora, se rodeaban de crotos multicolores. Leo intuyó cuánto gozo estético me proporcionaba ese panorama, no del todo urbano ni del todo campesino, con el océano abierto y plano al fondo.

—Me alegra tanto que te guste... Me alegro más de lo que pudiera decirte —comentó mientras me ponía una mano en el hombro.

Yo había comprobado en otras ocasiones cuánto le halagaba cualquier piropo que yo echase a la isla.

Nos pusimos en traje de baño. Desplegó Asia, entre risas, una divertida parafernalia de cre-

198

mas, de toallas y hamacas, y ella y yo nos tumbamos bajo un sol riguroso y paternal. A Leo no había quien lo mantuviese quieto un solo instante. Cuando, después de un cuarto de hora, abrí los ojos, vi que se estaba probando mi reloj de pulsera metálica; no le entraba, porque su mano era más ancha que la mía, y se quedó mirándolo, no sé, con amistad. Fingí no haberme enterado.

Alguien no lejos, quizá el camarero del bar, porque no había apenas gente, tenía prendida una radio. Asia dormitaba o se desentendía. En el césped, sentado por casualidad un instante, Leo tenía encasquetado un *walkman*. No sé qué era lo que emitía la radio; pero una voz de hombre agradable y solemne dijo: «Es posible alcanzar la felicidad.»

—Quizá sea verdad —comenté en voz alta.

Él debía de estar mirándome, porque se bajó los auriculares y me preguntó:

—¿Qué has dicho?

—Que quizá sea verdad que puede conseguirse la felicidad.

—Pues claro —exclamó él riendo, y me dio un cabezazo en la rodilla.

Ese cabezazo, más que cualquier raciocinio, me confirmó que tenía razón el personaje de la radio.

—Sentaos juntos —nos había dicho Asia a la llegada—: yo prefiero dormir un rato. He pasado una noche horrenda con el cachorrillo.

Quizá yo me había dormido un poquito también. Cuando desperté, o acaso fue ésa la causa, Asia animaba de pie a Leo a tirarse al agua como un valiente. Leo estaba cabeza abajo en el mismo borde de la piscina, con los brazos extendidos y las piernas tensas en alto. Supe que me miraba a pesar de la postura y yo me eché a reír. De repente, se dejó caer, volcándose, en el agua. Hubo un segundo de peligro, en que temí que se golpease la espalda con el granito del borde. Lo salvó garbosamente, nadó y sacó del agua el busto por el lado contrario. De un salto salió fuera. Su cuerpo se recostó, contra la luz, entre dos palmeras, sólido y viril, con el calzón de baño un poco caído, marcándole el relieve del sexo. Oí la risa de Asia jaleándolo. La vi correr al lado de allá de la piscina y perseguir a Leo como una hermana más pequeña. De pronto se invirtieron las tornas y era Leo quien la acosaba para tirarla al agua. Asia gritaba alocada y graciosísima... Yo me reconocí más solo que nunca. Ya no sería jamás capaz de entrar así en una piscina, ni de corretear así a su alrededor. Cerré los ojos y me abandoné al sol.

Me trajo a la realidad un agua en la cara: Asia se retorcía el pelo mojado encima de mí para despertarme, porque creyó que dormía.

—El agua salada es buena para la piel, mi amor.

Se reía y me acariciaba con el pretexto de repartir la humedad por mi cara, por mi cuello, por mis hombros. Vi cerca sus pezones rosados transparentarse bajo la ligera gasa que cubría el escote del traje con el que se bañaba. Cerré otra vez los ojos. Asia regresó a la piscina. Yo escuchaba el golpeteo del agua contra sus paredes. Lo interrumpió el grito de Asia:

—Está fría, Octavio. Siento un calambre en el dedo gordo del pie.

—Eso es gota —le grité yo.

—¿Gota en una piscina? Cosa más natural... —repuso con una carcajada.

Se asomaba con los codos apoyados en la piedra del borde, adherido el pelo a las sienes y a los hombros. Por fin subió por la escalerilla y fue a cambiarse. Volvió con un bañador estampado de flores, y se tumbó junto a mí.

—¿Dónde habrá ido a parar ese culoinquieto de Leo? Es una tarabilla —dije.

—Estará tomando whisky con quien se deje —replicó Asia sonriendo con los ojos cerrados, lo que proporcionaba a su rostro un aspecto de dejadez y encubrimiento, como si estuviésemos solos en una alcoba.

En una ducha del ángulo de enfrente se quitaba la sal de la piscina un muchacho. Sus frotes, sus gestos, sus aires y todo su talante resultaban ostentosos. Su bañador era mínimo y dejaba traslucir un sexo bien dotado. Lo que exhibía del resto del cuerpo, si bien algo bajo, era notable.

—Imbécil —murmuró Asia que había abierto los ojos para ver lo que yo—. Es un imbécil.

—No tengo gafas de lejos y no puedo opinar.

—A mí no me hacen falta.

El muchacho acometió airoso el recorrido hasta nosotros y se tumbó en el césped demasiado cerca. Ya no era tal muchacho; quizá habría cumplido los cuarenta, y además no era guapo de cara. Leo compareció por fin. Había ido a encargar el almuerzo, y traía copas para nosotros dos.

—Eres de una oportunidad maravillosa —le dijo Asia, y se volvió hacia mí—, ¿no crees tú?

—Siempre lo ha sido, hasta cuando no lo era —respondí.

Mientras nos acercamos a la mesa ya puesta, Asia le contó a Leo cómo «Fabiancito» —dijo con sarcasmo— me había brindado su ducha, sin saber que no veo de lejos.

—No le hagas ni el más mínimo caso —me pidió Leo—: Es un mariconcete de la isla. Está separado de su mujer, que era un bombón.

—Un bombón helado sería, porque con este tipo cerca... —aclaraba Asia riendo.

Fui a lavarme las manos. De vuelta en la mesa, le conté a la pareja lo que me había ocurrido. El Fabiancito me siguió a los servicios y, con su táctica aproximatoria, me forzó a utilizar uno de los retretes cerrados. Sus proposiciones eran evidentes.

—Le debías de haber partido los besos —exclamó Leo muy irritado.

—¿Qué besos? No los hubo.

—Quiero decir la boca: es una expresión nuestra.

—¿Por qué? Todo son hipótesis: ni él me dio ningún motivo de puñetazo a mí, ni yo a él de otra cosa, la verdad.

—¿Hipótesis? ¿Crees que no he visto desde el bar cómo te miraba el tío repulsivo ese?

—Sería a ti —repuse yo halagado—: tú eres más joven y más guapo.

—Pero tú eres el nuevo —concluyó con enfado Leo. Asia y yo soltamos el trapo a reír. Leo se avergonzó y plegó los labios como un niño castigado—. Si os molesto, me voy. —Se bebió su whisky de un trago. Asia y yo reímos de nuevo: pero quizá yo más complacido que ella.

Pese a todo, quizá fuese Asia la que tenía más de niña. Habíamos pedido el café, y ella se levantó haciendo unos pasos de baile. Bajo las palmeras, entre la hierba, descubrió unos cuantos dátiles. Los limpiaba en el pareo con que se había cubierto los muslos y se los comía. Después trajo unos cuantos para que se los guardásemos. Luego, tendida, se puso a disfrutar con una ramita verde que sobresalía sobre el césped, producto de alguna semilla desprendida. Cuando se levantó, estando inclinada todavía, le di en el trasero una sardineta muy efectiva. Le hice daño, y gritó; luego, sin transición, se echó a reír con muchísimas ganas, y se informó del mecanismo de la sardineta. E inmediatamente le dio ella otra a una conocida suya que se agachó para recoger su toalla. En seguida se tiró al agua de nuevo, donde nadó palmoteándola como un perrillo.

—Es una niña chica —le dije a Leo.

—Sí; le gusta que la gente la trate como si lo fuese. Le gusta la gente que la protege, aunque, como sabemos muy bien, no lo precisa.

—Si no la conociese y no estuviera convencido de que todo lo que hace es ingenuo y veraz, la consideraría una comedianta.

—No; es así, siempre lo ha sido. Por lo menos desde que estoy con ella... Y no creo que sea por quitarse años e igualarse a mí... —Me miraba, con bellaquería fingida, riendo—. Asia puede llegar a ser más niña que Valeria. Anoche, por ejemplo, ha sido ella la que se fue a dormir con el cachorro. Por eso dice que no ha dormido nada.

—Es completamente adorable. En todos los sentidos —dije muy tajante—. Los dos lo sois.

—Y tú —replicó Leo.

Al día siguiente Leo estaba de servicio. Asia y yo fuimos solos a la piscina. Corría un aire caliente. Amaneció nublado y luego despejó. En el club había sólo un militar retirado muy mayor, con un gorrillo blanco tapándole la calva. Tenía aire de viejo coronel británico en la India. A pesar del portero, muy exigente, se coló en el club un perro bastante feo que, sin dudarlo, se echó a los pies del anciano, al que eligió como salvador.

—¿Es suyo, don Aurelio? —le preguntó el portero.

—No lo he visto en mi vida.

El empleado trató de echar al perrillo, pero no lo logró: el animalito huía, daba trechas, se ocultaba bajo las tumbonas. Asia y yo no podíamos sofocar la risa.

—Déjelo. Ya lo sacaré al irme —intervino Asia.

El perrillo estuvo toda la mañana siguiendo al señor aquel adonde fuera. Mientras se bañaba, lo acechaba desde el borde de la piscina, correteando para tenerlo cerca. Cuando se duchó, lo esperó a su lado; bebió del agua de la ducha; lo aguardó a la puerta de los servicios, y se tendió de nuevo a sus pies mientras el viejo se secaba.

—He ahí un caso de amor a primera vista —glosó Asia.

—He ahí un caso de amor no correspondido —dije yo, porque el anciano manifestaba su incomodidad ante la devoción del perro.

Del puerto, muy próximo, salía un barco. El aire se había echado. Yo percibía algo chocante en aquella clásica estampa marinera. Tardé un minuto en comprenderlo: el humo de la chimenea trazaba su estela en la misma dirección de la marcha del barco. Sencillamente porque el barco estaba retrocediendo para poder salir de la dársena y tomar su rumbo.

—Todas las contradicciones —comenté— llaman nuestra atención: ese penacho de humo equivocado como en un juego de los errores; ese perrillo que busca un dueño y elige al que no es; yo mismo haciendo el tonto en esta isla...

—Es la historia de cualquier corazón. —Asia sonreía—. ¿Qué hora es? —me preguntó, transcurrido un silencio.

—Las cuatro y dos minutos.

—Mira —me apuntó con el dedo un avión que volaba sobre nosotros—. Ahí va Leo. Nos estará mirando... Qué bobo: no sé por qué va a girar tan lejos. Tú sabes que antes, en la media hora que tiene entre la llegada de Tenerife y la salida para Lanzarote, iba yo al aeropuerto a tomar café con él. Luego, me quedaba con el coche aparcado en un recodo donde habíamos quedado que estaría. Y allí, acurrucadita, disfrutaba sabiendo que me miraba él...

El perrillo había seguido al viejo señor hasta en su salida: no supimos qué harían de él el portero y el viejo.

—¿Nunca te preocupó el riesgo de un marido piloto?

—Al contrario. Yo le ayudé a acabar su carrera. Me gusta. Jamás pienso que a un avión pueda sucederle nada: son tan seguros, están tan estudiados... Además, quizá lo esencial para darle a alguien una buena educación (no olvides que yo conocí a Leo cuando él aún no tenía dieciséis años) sea la confianza total... Leo y yo la hemos tenido entre nosotros y con la familia menuda. Porque se trata, aparte de la seguridad de que aprenderá a resolver los problemas, de un descanso en esa seguridad. A un niño, piensa en Valeria, no sólo se le instruye y se le alimenta: hay que sostenerlo y escucharlo y respetarlo también... Si no, se convertirá en un proyecto fallido. O no perfectamente realizado... Sucede como con el amor, de verdad. Es una forma de amor. Y el fracaso ahí es terrible. Terrible —repitió con firmeza.

Nunca me había tropezado yo con una niña tan sabia.

—No te beso aquí para que no se sepa dentro de cinco minutos en toda la isla: «Aprovechando el vuelo del marido...»

—Puedes hacerlo: no hay nadie: ni el perro ya. Sólo está el camarero del bar, que me quiere muchísimo.

Me incliné sobre Asia y la besé. Una inopinada brisa nos envolvió a los dos.

—Cada vez que te beso tengo la impresión de estar cometiendo un adulterio contra mí mismo. —Asia se echó a reír y me empujó, haciéndome caer sobre el césped.

—Hablando de adulterios: se hace tarde. ¿Te parece que echemos una breve siesta en tu apar-

206

tamento? Creo que el sol me ha cansado un poquito... Y, si me perdonas la indiscreción, te ad-
vertiré que a través de tu bañador se nota que a
ti tampoco te importaría una siesta.

Avergonzado, yo también me reí, y, una vez
rápidamente vestidos, salimos del brazo.

Ya en el coche, Asia comentó:

—Hay momentos en que el espeso velo que esconde el secreto del mundo se hace más trans-
parente. En mi caso, suele ser en momentos de
amor. La otra noche lo pensaba en Fuerteventura.

—¿Lo pensaste o lo sentiste?

—Oyéndote hablar del firmamento tuve ese
secreto casi al alcance de mi mano. Y me hu-
medecí toda. Como ahora. —Rió y arrancó el coche.

Me llevaron, sin aviso previo, como tácito homenaje y como don de hermandad, a una rústica
casa que tenían en Garafía, al norte de la isla. Era
de verdad su nido.

—El problema de Garafía —me explicaba durante el viaje Asia— ha sido siempre el aislamiento. Pero, por fin, cuando se corrigió e hicieron carreteras, todo el mundo se fue por ellas, y
allí no quedó nadie.

Leo y ella se reían con un poso de tristeza.

Entre las nubes, en tanto subíamos las laderas, el sol manchaba de luces el mar. Hacia él se
despeñaban las plataneras. Todo era vertiginoso:
los desfiladeros, las quebradas, los declives, las
grandes ponsetias salvajes, los filodendros...

—Son ñames, no filodendros —me corrigió Leo, que conducía, muy ufano de poder enseñarme.

Entre bancales de plátanos, se dejó ver abajo el faro de Barlovento. Ascendimos con afán hasta llegar a un panorama de gargantas boscosas, de bosques verticales, de túneles terreros que nos brindaban su serena y desconcertante grandiosidad. El sol, detrás de unas nubes sombrías, lanzaba sus rayos como si correspondiese a otro paisaje, o como si estuviera en otra isla un día distinto. El misterio nos circundaba, solos, en aquellas espesuras cuya quietud e indiferencia interrumpíamos. Yo me sentí alucinado, como introduciéndome en una demarcación vedada. Grandes gatas se asían arrastrándose y trepando por debajo de nosotros. El camino forestal por el que rodábamos era de tierra roja; transcurría entre pinos, en mitad de un espeso silencio de anochecer. Algún pueblo se reclinaba, ya dormido, allá en lo hondo. El canto leve de los capirotes rompía el cristal limpio de un aire mudo en el que desembocaba, de cuando en cuando, el bramido del mar, que a esa hora recogía ensimismado sus pertrechos. Un vuelo de grajas atravesó la ruta, y aún se oía el intermitente y dulce silbo de un pájaro que cantaba, en la foresta, a la noche, invitándola a apresurarse, de un modo amartelado y discontinuo... Arriba la luz desfallecía, si es que había algo más arriba. Contra ella y bajo ella aún, laurisilva, pinos, ciertos castaños, un mar de nubes sobre el mar... A los lados, los tagasastes para las cabras, los amagantes, los acebiños, los tajinastes azules, las tederas moradas...

Al llegar de noche cerrada a El Tablado, bajo un cielo absoluto y no ominoso, cuajado de estrellas no todas conocidas, los rugidos del mar, como un animal al que no se deja subir y engullírselo todo, arrullaban la paz.

Asia y Leo se mostraban orgullosos del paisaje, como si fuese suyo, siendo así que, en definitiva, en su proceso se asemejaba más a mí: una serenidad final y al margen, conseguida después de desastrosas contorsiones, hundimientos, destrozos, erupciones de lava y de ardor. Hasta que la vegetación, con su tolerante presencia, lo cubría todo, lo mitigaba todo como una venturosa armonía en que sobrevivir.

Leo dejó el coche en un ramal de la carretera. Teníamos que emprender una subida hasta la casa por un carril pedregoso y desajustado, sin linternas, porque se las habían olvidado, y con una vela que el viento, irrevocable allí, apagaba al instante. Asia trató de proteger la luz con la mano, con lo cual sólo conseguía que no alumbrase el suelo. Leo se colgó de los hombros todos los maletines, la cesta de las provisiones y las mochilas. Inició la subida el primero y la ordenó: cogida a su cinturón iría Asia, y el último yo, de la mano de ella. Para auxiliarse, Leo sacó un mechero que iluminaba una pequeña zona, porque el piso, por unas lluvias recientes, había notablemente empeorado. Cuando yo imaginaba que habíamos vencido el peor tramo, Leo avisó:

—Ahora viene lo bueno. Agárrate bien, Octavio.

Me cogió de la cintura, me ordenó que saltara y me colocó sobre un risco que interrumpía la marcha; luego, con mi ayuda, subió Asia. Me sentí débil con Leo y fuerte con ella, y comprendí mejor que nunca que los quería a los dos y a los dos los deseaba al mismo tiempo, pero en distinta forma.

A trancas y barrancas, nunca mejor dicho, entre tropezones y risas, llegamos a la casa. Ante ella, una franja empedrada con dos puertas: una comunicaba con la cocina, y otra, con los dormitorios. Asia se declaró incapaz de abrir ninguna. Leo abrió la primera, y se propuso hacer otro viaje para subir el resto de los bultos. Al cabo de un rato nos llamó desde la carretera: había olvidado en la casa las llaves del coche. Asia y yo, después de darme ella un beso de amoroso recibimiento, las buscamos inútilmente, reconstruyendo, uno por uno, los movimientos de Leo. Todo en vano.

—Se le han caído por el camino —le dije a Asia besándola—. Pero cada conductor hace un gesto automático para guardar las llaves del coche al cerrarlo: ¿dónde se las guarda Leo?

—En el bolsillo derecho —me contestó Asia tocándome con pillería el mío.

—Entonces se le han caído cuando sacó el mechero.

Así se lo grité, y decidí bajarle una vela protegida por el tubo de un quinqué de petróleo. A mitad de camino, en la oscuridad, al tenderle la vela, el roce de nuestras manos fue más cálido, más ambiguo en medio de la noche, más camarada pero más turbio que nunca. Noté que él también lo sintió así.

—Gracias. —Hablaba con voz grave. Después se echó a reír—: Soy un imbécil.

—¿Dónde están las llaves, matarile, rile rile...? —cantaba en lo alto Asia.

—No; eres el único eficaz —le dije—, el único preparado: por eso un descuido tuyo nos deja en cueros vivos...

—A ver si os aclaráis —vociferaba Asia riendo.

—Qué sinvergüenza es —rió Leo también.

Ni sin vela ni con ella. No se encontraron las llaves del coche. Leo había llevado un teléfono porque cumplía un servicio de incidencias y debía consultar de tanto en tanto al aeropuerto.

—Llamaré mañana para que me traigan el duplicado de casa —me dijo optimista golpeándome la barbilla—. Tú no te preocupes de nada, que para eso es para lo que yo sirvo.

Volvió a auxiliarme para subir hasta la casa. En la puerta de la cocina nos esperaba alegre Asia. De un solo tirón Leo abrió la del dormitorio, encajada por la humedad. Había una primera habitación con dos camas, y, comunicada con ella, otra con una sola más ancha. Las tres tenían, colgados del techo, mosquiteros de tul. Yo, sin la menor duda, me dirigí, atravesando el primer dormitorio, hasta el segundo, y dejé sobre la cama mi equipaje. Oí las risas de la pareja:

—No; si estaba escrito: has elegido nuestra cama de matrimonio.

Yo me acharé ante ellos, me disculpé y terminé riendo.

Asia hizo una sustanciosa cena campesina. Comimos y bebimos, y nos sacamos unos whiskies al empedrado de la entrada. Bien abrigados, charlamos bajo el gran despliegue sideral de la noche. Miríadas de estrellas, titilantes en el cielo tan alto, nos acompañaban. Bajamos la voz como si recelásemos que alguien o algo se despertara. Entramos luego de nuevo a la cocina porque había refrescado. Y, por fin, resolvimos acostarnos para madrugar. Al poner los pies en el umbral, me quedé anonadado: había desaparecido el brillo de los astros; el cielo era el de antes, pero mudo y hostil. Leo captó mi estupor y se echó a reír sacudiéndome.

—Son nubes, no te alarmes. A las estrellas las volverás a ver dentro de nada. Ven, entretanto te enseñaré el servicio donde habrás de lavarte mañana esa carita. Y ese cuerpecito serrano.

Me condujo hasta el extremo de la casa alargada. Todo continuaba en sombras. También el servicio tenía entrada independiente.

—Bien venido y buenas noches. Bien venido a tu casa —murmuró, y me besó con suavidad en los labios.

Mientras Leo se alejaba, al levantar los ojos, vi y escuché sonar la augusta armonía de todas las estrellas.

Un momento después atravesé el primer dormitorio, donde ellos, divertidos, se quitaban la ropa. Ya en el mío, y puesto el pijama, me metí en la cama fría y abrí como pude el mosquitero.

—¿Te acostaste ya? —preguntó Asia desde fuera—. Con permiso.

Entraron sonrientes los dos. Ella, con un liviano camisón tachonado de encajes; él sólo con un calzón verde botella.

—Venimos a darte las buenas noches —dijeron a la vez, mientras Asia corregía los pliegues del mosquitero.

—¿Me parezco demasiado a la bella durmiente? —les pregunté.

—Si estás pidiendo que te besemos, te has equivocado de puerta —rió Asia.

—Como de dormitorio —añadió Leo.

Salieron riéndose, cogidos de la cintura y cerraron la puerta de comunicación de la alcoba que, en efecto, yo les había impuesto.

Por la mañana temprano tomé conciencia del mar: abrazándolo y dominándolo todo. Pero no se divisaba su final porque las nubes, en el horizonte, habían adoptado su mismo color plomizo. Era como si el mar subiese hasta los cielos tomando formas y contornos caprichosos, incorporado a la altura o absorbido por ella.

Lo observaba aún conmovido cuando oí las voces de Asia en el carril de ascenso. Había encontrado las llaves del coche justamente donde yo lo vaticiné. Leo estaba abochornado y colérico por no haberlas visto por la noche.

—No brillaron —decía—. Tenían que brillar. Son unas hijas de puta.

—Hombre, castígalas por eso encima —clamaba Asia—. Al que no brille, se le corta la cabeza: al revés que en la isla —agregó muerta de risa.

Desde la casa bajamos al núcleo de las otras pocas viviendas que forman El Tablado. Yo demandaba sin cesar el nombre de las plantas, de las flores, de los árboles, de los frutos. Asia me preguntó entre risas:

—¿Tú has venido a la isla a escribir un libro de amor y de muerte, o un libro de botánica?

Ante un drago enigmático, inmenso y milenario, que se abría en dos desde el mismo suelo, Asia nos invitó a cruzar juntos bajo el arco de su tronco dividido, casi una almendra mística, marcado con iniciales antiguas y con fechas.

—Trae suerte —me aclaró.

—Es la primera vez que lo oigo, pero en fin —se resignó Leo.

Cruzamos los tres juntos, con la recóndita certeza de que la suerte residía en nuestras manos, que en aquel momento estaban juntas.

Cuando, cerca del mediodía, regresamos a la casa, Asia y yo tomamos el sol de la altura acunados por el aire eterno y por un silencio superior a cualquier otro que mis oídos hubiesen percibido. Aprovechando que Leo se retiró a la cocina, me dijo Asia:

—Estás tan mustio, tan sordomudo, que no pareces tú. ¿Es que no te encuentras bien en Garafía?

—Al contrario, muy bien. Quizá sea que me encuentro como ninguneado por su casi insoportable grandeza.

Yo era consciente, no obstante, de que la causa de mi mutismo no era ésa. La verdadera causa no era otra que temor. Temía una especie de encerrona de mis amigos, que mi mano precisamente había incitado por el camino del amor. Temía alcanzar con excesiva prontitud una meta que me había propuesto más lejos, deseablemente más lejos. Temía que, a continuación de las joviales escaramuzas, sonara la hora de las heridas irrestañables. Es decir, una cobardía, alimentada por la reiteración de los males conocidos, me estaba asordando, enmudeciendo, acibarando el par de días en que los tres íbamos a permanecer aislados, contiguos, sin antifaces, sin armas, sin prejuicios.

Leo había frito unas patatas y nos las trajo de aperitivo. Asia se levantó para asar castañas, pero olvidó abrir algunas, que explotaban como bombas dentro del horno. Leo y yo la regañábamos con grandes alharacas, y ella, poniendo cara de criada torpe, preparaba el almuerzo.

Por la tarde subieron unos amigos de ellos a saludarlos y estuvimos bebiendo arrebujados en la cocina. Fuera se había enfriado el aire. Cuando se fueron los visitantes, Asia me preguntó si quería que nos entretuviésemos con «el juego del vaso que el viento de los espíritus mueve entre un abecedario». Jugamos. Leo se desentendió en seguida del tema: apoyaba, sin mucho convencimiento, dos dedos en el fondo del vaso boca abajo. El vaso respondía a las preguntas de Asia con excesiva coherencia. El espíritu que salió, después de unas cuantas burlas sin sentido, fue el de mi madre. Me pedía perdón por sus incomprensiones; me profetizaba felicidad con los canarios, me encomendaba a Asia, y me aconsejaba fidelidad, fidelidad, fidelidad... Yo miré a Leo que me miraba a mí. Sospecho que los dos opinábamos que Asia espoleaba un poquito el vaso, colaborando con el viento de los espíritus, según sus propias intenciones. Pero la verdad es que el efecto era impresionante: en tal aislamiento, recibir el mensaje de otro mundo que se manifestaba con la punta de nuestros dedos y que, como respondiendo a la conversación de Fuerteventura, desde lo alto de la noche nos miraba.

Leo bebía, rellenando a menudo los vasos, aunque algo menos el de Asia. Los dedos de los tres se rozaban sobre el vaso, a veces se superponían, y al acaso se buscaban. La atmósfera era tan sensual, tan cargada de erotismo, tan fácil de pretextar un ligero temor y rogar un contacto físico, que me atemoricé más aún por lo que pudiera pasar, y preferí concluir la velada. Con un último vaso, no de adivinación, sino de whisky, nos fuimos a dormir.

A media mañana emprendimos el viaje de regreso por una vía distinta, tan espectacular como la de ida: el Roque de los Muchachos, salpicado de observatorios, y la Caldera de Taburiente, que es como el seno maternal de la isla. Me ratifiqué en mi opinión de que ésta tuvo un pasado pleno de sufrimientos, de cataclismos y de subversiones, y que un poder superior, como a quien superó un purgatorio, le había consentido descansar por fin.

En el trayecto, los dos al alimón, a veces contradiciéndose, me enumeraban los nombres de las cosas. «Esto se llama chayote; esto, codeso; esto, retamón, que es planta protegida; esto, pantana; eso, gacia; aquello otro, rubango.» Y se reían siempre. Y se reían por todo. Ni siquiera avistamos la ciudad, sino que fue necesario intuirla bajo un manto de nubes. Daba pereza dejar atrás el sol paternal de las alturas. Daba pereza dejar atrás la soledad acompañada. A pesar de todo, dentro de mí ya hervía un confuso designio.

Hasta tres días después no descansaba Leo. Los había invitado yo a cenar, y ellos me invitaron después a una copa en su casa. Habíamos bebido los tres, pero yo más que ellos. O acaso fue la mezcla de bebidas; el caso es que me encontraba bastante borracho, pero seguí bebiendo. El instinto de defensa, con una voz conminatoria, me advertía, ayudado por la imperturbable persistencia del alcohol, que era la última vez que nos veíamos. La conversación, si era dado llamar así a mi doliente monólogo, versaba sobre un único tema. En un determinado momento, ya muy tarde, dije, e ignoro por qué razón lo recuerdo con tanta claridad:

—La amistad es como un amor recién nacido. Cuando crezca, y el tiempo es la sola prueba de la amistad, sabremos hacia qué punto desea mirar. Hay amores que nacen ya grandes —dirigía con explícito rendimiento mis ojos hacia Asia—, como Atenea nació ya adulta de la cabeza de Zeus; otros nacen pequeños, vacilantes. Necesitan ser auxiliados por el brazo o la fuerza de alguien, como yo para subir a la casa de Garafía. En ese apoyo consiste precisamente la amistad.

Brindamos los tres por la nuestra. En el ambiente, de un modo callado pero táctil e irremediable, se respiraba la palabra despedida. Continué:

—Yo, que no soy hermoso como vosotros dos, me he tenido que conformar con ser inteligente, aunque nunca se es bastante, y un poco divertido, aunque vosotros lo sois más. Pero la única virtud no inventada, el único valor que no procede del resentimiento, es la belleza... Y quizá la alegría, si es que no son dos facetas de la misma cosa. —Yo estaba sentado en el sofá. A mi derecha tenía a Aspasia; a mi izquierda, en un sillón, a Leo—. Quizá yo tengo un pésimo primer cuarto de hora, pero me atrevo a juzgar que soy tolerablemente amable para la convivencia. Es a eso a lo que he aspirado ante vosotros: no a gustaros, sino a que me quisieseis. —Asia descansó una mano sobre mi muslo derecho. Leo se volcó hacia mí y musitó algo que no entendí. Lo miré y le dije—: Tu belleza nos está separando. Es como un escudo que te defiende y con el que me atacas. Se interpone entre tú y yo como un muro de flores.

—¿Qué dices? No es así. Yo no quiero que sea así. —Me había cogido una mano. Una vez más los tres estábamos ligados por un contacto físico.

—Vuestro amor (el tuyo, Asia, y el tuyo, Leo, son para mí uno solo e inseparable amor) se ha comportado dentro de mí como esas plantas tapizantes, de las que hundes en la tierra un esqueje minúsculo, y a la vuelta de dos o tres meses ha inundado el ribazo o el talud o el arriate. Derogándolo todo, comprimiendo y derrotando las otras plantas que existían allí, plantadas con mayor consciencia y con más tiempo y con más esperanza. Vuestro amor se ha comportado dentro de mí como un cáncer, localizable al principio, cuando no es casi nada, cuando se creería imposible que se convirtiese en algo destructivo, invadiéndolo todo, dueño de todo ya, minando el cuerpo entero de metástasis... Ya no es dable operarlo, aunque yo lo quisiera: ya no me queda ni un escondrijo donde pudiese refugiarme a salvo de él, donde pudiese sentarme a pensar cómo era el mundo antes de que él llegara... Él lo ha teñido todo, todo, todo. —Embalado por mi propia teatralidad, supe que tenía los ojos llenos de lágrimas. Mis dos amigos, emocionados, me acariciaban: Asia pasaba su mano por mi pelo; Leo me palmeaba la rodilla.

Después de una pausa, fue Leo quien rompió a hablar despacio:

—Ayer me encontré, subrayada en un libro de Pavese, esta frase: «Quien quiere a dos personas engaña a las dos; quien quiere a una sola se engaña a sí mismo.»

—Y quien quiere a dos personas que son para él una sola, ¿a quién engaña? —pregunté sin esperar respuesta—. Vosotros habéis sido mi último intento y mi último fracaso.

—Primero, no me gusta lo que dices; y segundo, no me gusta oírte hablar en pasado —dijo Asia.

—A mí tampoco. —La sonrisa en los labios de Leo ya no estaba.

—No quiero daros pena. —Me erguí y bebí un gran trago de whisky.

—A mí la única que me da pena —Asia estaba tan seria— es la gente que no sabe querer: la gente a la que le violenta decir palabras cariñosas y tiene que tragárselas. Mis padres fueron así; tú no. Después de amar, Octavio, cariño, el mayor gozo es pregonar que se ama... Escúchame —me apretaba contra ella—: la posesión es mayor goce que el amor. Los que ocultan esa posesión por temor a que les sea arrebatado (¿me sigues?, ¿me comprendes?) el objeto de su amor, o de que sea abominado por los otros, obtienen un gran descuento en su felicidad.

—¿Y si esa posesión daña a alguien? —pregunté.

—Para evitar ese daño hay que convocar a ella a todos los interesados. —Asia hablaba con una voz quebrada.

—Lo he procurado de todo corazón. Desde que os conocí bien a los dos, no he soñado con ninguno de los dos solos: o sea, a mi lado unidos siempre, hasta en los imaginarios y más furtivos gestos del amor... Pero lo más importante de mi vida me ha ocurrido, desde que tengo memoria, por casualidad. Sólo avancé cuando era llevado. Y confío más en mi parte animal que en mi parte racional. Cuando he decidido algo en plena vigilia y con plena lucidez, me he equivocado. Por eso confiaba en que vosotros, los dos, erais un regalo que, a espaldas mías y sin que yo por tanto pudiese estropearlo, se me tenía reservado en esta isla inaudita.

—Tú eres nuestro regalo, Octavio; tú, el nuestro. Es una suerte tener un amigo como tú —fue Leo quien lo dijo con la frente sobre mi rodilla.

—A veces, entre vosotros, he dudado si me sentía con fuerzas suficientes para amar, es decir, con el entusiasmo preciso, con la asunción de cualquier riesgo, con el atrevimiento y con el ansia del juego que amar implica. Y he dudado si me sentía con suficiente atractivo para que me

220

amaseis, es decir, con la seguridad en uno mismo, con la mínima prestancia imprescindible, con la contagiosa capacidad de gozo que el atractivo significa... Pero hoy ya no lo dudo. —Se me hundía la voz. Había que remontarla—. Hoy creo que soy bisexual porque hago dos veces el amor al año. —Asia soltó una risa, hialina como todas las suyas, aliviada por el giro de mi discurso, y me besó una oreja—. Lo que en realidad soy es misógino y misántropo.

—No sé qué significan esas palabrotas —dijo Leo—; pero estoy seguro de que tienes fuerza y de que tienes atractivo. Y también estoy seguro de que te queremos. —Estaba en cuclillas, entre Asia y yo, mirándome desde abajo con sus ojos de un azul indecible—. Acuérdate: es la resistencia que el aire ofrece lo que hace volar a los pájaros y a los aviones.

—Yo soy como la paloma de la parábola de Kant: creo que volaré mejor en el vacío.

Asia me contradijo en el mismo tono de condescendencia que Leo, quizá porque a alguien a medios pelos no se le lleva la contraria:

—El amor es inevitable, mi niño, inevitable. Tú lo dijiste el otro día: el tiempo no es una medida para nada que importe...

—Es cierto. Cuando ya no os ame tanto, o cuando ya no os ame de este modo y esté todo cumplido, seremos más felices. Viviremos juntos, con placidez, haciendo cada cual lo suyo, como una grata familia bien avenida y confiada.

—Qué asco —gritó Asia, y rompió a reír. Leo, sin saber qué hacer, rió con ella.

Cuando me dejaban los dos en mi hotel, aún no había amanecido pero empezaban a palidecer las estrellas. Nos besamos quizá con más intensidad que de costumbre. Poco después alboreó un día húmedo y cristalino. Se adivinaban las siluetas de Tenerife y La Gomera, y las nubes apenas roseaban sobre un mar de color gris oscuro. Yo tenía agarrotada la garganta. Pensé en mis dos amigos, durmiendo abrazados cerca de su hija y de *Rey*, el cachorro. Y comprobé que el cielo estaba verdaderamente demasiado triste y demasiado remoto.

Pocas horas después, salí definitivamente de la isla.

Segunda parte

UNO

El sexo es un perfume; para muchos, un hedor:
en el fondo da lo mismo. Surge de un punto
concreto, poco visible en ocasiones o difícil de
localizar, pero se expande alrededor. Nos
acompaña cuando nos movemos; pero lo dejamos atrás también como una estela. No es
inocente ni culpable, igual que no lo son el
agua ni la sangre. Es la fuerza mayor y más
sutil que existe, y sería estúpido quien creyera
que el sexo tiene un modo sólo de actuar.

Yo nunca he querido ser adelantado en
nada, ni siquiera en lo meramente profesional.
Las vanguardias abren la puerta y se quedan
con el picaporte en la mano viendo pasar a
quienes las seguían; ellas acaban siendo las últimas. Sin embargo, en materia de sexo, he
sido vanguardista de nacimiento. Este libro, en
definitiva, es una prueba.

La palabra sexo, si se pretende entender en
lugar de abolirla, no es unívoca. De no simpli-
ficarse para salir del apuro, tiene tantos sig-
nificados como personas sexuadas: que no son
las poseedoras de sexo, sino las poseídas por

él. No se trata de algo que sucede inadvertido salvo en la cama: nos configura y nos define. Es omnipresente, como el aire que respiramos, en el que nos movemos, sin el que no viviríamos. En su lado invisible es donde decide su mayor trascendencia: lo he comprobado durante toda mi vida. La idea cristiana es la que reduce el sexo a límites ridículos: un taponazo súbito con consecuencias generativas. Ceñir el sexo a la penetración es una de las manipulaciones más dañinas contra la Humanidad. Por eso los más inteligentes han reaccionado en contra. En el Renacimiento no se aspira a aplacar una necesidad física sólo, sino a materializar el ideal de un goce que la cultura había favorecido de antemano. La Contrarreforma opinó lo contrario, claro está.

Es curioso observar por dónde llega a veces la verdad. Los dos últimos siglos han aproximado al hombre a la emancipación —en nuestra área de cultura la de la mujer es más tardía— por medio de lo que, más o menos, llamamos democracia. La exaltación del individuo había sido promovida en muchos campos, pero en el sexual se retrasaba. Hoy avanzamos ya, y me congratula decir que yo iba con los de cabeza. Entre nosotros, ¿se han eliminado los tabúes sexuales y se han eliminado los sexos tal como se entendieron? Creo que las dos cosas, una detrás de otra. Los dos sexos reconocidos y legalizados estaban tan imbuidos en unos papeles de representación social que la alteración de tales papeles los alteró a ellos. Hoy se reconocen una infinidad de posibles sexos; se excluye un tajante antagonismo, tan provechoso para una sociedad simuladora y puritana. En el fondo, se trata de retroceder a la idea platónica de los sexos unidos por sus espaldas como el Andrógino narcisista.

La calificación sexista del mundo era una falacia. Se acabaron los machos hirsutos y las frágiles hembras, la fuerza y la delicadeza, el dardo y la esponja. La penetración se ha desacreditado: hay adminículos y recipientes que suplen a la naturaleza; la transexualidad no es un fenómeno insólito; el pavor al sida mira hacia otras prácticas, hacia idiomas no fálicos, hacia expresiones más perspicaces. La crisis de lo masculino y lo femenino se ha consumado. Educación, afecto, tendencias, profesiones, posturas físicas y deberes familiares los diferencian cada día menos. Lo obligatorio es ya optativo, y electivo lo que pareció esencial.

Si el individuo, sea del sexo que sea, apetezca lo que apetezca, no se cumple, mal colaborará al cumplimiento de nada ni de nadie, así se trate de la gloria de Dios. Lo demás son mentiras anacrónicas. Cada uno es el amo de sí y de su existencia, y procura que se le sirva el sexo a la carta para elegir. Se feminiza el hombre en la casa, en las funciones paternas, en el uso o en los usos de su cuerpo; se masculiniza la mujer en los deportes, en la política, en todas sus conductas. No son ya mundos antitéticos, ni siquiera son heterogéneos. Los dos aspiran a lo mismo: a una realización personal en el amor, en la prolongación de la juventud, en la capacidad de seducir; a una realización social en la ocupación, en las aspiraciones, en la intercomunicación y en los hijos. Lo que hagan unos con otros no le importa a nadie. Hoy no se comprenden las altas fronteras que antes derrocaban sólo a medias los orgasmos, ni los puentes levadizos antes abatidos sólo para engendrar. Sobre sus ruinas se planea una fructífera confusión: cada sexo ni está solo ni está ensimismado.

Por supuesto, y yo me creo autorizado para afirmarlo, las dificultades que acarrea esta revolución son grandes: hay que elegir, hay que mantener lo elegido, hay que responsabilizarse de ello. La búsqueda de un yo no convencional es más complicada que la aceptación de unos devotos cánones. Por eso, para el futuro no hay nunca paradigmas: cada uno ha de intuir y reclamar el suyo. Sin embargo, cualquier pronunciamiento exige más valor, más imaginación y más sagacidad que cualquier sumisión. Ser libre es correr riesgos: el de dejar de serlo es el primero.

Hay que estar avizor, porque desde todas partes se nos ha querido ocultar el sexo bajo el antifaz de las sublimaciones. Y él, desdeñoso como quien ostenta el auténtico poder, ni siquiera exige sus derechos: ¿para qué? Sus definidores se quedan cortos siempre. Hasta Freud, en su interpretación, exhumándolo de oscuras torres de las que había de ser liberado: él, el sexo, que es la atmósfera del mundo, lo que lo fabrica y le da ritmo y sentido. La oscura torre no era más que la sombra que proyecta la luz cuando se le antepone un obstáculo opaco: nuestros falsos pudores y nuestra hipocresía.

El sexo es siempre mucho más de lo que denominamos así. Si no nos excita alguien, no brillamos: en esa excitación palpita el sexo ya.

Como en la mística de las santas, que habría sido otra de haberle dado a Dios carácter femenino. Como en las colaboraciones entusiastas, cuando se canta juntos, o se actúa, o se politiza, o se levanta a pulso cualquier hermosura; en las caricias en apariencia no amorosa, en las sonrisas inconscientes, en la húmeda gratitud infantil cuyos gestos predicen otros después ya ensuciados... Toda manifestación sensual procede de la tensión sexual, que es lo que nos mantiene en pie. Somos sexo y un poco más: él es la fuente de la vida; está detrás y delante de todo, porque es nosotros mismos, el principio primero de nosotros. Por muchos negros cortinajes que traten de esconderlo, por mucha funda victoriana que cubra hasta las patas del último piano. Cualquier creador distingue su presencia en determinados momentos de fulgor, a semejanza de aquellos *torpes movimientos* que sufría Juan de la Cruz en los altos peldaños de sus éxtasis. El ser humano posee un inventario muy breve de sensaciones y de expresiones, y el sexo las acapara todas, cualquiera que sea su nombre.

¿Busca el sexo el placer? Ni siempre ni uniformemente. Busca a veces a través del dolor (bien seguro estoy de ello), pero no ya el placer, sino la personal proclamación. ¿Busca la belleza? No, ni siquiera la subjetiva. La belleza es un vehículo, una llamada más, un despertador más; pero el sexo no la necesita: él embellece lo que mira. Él es previo a todo: a los crueles ritos lujuriosos, a la admiración o al dinero erotizantes, a las costumbres que procuran encauzarlo para que no lo anegue todo. Y, para ejercerlo, ni siquiera necesitamos ser

227

atraídos por la voz del amor: él es también distinto y anterior al amor en todo caso. Yo mismo he escrito: hacer el amor sin amor es como bailar sin música. El sexo es otra cosa. Un baile, cuanto más hondo y primitivo, más produce su propia música de acompañamiento. Para bailar no es necesario emparejarse: puede bailarse en soledad y en grupos.

No es que yo defienda —yo no defiendo más que lo que me atañe— el sexo a mansalva, sino su universal prioridad. Sexo y vida es lo mismo: cualquier iniciación lo es del uno y de la otra. El sexo es a la vez el hambre y el alimento, pero no sólo en el que suele denominarse ámbito sexual, sino en todos los ámbitos. ¿Es que la pedagogía, por ejemplo, puede ser no sicosomática? ¿No se atraen el maestro y el discípulo? (¿Cómo no recordar a mi primer profesor de filosofía?) ¿Por qué Alcibíades buscaba el contacto de Sócrates?

De ahí que la mayor idiotez humana haya sido la lucha de los sexos y su obsesión. Aunque no más sea porque el sexo es único e infinito: un natural impulso. Sólo si lo clasificamos por la pobretería de un órgano exterior, habrá dos. Pero si consiste en las diferentes maneras de sentir su compulsión, habrá tantos como seres la sientan: desde las vírgenes necias o prudentes hasta los derviches giratorios, desde las insaciables mesalinas ninfómanas hasta los extáticos castos de cualquier religión. ¿Quién va a ponerle puertas al más ilimitado de los campos? ¿Cómo reducirlo a una cama matrimonial, apresurada y rutinaria y fría, que desemboque siempre en la dura y estrecha cama de la maternidad?

Las serpentinas coloreadas de los deseos y de las simpatías, el inevitable lazo que ata a seres desconocidos hasta entonces, la alondra súbita que salta de unos ojos a otros, la desenfadada complicidad que vincula a los usuarios de un medio de transporte, ¿no son vislumbres, invitaciones, andariveles del sexo, sexo ellos mismos ya? «Pero no pasan a mayores», dirá alguien. ¿A qué mayores? ¿Todo contacto habrá de ser orgásmico, todo habrá de ser gemir, restregarse y acezar? La vez que yo más he penetrado en nadie fue sobre un mostrador, acodado en él, en la asequible calle de Preciados de Madrid. Allí había un mal vino y un no mucho mejor queso, y, por encima, los ojos algo oblicuos y azulísimos de Esteban. Los miré tanto tiempo y de tal modo que me sentí desfallecer a la vez que sentía el desfallecimiento de la otra parte (de mi otra parte) que, a través de esos ojos, me miraba también durante tanto tiempo y de tal modo. Lo que vino después entre cuatro paredes fue una derivación mucho menos portentosa.

Pienso si el sida, aparte de su labor mortal que se llevó a Narciso bastante tiempo antes de que la muerte apurara su tarea, no tendrá encomendadas otras secundarias: fomentar la solidaridad social y valorar los acercamientos, es decir, despojar al sexo de sus artificiosas y viejas fanfarrias, ayudar a sacarlo de sus arcaicos y yertos agujeros tan superficiales donde se le traviste, airearlo, desnudarlo, entronizarlo libre en cada instante.

Se afirma que los jóvenes de hoy son asexuados. Además de una sinécdoque, eso es una memez. Los que lo aseguran son quienes no conciben más que un sexo enhiesto o ávido. Porque quienes, después de una noche compartida, se van cada cual a su cama, ya disfrutaron del sexo. Las muchachas que por todo vestido llevan su lencería lo hacen para gustar y gustarse a sí mismas; los muchachos que las miran y se miran al mirarlas también están gozando. Todo es sexo: la música, el sudor, el movimiento, las luces mordientes, las colisiones, el aturdido tiempo y ellos, los jóvenes. Yo, al igual que esos muchachos, aunque no lo comprendan los hambrientos, he aprendido a preferir una comida larga y suave, aunque no tenga postre. Todo es cuestión de gustos.

Esas últimas frases indicaban por qué había huido de la isla.

Me encontraba escribiendo con más fluidez que en ella. Aunque todo lo teñía, como es lógico, mi experiencia allí. Me hallaba recluido en «La Meridiana», la casa que tenía en el sur, y que vendí a raíz de lo que aquí se cuenta. Mentiría si dijese que no me acordaba de Aspasia y de Leonardo; pero lo cierto es que los había asimilado a mi vida cotidiana y su evocación no me hacía daño. Tanto, que me cuestionaba a veces si mi huida no habría sido una estrategia más: la de interponer la ausencia y el silencio como dos grandes potencias aliadas del amor. O sea, me cuestionaba si mi propósito no se reducía a ser echado de menos, y fortalecer el amor así, o suscitarlo, o quizá evidenciarlo. No quería plantearme si los últimos estremecimientos de mi corazón eran ya un recuerdo, o los alimentaba la esperanza. En todo caso, mi propósito era firme. Yo no telefoneé nunca a la isla, y me amparaba tras la seguridad de que el número secreto del teléfono de «La Meridiana» era inaccesible. Como en otras etapas de trabajo intenso, me encerré allí solo, con los caseros y el secretario, en el más inexorable apartamiento.

Comencé a considerar lo sucedido como si fuese un sueño corporal, una forma de realidad virtual, un transporte sicofísico que no era imprescindible erradicar porque no lindaba con ninguna concreción determinada. Había ocurrido todo con tal prisa; me había asediado y engullido con tanta obcecación; mi comportamiento fue tan ajeno al normal en mí, que percibía entre la isla y yo, entre la pareja que me había embrujado y yo, una distancia enorme.

Recuperé mis lugares, mi horario, mis costumbres, mi disciplina y mis comidas sosas y sin especias. Recuperé, en lo posible, mi actitud remota pero ambivalente ante mis amantes muertos. Y mis sentimientos de pesar por sus sucesivas desapariciones desplazaron en forma lateral mis sentimientos por los dos seres muy vivos, demasiado vivos, que me habían hecho perder el presumible uso de mi razón.

Llevaba un mes tomando notas algunos días, escribiendo otros unas cuantas páginas del libro, que adquiría cierto aspecto de ensayo muy peculiar, cuando el secretario me anunció una llamada de don Leonardo Narbona.

El alma se me puso de pie y pude apreciar los latidos de mi corazón en la garganta. Cuando recuperé la voz, estuve a punto de ordenarle que dijera que aquel número no tenía nada que ver conmigo. Lo que le rogué, por el contrario, fue que me pasase al estudio la llamada. Entretanto, se me hicieron presentes los rostros de los dos: los limpios trazos del de Asia, con sus cejas finas y levantadas en una perpetua conmoción igual que una *madonna* del Renacimiento, y las comisuras de los labios plegadas para dar paso a su risa (y oí esa risa), y el rostro moreno, sonriente y a la vez impenetrable de Nardo, iluminado por sus ojos, cuyo azul supuse más deslumbrante que nunca... Luego ya escuché su voz:

—Jamás te vamos a perdonar lo que nos has hecho.

—Era lo mejor. Para todos —repliqué con frialdad.

—Sería lo mejor para ti. Nosotros estamos hechos polvo, porque éramos más auténticos que tú.

—¿Cómo has dado con este teléfono? —Desvié el sesgo de la conversación.

—A fuerza de paciencia, recomendaciones, amabilidades y sobornos. —Nardo ya se reía.

A su risa se unió otra. Aspasia, desde otro teléfono, intervino en la conversación:

—Qué nauseabundo eres. Desde que te fuiste estás con nosotros más que antes. Hablamos de ti continuamente. Nos pasamos el día discutiendo por tu causa... No nos ponemos de acuerdo en la respuesta que diste en un momento dado, o en cómo echas la cabeza cara atrás para reírte, ni en la manera de brillarte los ojillos de sinvergüenza cuando vas a decir una maldad, ni en cuál es la forma exacta en que juntas las manos, como un niño que va a comulgar (menudo niño estás hecho) cuando estás recapacitando...

—Eso es mentira —dije ya emocionado.

—¿Que nos peleamos por culpa tuya?

—Eso también —dije—; pero que no junto las manos.

—Es verdad —irrumpió Leonardo.

—Te quedas con las manos unidas y la vista extraviada —completó Asia—. Estoy segura de que te acuerdas de escenas del pasado. Y eso me aleja tanto de ti... Yo te quiero, te queremos, hoy, ahora, como estás, como eres. Ni me figuro cómo fuiste de joven ni deseo saberlo. Me importa un pepino. Te miro y veo a un hombre que quiero tal como lo quiero, ¿sabes?, so dinosaurio.

—Gracias —murmuré.

—Anoche estuvimos rezándole a la luna tu oración —persistió Asia con su destreza para conmoverme.

—Yo empecé a rezarle hace dos noches desde la cabina de mi avión.

—Eso no sirve —reí un poco—: no puede haber ningún obstáculo, ni siquiera el cristal de unas gafas, entre la luna y su devoto.

—Mierda —exclamó Nardo.

Nos reímos los tres. Como antes. Como allí. El enternecimiento estaba a punto de rebosar por mis ojos.

—Leo, sin darse cuenta, repite muchas frases que te copia. Pero no te cita; y está dándonos la lata a todos con tus definiciones.

—No con todas —se defendía Leo—: sólo con las que me parece que valen la pena. Y, además, sí que me doy cuenta.

—¿Y cuáles son las que valen la pena? —le pregunté.

—Todas —respondió con una ingenuidad tan grande que rompí en silencio a llorar, y me dije: «Son blandenguerías de la edad. Qué boba es la andropausia.»

—¿Sabes por qué te quiero, Octavio? Porque Leo no es ya tan niño como para que una mujer como yo juegue con él, ni tan hombre todavía como para que pueda enamorarla.

—No es eso lo que me decías anoche —rió otra vez Nardo.

—Mirad, para comprender cualquier cosa, incluso a una persona, es preciso amarla. Y para comprenderla mucho es preciso amarla mucho —dije al tuntún, mientras me reponía.

—Pues nosotros a ti te comprendemos —afirmó Leo con firmeza.

—Te comprendemos a la perfección —completó Asia.

—¿Qué tiempo tienes por ahí? —preguntó Leo.

—Calor, mucho calor. Aunque dentro de la casa, como tiene muros del dieciocho, no se nota. —De repente tuve la evidencia de lo que yo (y acaso ellos también) deseaban—. ¿Por qué no venís a pasar unos días conmigo? —Al otro lado se hizo un silencio.

—Anda, que no nos ha costado trabajo que lo dijeras —era Asia, pero oí las risas de los dos.

—¿Cuándo venís?

—Esta misma tarde hago las gestiones para anticipar un trocito de mi vacación, y te vuelvo a llamar —dijo Leo lleno de alegría.

—¿Cómo va tu libro?

234

—Bien, Asia, despacio. Agradezco tu interés. Pero ese libro mira al pasado, y mi corazón, al futuro otra vez.

—Te quiero, mi niño. Qué gracioso eres.

—Hasta luego —se despidió Leo.

Tres días después los esperaba en el aeropuerto de Málaga. Anunció la megafonía la llegada de su vuelo, pero tardaban en aparecer, y yo interrogaba a todo el que veía con gorra de plato por qué puerta saldrían los viajeros de Canarias. Me inquietaba que pudieran pasar sin que los viese, interrumpida mi atención por unas estúpidas niñas que bajaron de un autobús para solicitarme autógrafos. Por fin, cuando ya desesperaba, los vi salir con su equipaje.

Asia traía un vestido de color vino moteado en rosa con sus largas faldas orilladas de randas. Estaba más morena y refulgía. Un paso detrás de ella, Nardo despertaba la admiración de todo el mundo, con su uniforme de piloto, cuya gorra aumentaba más su ya arrogante estatura. Nos precipitamos al más cariñoso de los encuentros. Mientras Asia y yo nos besábamos («*Nigra sed formosa*», le bisbiseé al oído), Leo nos enlazaba a los dos, y me bastó levantar la cara para recibir sus dos sonoros besos. Me sería imposible transcribir la alegría interior, sincera y desbordante, que me embargaba.

El día, de pleno verano, era hermosísimo. «La Meridiana», un convento franciscano desamortizado, los recibió orgullosa de sus flores, de sus aromas, de su piscina rodeada de jazmines y tan azul como los ojos de Leonardo, de sus terrazas de frutales descendiendo hacia el río. Los acompañé a la casa de los huéspedes, situada en la antigua iglesia de caminantes del convento, y les di con toda mi alma la bienvenida.

No habían pasado diez minutos y ya estaba Asia en la piscina, en la pileta decía ella, con un traje de baño verde manzana. Desde una ventana de mi estudio, en la casa principal, la saludé.

—El pobre Leo, como es tonto, no se ha traído traje de baño —me gritó agitando una toalla.

Cogí uno mío y lo llevé a la casa de huéspedes no por el jardín, sino por el patio de entrada. Encontré a Leo desolado en su habitación, con una toalla enrollada al cuerpo.

—Toma —le dije tendiéndole el bañador—. Quizá no te esté bien.

Él miró el bañador de un azul desvaído, me miró a mí un instante de abajo arriba, se detuvo un instante en mis ojos, y dijo:

—Todo lo que sea tuyo me viene bien a mí.

—No empieces a coquetear, porque de mi casa sí que no puedo irme. —Nos reímos los dos.

Él se volvió un poco, dejó caer la toalla, y delante de mí se puso el bañador. Ante su desnudo, dejé de respirar. Luego se colocó frente a mí, abrió los brazos, y me disparó:

—¿Qué quieres a cambio?

—Que seas siempre sincero. Pero contigo más aún que conmigo.

Le besé ligeramente los labios y salí seguido por él.

—A ver si os aclaráis —dijo una vez más Aspasia, riendo y mojándonos cuando llegamos a la piscina.

Nos sirvieron un aperitivo allí mismo: cerveza para Asia, vino fino para Nardo y para mí. Lo acompañaban, entre otras cosas, unas almendras de la cosecha de la finca recién fritas.

—Están suculentas. —Asia se las comía a puñados.

Yo se lo advertí a Leo que, con su catavinos apoyado en el borde de mazaríes, nadaba y bebía sin salirse del agua.

—Dame alguna almendra antes de que se las coma esa tía gorda.

Le acerqué el plato, y él hizo un gesto de impotencia con las manos mojadas. Tuve que coger tres o cuatro y ponérselas entre los labios. Él se reía con los ojos y con ellos decía: más, más.

—Sois unos guarros, que os estáis comiendo todas mis almendras —chilló Asia, arrojándose de cabeza al agua, y salpicándonos a los dos.

Cuando íbamos a almorzar, Asia sacó de su bolso un espejito. —Hoy me siento monísima —afirmó riendo—. Es por ti, Octavio.

El sol, que daba en el espejo, mandó un rayo al ojo izquierdo de Nardo. Yo reí:

—Parece una operación de cataratas con láser. —Pero no añadí el color que aquel ojo adquiría bajo el reflejo de la luz.

El día transcurrió en un suspiro. De noche, en el jardín, el olor de las damas de noche, de las glicinas, de los jazmines, de las rosas y las daturas, era tangible. Asia repetía que respiraba con dificultad, que literalmente «la embriagaba» tal perfume. Nos habían sacado, por si más tarde nos apetecía, una sandía partida, roja y sensual. Yo tomé una raja.

—Me gustaría —dije alzando la mano— comérmela a mordiscos y guardarle un trozo a Leo para cuando le diese la gana de pedírmelo. Aunque me temo que eso sería demasiado tarde para la sandía y para mí.

Leo dejó pasar unos segundos. Después dijo con voz suplicante:

—¿Me quieres dar un trozo de tu raja de sandía?

Se la alargué, ya mordida, riendo.

Prolongamos la conversación, ante una mesa de mármol con dos gruesos cirios encendidos y una considerable exhibición de estrellas como techo.

—Menos mal que por fin hemos conocido tu paraíso —susurró Asia—. A cambio, queremos ofrecerte lo único que te queda por conocer de nosotros: nuestra historia. Nos hemos hecho la promesa de contártela por separado. Ésa será la prueba de nuestra incondicional confianza en ti. Empezaré yo, si estás de acuerdo, mañana por la tarde.

Al día siguiente hubo una lujosa tormenta de verano. Densas y tenebrosas nubes venían por dos puntos del horizonte y entrechocaban con violencia sobre «La Meridiana». El cielo estaba poblado de truenos y relámpagos. Escapaban después las nubes por el norte y eran sustituidas por otras de levante que rearmaban la marimorena. Los fusilazos se estremecían contra el cerrado cielo de antracita. Desde el patio de los frailes mirábamos cómo el agua de la piscina se había puesto verde esmeralda. Sobre ella, repentino, se desplomó un chaparrón del que bebían las ramas de los árboles, las hiedras y las vides y las buganvillas de los balates, los macizos, los almendrales... Y después de esa parada, la artillería celestial desapareció como por ensalmo y la gran cúpula azul, recuperada e intacta, nos cubrió nuevamente. La lluvia había sublevado los perfumes del jardín: el mirto, de olor tan perezoso de costumbre, el romero, el espliego con su vestigio de barniz, el geranio de limón junto a la jara y la hierbaluisa: unas fragancias del todo diferentes de las de la noche.

Fue, en efecto, aquella misma tarde, cuando Asia me contó su historia, que yo recojo aquí tal y como la escuché de sus labios. Estábamos en mi estudio, y Leo se había retirado a echar una «estupenda» siesta. Aspasia, en el transcurso de su relato, me tomaba las manos y las conservaba entre las suyas besándolas a veces, o se sentaba en el suelo con su cabeza apoyada en mis rodillas. En los pasajes más íntimos se conmovía, y un temblor la recorría entera, o se arrasaban de lágrimas sus ojos. Reía a veces sin poder contenerse, y era como una rosa que cambiase de color según la incidencia de los rayos del sol, o según la tibieza del aire o los sonidos del jardín en que se alzara.

«No sé si será bastante, para que me conozcas, empezar esta historia por mi nacimiento. Si necesitases más datos, inquiere tú y yo te los daré. Como nacer, nací en África, en la Guinea Ecuatorial. Mi padre era médico en el hospital de Santa Isabel, en la isla de Fernando Poo, que ahora se llama Bioko. O sea, mi vocación de isleña es congénita. Pero nací fatal. Creyeron que estaba muerta y me dieron una fenomenal paliza para que reaccionara: una paliza que estuvo, por lo visto, a punto de matarme; pero no me mató y me entrenó para las que vendrían después. En mi vida las enfermedades y los remedios son igualmente nocivos.

»A mis cuatro añitos descubren que el clima me sienta como un tiro —yo estaba atiborrada de quinina—, y mi madre, en uno de sus viajes, me lleva a la isla donde nos conocimos, y me deja allí con mi abuela y mi tía. Desde entonces tuve tres madres. Manata, que es mi abuela, la reina de mi infancia; Mamuca, mi tía, mi primera maestra; y mamá, que es mi madre y estaba siempre lejos.

»Lo que recuerdo de mi infancia es que no podía callarme: o reía o lloraba. En la isla me veo riendo feliz. No contenta, feliz. Quizá sea una gran mentira que he soñado después, pero lo único que puedo decirte es que era feliz: una niña jugando siempre, corriendo por las plataneras del abuelo, yendo a ver ordeñar las vacas, tomándome la leche en un tazón con gofio... Se me mezclan las edades, y no sé si esto lo viví también de adolescente; sin embargo, en todo caso, es la imagen de un mundo intachable de felicidad. Rememoro con ternura la bajada de El Planto, aquella cuesta llena de piedrecitas donde yo me sentaba, con las piernas abiertas como un chico, desafiando a mis amigos a boliches, o con un carretón de madera en que nos deslizábamos en tumba abierta cuesta abajo, y veo la estampa de la felicidad. Deseo ver esa estampa. Necesito verla... Son como fotografías de aquellas de seis por nueve... Una vez me hicieron un vestido para ir a misa, y yo lloraba porque no quería disfrazarme de niña —sabía que se iban a reír mis amiguillos— y porque no quería ir a misa. Lo que quería es seguir despatarrada... Alguna vez mi madre me dijo que estos recuerdos míos no eran ciertos, pero mi madre acertó conmigo pocas veces. Yo los considero inamovibles. Los entretenimientos bravos, el chapoteo sobre el lodo durante el riego de los plátanos, los pies metidos en las atarjeas, las cosas que tirábamos a los estanques donde aprendí a nadar entre la chiquillería... Y aquel estanque, más hondo, donde se suicidó una criada de Garafía por cuestiones de amor...

»Y rememoro a mi abuelo, alto como una torre. Verlo bajar por la cuesta, desde las plantaciones, con la ropa manchada que tanto molestaba a la abuela... Dicen que era sombrío; para mí, no: me sentaba en sus rodillas y hacía el caballito, y yo reía, reía, reía... O verlo subir desde el mar, de coger lapas, con un saco al hombro, tan ágil. Fue la suya la primera muerte que me rozó antes de que tantas otras me maltrataran sin parar. Yo creo que por eso amo tanto la vida mientras la pueda tener como una paloma palomariega entre las manos... La segunda muerte fue la de mi perrito: negro, con la trufita insolente y los ojos como dos botones brillando entre el flequillo. Me lo mató un coche bajando a la carrera por El Planto. Me lo dejó casi partido por el medio. Todavía se movía cuando yo me agaché: aullaba de dolor y me miró. Un segundo, pero no lo olvidaré mientras viva. *Tobi* se llamaba. Y se llama. Yo no pude llorar hasta que él se quedó inmóvil; luego, durante un mes no hice otra cosa: ni comer ni dormir. La abuela me decía:

»—Niña, ¿qué vas a hacer cuando la vida te pase por encima como el coche a tu perro?

»Pero después he sido más fuerte de lo que nadie hubiera vaticinado. Se conoce que las heridas, en mí misma, me parecen menos atroces.

»Cuando yo tenía siete años nació mi hermano Eduardo en la casa de la abuela. Fue un parto tremendo, como el mío. Era un niño precioso que yo quería para mí; pero se lo llevaron en seguida a África. Hasta que se puso tan malo como yo, y mi madre se lo trajo también a la isla. En el viaje lo dieron por muerto y querían ya tirarlo al mar. Cuando llegaron al muelle, lo recogió mi abuela en su delantal, deshidratado, y le quitó todas las medicinas. Con leche de vaca muy clarita lo fue recuperando poco a poco hasta convertirlo en un niño gordo y lindo... Yo no creo que nunca tuviera celos de él. Íbamos por la calle y yo le decía a la gente: "Mire usted qué niño tan guapo tengo. Es mío." Pero no estuvimos mucho juntos.

»Mi madre me quería dar una educación buena, porque yo estaba casi salvaje. Me man-

242

daron a un colegio a Las Palmas, el mejor de las
islas: de monjas, por supuesto. Guardo unas me-
morias tan amargas de esa época... Las niñas salían los fines de semana, y yo me quedaba sola,
en aquellas habitaciones pequeñitas, unas segui-
das de otras: me veo con un camisón enorme,
asomada a la puerta, mirando a la derecha y a la
izquierda en aquel pasillo tan vacío. Yo, que era
tan valiente, tuve miedo... Y me bañaba en una
bañera grande, con jabón, pero estaba prohibido
quitarse el camisón para que no nos viéramos el
cuerpo... Yo lloraba sola en aquella camita porque necesitaba algo que nadie me daba y que ni
yo sabía lo que era: quizá cuanto había perdido...
Los nervios de los niños son muy sensibles: no están fijos aún; es necesario que tengan una tranquilidad para fortalecerse. Yo estaba triste y no
jugaba. Todo se me volvía querer volver a casa, a
El Planto, a mi abuela, a la dulzura. Recordaba
miles de naderías, y lloraba. Cualquier contrariedad era un disgusto monstruoso. Estaba desqui-
ciada; el menor castigo injusto me hundía bajo
tierra. Toda yo era una llaga. Mi existencia, de veras, fue un martirio. El sueño, de noche, me llegaba ya harta y cansada de llorar. De una manera
borrosa veía la vida como una batalla en que
siempre sería derrotada y en la que estaba sola
frente a todos. Creemos que los niños no se en-
teran de nada: qué equivocación. Yo quería morir. Porque dos meses o tres, para un niño, es
toda la vida.

»Sólo una monja era buena. Me metía en su
despacho y me arrullaba en sus rodillas; pero
quizá no me podía querer todo lo que hubiera de-

seado: tenían que educarme y eran duras con aquella niña tan sola... Sé que yo era difícil: una criatura rara... Y un día decido que no aguanto ya más y me tiro al suelo. Me dicen que me levante, y no lo hago. Y me agarro a la pata de una mesa con una fuerza descomunal, y no aflojo, y no pueden conmigo... Era un ensayo de lo que vendría luego. Entre tres monjas consiguen desasirme. Creen que estoy endemoniada: me hablan y no contesto, aprieto los labios y no contesto, se me llenan de lágrimas los ojos tan grandes que tenía y no contesto. Era como un castigo: un castigo de silencio que impongo siempre a los demás cuando me defraudan o me hieren sin causa. Las monjas hicieron una ceremonia para que el Señor me perdonase y me sacase los demonios del cuerpo... Es extraño, porque cuando estoy bien, yo soy muy dócil: lo era. Y quiero a todo el mundo. Pero entonces estaba pidiendo a gritos, que nadie oía, que me quisiera alguien.

»Las monjas escriben a mi casa diciendo que no conviene que me dejen allí, que soy mala quizá porque estoy sin ellos. Y mi madre lía los bártulos y nos lleva, a mi hermano y a mí, a Madrid. Pero lo que te decía antes del remedio y la enfermedad: un colegio de las mismas monjas, en Chamartín, interna, y con mi madre tan cerca, y mi hermano con ella y yo sin ella: el espanto. O soy banda azul o arreo unas contestaciones espantosas: no me comprende nadie. Sólo puedo salir los fines de semana, pero mi conducta es tan atravesada que no me dejan, y no veo a mi madre, que es para lo que nos fuimos a Madrid. Por esa razón mi madre compra nuestra primera casa allí, me saca del convento y me lleva a un colegio moderno y comprensivo. Es el cambio total: un mundo maravilloso donde opino sin que resulte inoportuno, donde puedo escribir y expresarme. Se diluye toda mi rebeldía. Yo soy una niña normal. Y vuelvo a ser feliz. Hasta los diecisiete estoy allí, en aquel colegio mixto, con profesores inteligentes y vocacionales, con quienes hacemos excursiones y discutimos y nos quieren, rodeada de compañeros amables y alegrísimos...

»La universidad fue para mí una continuación y un descubrimiento. Llegué a ella sin sobresaltos. Y también fui feliz: hice teatro, escribí bobadas, leí a escondidas los libros prohibidos, me metí en política, porque aquéllos eran años calientes... Todo lo nuevo me atraía, todo lo distinto. Me introduje en todos los movimientos de entonces. Mi padre empezó a pasar temporadas con nosotros y, como era muy rígido, yo tenía que esquivarlo para hacer mi vida. Mi vida que consistía también en enamorarme... Mi primer amor se llamó Sebastián. Yo iba detrás de él a todas partes y entraba de su brazo en todos los follones. Se parecía a Alain Delon. Tenía úlcera de estómago y bebía ginebra a palo seco: era un duro. Él me dio el primer beso... Estábamos ensayando una obra de teatro y tenía que besarme. El director insistía en que sólo marcáramos el gesto; pero un día se aprovechó Sebastián y me besó de veras. Yo salí llorando, rabiosa, del ensayo: era una boba. Le dije que me había llenado la boca de arañas. Él se reía y me aseguró que me las iba a sacar: me volvió a besar en la boca, pero muy a fondo, por la calle de Padilla. Nuestro noviazgo duró todo el curso; luego, él, en verano, tuvo un asunto, y yo coqueteé con un estudiante de Derecho. A la vuelta de las vacaciones, lo dejamos porque él había dejado embarazada a su novia, que era una imbécil. Y yo creí que me moría; pero mi madre fue la que me dijo que aquello no era, ni muchísimo menos, el fin del mundo... Para mí sí lo era; el mundo ha tenido para mí muchos fines.

»A pesar de todo, no me morí. Al curso siguiente conocí a otro muchacho también maravilloso. Veía a Sebastián con la otra y, para consolarme, me interesé por un chico de Santander. No obstante, él tenía allí su novia de toda la vida, y lo dejamos. Fue entonces cuando conocí a Alfonso: de Toledo, maravilloso, cómo no, escritor de poesía y de teatro. Pertenecía al grupo del que formaba parte Fermín Jordá, un chico mayor que nosotros, muy severo, un poco siniestro y con una voz incomparable. Yo salía con Alfonso, pero un verano (los veranos es que son fatídicos), en la isla, me tropecé con Justo, un muchacho que me volvió loca: canario, nadador, apuestísimo, más joven que yo, o sea, maravilloso. Una historia de amor apasionado: él estudiaba Medicina en Cádiz, y nos escribíamos cartas bastante idiotas, pero ardientes. Casi al terminar el curso me comunicó, en una de varios folios, que teníamos que dejar lo nuestro. Yo me hundí en la miseria: no comprendía nada. Ahora supongo que Justo era, cómo decirte, un poco homosexual. Vaya una puntería.

»A pesar de todo, yo los amores no los termino nunca. Incluso ahora sigo queriéndolos a todos. Nunca me hicieron mal: sólo el daño preciso, que me enriqueció sin acabar conmigo... Lo que no mata engorda, en el amor también. Ya estudiaba el último curso de Filosofía pura, y mi padre tomó la decisión de mandarme lejos, para retirarme de la política, de los novios, del teatro y del cine, cosas que a mí me parecían lo mejor del mundo, y a él, un mundo de oprobio, de horror y de perversión. El día en que me cogió leyendo a Marx y a Gorki fue decisivo: me sacó un billete para Suiza donde debía adquirir la educación correspondiente a una señorita como Dios manda y perfeccionar idiomas.

»Emprendí la ingratísima tarea de despedirme de mi gente. Una tarde fastuosa salí con Alfonso, le conté la peripecia de Justo, le lloré un poquito y él me llevó, para distraerme, a una tertulia donde me tropecé con el severo Fermín Jordá. Era un bar chiquito, en la calle de Génova, cerca de la escuela de cine. La verdad es que Fermín siempre me había gustado. Era lo que se dice un hombre: intelectual, aplomado, superior, protector de los débiles, más de izquierdas que nadie... Me acompañó a mi casa. En el camino le cuento casi llorosa lo de Suiza mientras atravesábamos el Retiro. Me pregunta que si me puede escribir, le digo que encantada, y empezamos una correspondencia subyugante. Me enamoro de él por sus cartas, como la pavisosa del *Cyrano*. Acato su inteligencia privilegiada: él me enseña lo que es de verdad la izquierda, lo que es de verdad el teatro, lo que es de verdad el flamenco, que yo confundía con los cuplés, lo que es de verdad la vocación y el mundo de la literatura... Estaba deslumbrada, anhelando volver a Madrid y anhelando a Fermín. Él me llevaba siete u ocho años; a su lado mis amigos eran unos niñatos; él significaba la seguridad en todo.

»Cuando regreso, tengo que decidir si sigo en el teatro o me pongo a dar clases. Me habían hecho dos ofertas. Y Fermín me aconseja que elija lo segundo; el teatro, según él, me perturba. Acababa de hacer *La cantante calva*, y él me asegura que no sirvo para actriz porque vivo demasiado los papeles: sigo siendo el personaje después de la función, y eso es muy peligroso. Ser actriz es otra cosa: se requieren otras condiciones, otros orígenes, otras tragaderas. El mundo del teatro no es para mí... Y así comienzo mi etapa de profesora, que he continuado prácticamente desde entonces.

»Me casé con Fermín. El matrimonio fue una decepción insuperable. Él no era el de las cartas: me entristeció mucho estar casada con un señor normal, igual que todo el mundo... Con la distancia me doy cuenta de que, si volviera otra vez, me habría casado igual, me habría enamorado igual, pero de otra manera. Yo no había tenido contactos sexuales hasta entonces: me casé virgen. De cuerpo, no de alma. Fermín estaba acostumbrado a tratar con mujeres hechas y derechas; en mí vio una muchacha encantadora, pero tampoco yo era lo que se esperaba. Y se dio cuenta, porque era más listo y más adulto, del motivo: yo no estaba enamorada de él. Creía que sí, pero me equivocaba. Volví a salir con antiguos amigos y traté de recuperar la alegría perdida. Yo achacaba mi decepción al embarazo, y mi médico también. Pero ¿cómo explicarme la desgana con la que recorría el camino de vuelta hasta mi casa, la pereza de llegar, el poco ímpetu? Iba despacito, por la acera, dejando pasar los minutos como si fuesen a ejecutarme al abrirme la puerta: agobiada y aburrida de antemano.

»Sin embargo, el embarazo fue un regalo milagroso: lo que me salvó. Luego, en cambio, cuando nació Claudia, mi hija, me encontré con ella en los brazos y tan desasistida del amor... El autor de aquellas cartas a diario se había convertido en un hombre seco, solitario, deprimente, que andaba por los pasillos en silencio, estaba días enteros sin hablarme, y noches y noches fuera de casa.

»Como defensa, me pongo a trabajar de profesora en mi antiguo colegio, y a él voy con mi bebé. Llevo a Claudia en un cesto; entre clase y clase le doy de mamar, y en casa me siento menos sola corrigiendo ejercicios de alumnos. No comprendía lo que estaba ocurriendo, sólo que lloraba yo más que la niña: como en aquel colegio de Las Palmas. Pasaba de la sonrisa de mi gente menuda a la mortal tristeza y a la soledad de mi propia casa. Es cuando me refugio del todo en la enseñanza: me encanta cualquier aspecto de ella. Estoy deseando llegar al colegio, porque allí está mi familia. Me voy con mis chicos más allá de las aulas: los quiero, los protejo, los llevo a museos, al cine o al teatro, hacemos merendillas y excursiones, hablamos de lo divino y de lo humano... Por eso no tardan en acusarme algunos padres muy de derechas, muy del antiguo régimen, de que hago propaganda política entre ellos. Me veo sin apoyo: Fermín se ha echado una amante actriz, y el burladero de mis alumnos me lo cierran también. Entonces estalla la bomba de mi corazón y me pongo a morir.

»Mi madre consulta a varios médicos. Todos le aconsejan que me lleve de retorno a la isla y que allí me recupere. Me quedo con mi abuela otra vez, como de niña. He roto con todo lo anterior: nada me importa más que mi hija y el mar. No quiero saber de nadie: escribo, paseo, estoy con gente joven que siempre me ha transmitido su gozo de vivir. El mundo de los mayores, del que vuelvo, me ha parecido horrible. Quiero el mío, aquel en el que fui feliz e irresponsable. Y empiezo a ser un poco criticada porque voy a pasear con mis primos más chicos, porque salgo de excursión con gente menor que yo, porque voy al mar sola... Primero doy clases, en la escuela de Artes y Oficios, de Historia. Luego, porque se va una profesora, me contratan, para después de los carnavales, en el instituto masculino. Daría Filosofía. Sólo después caí en la cuenta de que todo está escrito.

»En la isla, los carnavales duran mucho. Un sábado, mi abuela me obliga a salir, a ver si me distraigo, acompañada por una prima mía más joven, Simona, para que no vaya sola, ya que mi situación para los isleños es muy turbia: ni casada, ni soltera, ni viuda, ni separada, y con una niña chica a mis espaldas. Fuimos al casino, instalado en una casa canaria muy buena, que primero había sido de los Sotomayor y luego fue un juzgado. Yo estaba sentada, con Simona, en un patio cubierto, que tiene unas columnitas finas, de un arabismo ingenuo. A mi lado vino a sentarse un chico al que noté bebido y triste. No sé cómo, empezó a contarme que tenía una novia pero que no había querido ir con él al baile, y unos cuantos enredos que yo apenas entendía porque se le trababa la lengua. Y de repente me sacó a bailar. Era un chico muy guapo, pero se sostenía bastante mal. Bailamos en un salón contiguo, con tapicerías y cortinajes de damasco oro viejo, muy convencionales y un poco rococós. Yo contaba sin querer: uno, dos, tres, cuatro, cinco balcones. Miraba la gran araña de cristales temblorosos, el maderamen ancho del suelo, la plataforma de la orquesta, los desmesurados sofás —uno, dos... ocho— y las sillas donde se sentaban las mujeres que bailaban poco para vigilar mejor a sus hijas.

»Yo sabía que la gente me miraba: el muchacho era de una familia conocida, aunque no por mí, y yo también. Bailamos muchas piezas. Bailamos incluso sin música. Yo sentía en mi nuca y en mis espaldas las miradas clavándoseme; pero sentía más aún, como un empujón, el atractivo del muchacho, y sentía que, de vez en cuando, me apretaba contra él. No sé si le gustaba ni se lo pregunté. Yo lo miraba desde muy cerca y veía casi sólo sus ojos, grandes y rutilantes como dos lagunas azules, como dos joyas de zafiros. No me enteré de su edad; me la echaron en cara bastante después... Y nos quedamos allí, abrazados, hasta que acabó el baile. Después nos fuimos con un grupo y mi prima Simona, que se dormía ya, a una casa de unos tíos del muchacho en el campo. Durante el viaje le pregunté su nombre. "Leonardo", contestó. Y después seguimos bailando con música grabada y con guitarras y con los primeros rumores de la primavera y con la primavera dentro del corazón. Tanto que, en un momento dado, hube de retirarme para respirar. ¿O quizá me retiraba para que aquel muchacho me siguiese? No lo sé. Todos empleamos tretas que a veces nos engañan hasta a nosotros mismos. Me refugié en la cocina. Él fue a buscarme. Pero no me besó: me empujó fuerte contra el poyo y se apretó contra mí. Supe que me atraía más de lo debido; desde el primer momento lo tuve claro. No me engañó nadie: ni yo. Aquella noche salimos todos muy tarde de allí.

»Al día siguiente no pisé la calle. A los dos días salí con mi hija. Yo vestía de negro y llevaba una flor en el pecho. Sobre la barra del primer bar al que entré estaba apoyado el muchacho entre unos amigos. Me dio un vuelco el corazón, como si la flor se me hubiese caído. Me monté en el coche y me fui a almorzar a un chiringuito, al campo, para que a la niña le diera el buen sol. Me tropecé con el muchacho en la carretera: se dirigía al mismo chiringuito que yo. Lo llevé en el coche sin hablar, lo dejé con sus amigos y yo continué... A partir de entonces me lo encontraba en todas partes. Al siguiente baile me negué a ir, porque me angustiaba verlo de nuevo, mirándome, callado. Pero fui, y entonces lo que me angustiaba es que él no hubiese ido. Tenía yo la cabeza baja, y me sacaron a bailar. Era él con una trompa nueva. En ese momento llegó su madre, lo soltó de mí y le dijo en alto: "Para bailar con mujeres mayores, baila conmigo, que para eso soy tu madre." Yo ya sabía de qué familia era el muchacho y que no tenía más que quince años.

»Y me seguí tropezando con él: en la calle, en las tiendas, en la playa. Nunca tuve más claro que la isla es una isla. Notaba de repente un porrazo en la nuca, me volvía y eran sus ojos. Casi siempre tenía un vaso en la mano, y me miraba sin parpadear y sin decir esta boca es mía. Alguna vez lo vi con una chica, que suponía yo que era la chica de la pelea por carnaval; pero todavía no empezaron los celos...

»El carnaval termina y yo empiezo mis clases. A la primera, llevaba un traje pantalón azul marino y un pañuelo blanco atado al cuello. Siempre tuve la costumbre de poner algo en el encerado: algo que tuviese relación con la clase del día. En aquél estuve, por ser el primero, un poquito redicha. Escribí en griego: *Gnosi seauton*. Oí una risa. Me giré y saludé a los alumnos. Al fondo de la clase vi al que se reía: era el muchacho. Creí que no iba a poder seguir, que mis nervios no me dejarían; pero descubrí que soy una buena profesional, y terminé la clase.

»Al salir, ése y el resto de los días, él me aguardaba en la escalinata del instituto, que es un antiguo convento dominico, encalado y decorado con piedras basálticas, con una torre a un lado y una iglesia al otro. Enfrente había diez laureles de Indias, dos pergolillas y, entre ellas, una fuente. Yo me enteré de que el muchacho, a continuación de la mía, tenía otra clase; pero la pasaba por alto para aguardarme allí, fuera, con el pie derecho apoyado en la pared, rehuyendo mis miradas, fumando muy despacio, sin decir ni pío. Todo aquello acabó por tomar un aire de rutina. Yo me fui de casa de mi abuela; tomé un pisito en el barrio de la Luz, desde el que se veía la carretera de salida de la ciudad. (La vida que hacía le disgustaba a toda mi familia, y no quise imponerle mi presencia.) Fermín Jordá venía, de vez en cuando, para echarle un vistazo a su hija... Y el muchacho, siempre en la última fila de la clase, siempre esperándome a la salida, siempre asistiendo a las excursiones y a las charlas en la playa con los otros alumnos, siempre sin pronunciar ni una sola palabra.

»Un día, algo antes del verano, tomé la determinación. Al salir de la clase lo veo recostado contra una esquina de la plaza. Me voy hacia él y le suelto: "¿Qué quieres de mí? Porque yo no te entiendo. Estás en todas partes, no me quitas ojo, no me hablas.... No sé lo que sucede. ¿Tú sabes bien lo que quieres? Dilo." Tardó bastante en contestar, pero contestó: "Sí, te quiero a ti." Fue en ese momento cuando corté por lo sano, y de ese corte surgió el resto de mi vida. "Ven", le mandé. Subimos a mi piso y empezó nuestra historia carnal. Fue el 8 de abril a las ocho de la tarde. Después de mucho tiempo, me revistió de nuevo la felicidad. Era una historia mágica: yo deseaba a aquel muchacho y lo buscaba; pero lo cierto es que no le daba más trascendencia. En la cama funcionábamos bien y eso era todo: un contacto simplemente físico. No hablábamos apenas. Lo que hacíamos era, según estuviésemos fuera o dentro del piso, buscarnos con los ojos o con los cuerpos. Sexualmente estábamos a idéntico nivel.

»Hice un viaje a Tenerife y consulté con un médico. Tenía dudas sobre mi equilibrio síquico ante un amor tan poco corriente. Busqué un siquiatra al azar, y le conté la historia. Él me tranquilizó: yo estaba bien; no había ningún problema; lo único era que estaba viviendo una situación que no se consideraba socialmente correcta. Abundaban las mujeres a las que les gustaría algo semejante; pero las que no abundaban eran las que lo vivían. Por lo tanto, hice de tripas corazón y seguí adelante con mi amor, si ése era el nombre que le correspondía.

»Ese verano Fermín me invitó a ir con él a París, por si nuestro matrimonio tenía aún arreglo, para darnos otra oportunidad. Me aseguró que salía menos, que trabajaba más, que hacía lo que a mí me gustaba: escribir y luchar... Fuimos a París, pero no funcionó nada de nada. Yo tenía una fijación física en el muchacho, cuya existencia Fermín desconocía, y del que quizá no estuviese enamorada, pero mi cuerpo no atendía a razones. Se reanudó el curso y, con muchas asignaturas suspendidas, el muchacho permaneció bebiéndome con los ojos desde la última fila. El día uno de octubre se casó un amigo suyo, y viajamos juntos a la boda. Fue en Tenerife. En el momento cumbre de la ceremonia, nos miramos y nos dimos uno a otro bajito el sí. Aquello ya era amor. Yo estaba radiante en aquel baile; la gente afirmaba que parecía la novia. Y lo era. Bailé con el muchacho, que había cumplido ya dieciséis años, como si nos hubiésemos casado nosotros. Y, en efecto, fue así. De retorno a la isla sospeché en seguida que estaba embarazada. Desde el uno de octubre no había puesto ningún medio para dejar de estarlo: quería tener un hijo de aquel muchacho tan guapo que tanto me gustaba. Los meses siguientes fueron tremendos y sublimes. Viví momentos de culminación, que cualquier mujer me envidiaría. Mi cuerpo se modificó desde el instante mismo en que concebí; los pechos se hicieron voluminosos y más pesados, y la piel de mi cara relucía. También me creció, claro, el vientre, que yo mostraba ufanísima, y del que el muchacho se enorgullecía a su vez. Nos teníamos que ver a escondidas, porque ya las dos familias nos habían declarado la guerra.

»Unos alumnos me indicaron que tuviera cuidado con el padre del muchacho, porque andaba diciendo que a su hijo no le estropeaba la vida ninguna furcia, y que me pegaría un tiro donde me topara. Era igual que una novela: a mí no me hacía ninguna gracia vivirla, pero no tenía más remedio que vivirla con gracia. Yo me asomaba a mi balcón, al lado del parquecillo donde Claudia andurreaba, y veía pasar a Leo con su padre en el coche. Lo llevaba, atado a él, a trabajar. Con un gesto de la mano, me indicaba si era posible o no venir. Si no, se sentaba en un monumento a un hijo de la isla de la época de Franco, y desde allí me miraba, con los ojos fijos, apoyada yo en la barandilla del balcón. Me traía sin cuidado el daño que pudiera causar a los demás: a mi familia sobre todo. "Esto es lo que hay y esto es lo que quiero", gritaba mi barriga. Pero la verdad es que ni mi abuela ni mi madre me preguntaron jamás quién era el causante. Supongo que porque lo sabían. Y sabían además que la principal causante era yo.

»Yo había vuelto a mis clases de Artes y Oficios. Una tarde me llamó el director para comunicarme que había una denuncia contra mí. Fui a la policía a afrontar la cuestión. El comisario me aclaró que no le había hecho caso y que era una bobada: yo no había cometido una falta contra nadie; no había incurrido en errores profesionales, y mi vida privada era mi vida. La denuncia la había puesto un cura, padre espiritual del instituto masculino, el director del femenino y alguien más que he olvidado. El director del masculino, presionado por los padres de alumnos, se negó a amenazarme y a advertirme: yo era, dentro de su jurisdicción, persona respetable, y muy buena profesora, de su hijo entre muchos otros. Los perseguidores revisaron hasta los apuntes de los alumnos para investigar lo que les enseñaba, y en la denuncia me acusaron de marxista, de explicar a los chicos el amor libre y de corruptora de menores en las excursiones y en las playas.

»Las cosas se ponen tan feas que, en cuanto concluye el curso, me voy de la isla y doy a luz en Madrid en casa de mis padres. Fermín, que se había ofrecido a facilitarme las cosas acompañándome a abortar o, si no era ésa mi voluntad, aceptando la paternidad del niño (él imaginaba que el padre era un compañero de instituto; cuando se enteró, no me perdonó nunca que el padre fuera un adolescente), inscribió con su apellido a mi hijo. Yo no quise verlo siquiera, como no había querido estar en su casa ni un momento. El niño se llamó Saúl. Había buscado nombres bíblicos, no sé por qué, a pesar de que la Biblia está llena de incestos y de porquerías, Abigail, Judit, Ruth, las hijas de Lot: una porquería, vamos.

»Las primeras semanas fueron muy contradictorias: tenía a mi hijo en brazos, pero su padre estaba lejos, quizá me había olvidado, viajaba, bailaba y bebía con chicos y chicas de su edad, y, por si fuera poco, el niño llevaba unos apellidos que se lo arrebataban. De tarde en tarde, Leo telefoneaba en secreto, o le telefoneaba yo acompañada de una prima mayor, Celina, que siempre me fue fiel. Unos meses después le fue posible a Leo venir a Madrid, al apartamento que yo había tomado para mis dos hijos. Lo llené de margaritas, quemé incienso y sándalo, le preparé una cena... Él llegó tarde y borracho, pero se reanudó la historia de amor que yo veía ya rota. Cogió a su hijo con una devoción impresionante, y se echó a llorar de emoción y de vino: en realidad, yo los vi como un niño con otro niño en brazos. Y temblé.

»En otoño daba yo clase por las tardes en un instituto y Leo hacía su mili de voluntario en el Ejército del Aire. Fue un tiempo muy duro. Por una parte, yo quería saber qué hacía él, si me engañaba, y cómo y con quién, y a la vez quería coserle los labios para que no me contara nada. Saberlo, pero que no me lo dijera: era horrible y continuó siendo muchos años horrible. A lo largo de ellos, hubo momentos en que yo deseé huir, morirme, matar a Leo y tirarme después por la ventana con mis hijos, terminar de una vez con el dolor... Y esto fue así hasta que le descubrí la primera cana y le auguré que él iba a perder su lozanía como la perdí yo. Me acuerdo de que, sin sonreír, me dijo con la cana en la mano: "Me ha salido por ti", y sopló sobre ella. De entonces viene la frase que todavía le digo: "No eres ya un niño con el que una mujer puede jugar, ni todavía un hombre del que una mujer se enamora." Y él me responde siempre para hacerme rabiar: "Habla sólo por ti."

»Yo lo amaba: por eso me parecía injusto que él hiciera ya vida de casado, metido en casa y con un hijo. Era un disparate poner sobre sus hombros una carga tan áspera y prematura. Le insistía en que saliese; pero deseaba que él, convencido, no me hiciera caso, y, si me lo hacía, me dolía hasta la médula de los huesos. Porque además yo no podía hablar con él de nada de esto. Si estaba con otras mujeres, yo no podía plantearle un dilema; tenía que aceptarlo o rechazarlo. Y lo aceptaba en teoría, pero por otro lado le exigía que me amase porque no quería quedarme sola y sin él. Mi vida era un perpetuo sinvivir, un penoso estado de confusión. Fue entonces cuando volví a agarrarme a la pata de la mesa, como con las monjas de Las Palmas. Me bloqueaba tanto que, para vengarme por mi desvalimiento, pasaba por momentos de catatonía, que ni yo me explicaba.

»Hasta tal punto todo aquello era duro, que mi madre intervino. Ella lo sabía todo; pero no podía obligarme porque yo era una adulta. Sin embargo, decidió hablarme claro y actuar. Eligió un médico y me llevó a él. Al médico le conté lo que jamás le había contado a nadie, ni a mí misma. No mi infancia idílica de la que ya te he hablado, sino la verdadera: una infancia espantosa, plasmada en fotos que yo jamás mostraba: fotos de una niña de cuatro o cinco años abandonada y sola en un aeropuerto, sentadita sobre una maleta y abrazada a su muñeca. Iba a cualquier parte o venía de cualquier parte: me mandaban de una a otra casa, de Bata a Las Palmas o al revés, entre azafatas y pilotos. Una niña que se pasó su vida chica entre aeropuertos feos con una maletita colorada. Una niña que, en El Planto, que era su edén, fue violada a los siete años por un jardinero de la casa, que me frotaba y se masturbaba, y que fue apoderándose sexualmente de mí... Una niña, a esa edad, hace todo lo que le piden los mayores... No fue una violación con desgarros y gritos, fue el apoderamiento lento y total por un adulto joven de una niña desvalida que no se sentía pertenencia de nadie. Y estando bajo ese dominio, me mandaron a perderme a oscuras en el colegio de las monjitas. Estando en ese trance de atracción y de repulsión al que los tocamientos del jardinero me sometían, me despidieron y me dejaron más sola que nunca. Por eso hubo momentos en que odié a mi madre, que no quiso enterarse de nada; que lloró, pero que no quiso enterarse, y le grité mi odio ese día en que ella había elegido hablar claro. Yo nunca tuve a mi lado ni sobre mí unos ojos de madre vigilante...

»Leo entretanto continúa en la prestación del servicio militar. Cuando, por causa suya, entro en mis estados de endemoniamiento y me agarro a

260

la pata de la mesa, él me cuida, me protege, me trata lo mismo que a una niña. Pero es su propio proceder el que me conduce hasta allí, y yo aprieto los párpados y los labios y me encierro y me desespero. Porque me descubro en el fondo de una cueva cuya boca no veo. Y él no entiende, ¿quién podría entenderlo?, que yo casi le obligue a salir con otras mujeres o con quien sea, siendo eso precisamente lo que me hace sufrir y entrar en trance, para que él me cuide sin comprender nada de nada. Leo no habla, no se queja, obra, y yo lo quiero entonces lo mismo que a un padre, porque se porta como un hombre responsable y serio que ha logrado invertir nuestros papeles. Le descubro una inteligencia natural y un raciocinio mayor de lo que a primera vista le suponía. Pero lo descubro entre desazones, en los momentos en que la fiebre física que él me produce no me lo impide.

»Son días agobiantes. Cuando él sale con muchachas, yo recupero a mis amigos de la facultad, como si me empeñase en ponerme al nivel adolescente de Leonardo... Un día, como un recurso, me acuesto con Sebastián, el primer amor mío. La angustia por los engaños de Leo me llevan a engañarlo. Y a engañarme, porque todas mis infidelidades son un fiasco. Y compruebo que los dos estamos sometidos a una espiral acongojante y aflictiva... Aunque luego resultó que no era un círculo que se hunde y te arrastra como te sorbe el agua dentro de un remolino y tira de ti, sino una espiral que asciende y te da fuerzas para sobrellevarla, y verla, una vez pasada, como un tesoro común: el de haber superado juntos los obstáculos.

»En medio de aquel desbarajuste hice dos cosas ajustadas: me divorcié de Fermín Jordá y oposité a cátedra de instituto. Saqué un buen número en la oposición y pude elegir Madrid o una plaza próxima. Sin embargo, rellené los papeles correspondientes en una hora baja y depresiva, y los rellené mal. Me adjudicaron el peor sitio, el último de la lista, Canedo, un pequeño pueblo minero entre Galicia, Asturias y León. Allí nos fuimos. Un carpintero nos prestó su casita sin agua corriente ni electricidad. Nos llevó mi hermano, ya médico, y mi hija Claudia se quedó con mi madre. Leo y yo nos llevamos a Saúl, demasiado pequeño todavía. Comencé con ilusión las clases, que fueron siempre mi descargo; pero aquel sitio estaba en el culo del mundo, lejos de todo; el instituto era una simple sucursal de otro, para la gente de aquella zona minera. Leo empezó desde luego a trabajar en una mina; no tardó en venirse abajo aun fuera de la mina. En vista de eso, el dueño lo colocó de albañil en Ponferrada, donde había iniciado unas obras. La tarea era dura, pero Leo necesitaba ganar dinero para ir pagando los cursos de piloto que había comenzado en el cuartel. Estudiaba, se examinaba, hacía horas de vuelo, cuando podía, en el aeropuerto más próximo, al que iba con nuestro cochecillo de segunda mano. Y mientras, yo daba mis clases. Las cosas no nos rodaban mal: a los lugareños les hacía gracia una profesora casada, o eso creían, con un albañil, y nos ayudaban. Ser profesora lo consideraban un estatus elevado, y además éramos forasteros llegados de Canarias nada menos. No dejaban de prevenirnos contra el frío; pero no creíamos que el frío pudiera llegar a tanto. Hasta que llegó.

»Los padres de los alumnos nos invitaban a comidas picantes que nos proporcionaran algo de calor. "Con ensalada no resistiréis", nos decían. Y es que veníamos de otro clima; pertenecíamos a otro clima. Yo lloraba de frío. Veía las manos de Leo agrietadas, heridas, llenas de sabañones: no iba a aguantar, yo lo pronosticaba... Conseguí que lo trasladasen a una carpintería, bajo techo, en Canedo mismo, y lo pusieron a trabajar de ayudante... Recuerdo ahora, cuando lo visitaba con el niño, el olor de las maderas, las virutas, el serrín, el banco de carpintero: éramos como una Sagrada Familia. Los fines de semana había baile en el pueblo. Algún sábado asistíamos, dejando a Saúl con alguien conocido... Todo se hundió de improviso: el niño cogió una pulmonía y no me lo pudieron salvar.

»No conseguí hacerme a la idea de haber perdido a mi hijo, el hijo de tanta contradicción y tanto ahínco. Me quedé hasta sin lágrimas; me agarré de nuevo a la pata de la mesa. Tenía la cabeza llena de muerte, del triunfo inevitable de la muerte, y la odiaba. Y me quería abandonar a ella para poder ver a mi hijo. A menudo pensaba que ella me había nombrado su instrumento, guadaña suya, delegada suya. No era capaz ni de gritar. Leo trataba de animarme sin lograrlo. Me disgustaba todo... Sólo el tiempo fue convenciéndome de lo que hoy estoy convencida: si la muerte es insobornable y encarnizada, aún más encarnizada e insobornable es la vida.

»Quizá fueron los conflictos entre Leo y yo los que, al reaparecer, me resucitaron. Nos hallábamos, como de costumbre, rodeados de gente joven: los amigos de Leo, los discípulos míos. Nuestra casa se inundaba de ellos. Hacíamos una vida de pandilla: tocaban la guitarra, se bailaba... Canedo no es un pueblo clasista, sino todo lo contrario. Yo, cuando me abrumaba la tristeza, aconsejaba a Leo que saliese, y salía, y revivimos las historias de siempre... Leo bebe, Leo se divierte, y yo, que le he suplicado que lo haga así, me zambullo en la miseria. Poco a poco empiezo a cobijarme en un conocido de Leo, un año mayor que él, Domingo, que es el primero que le aconsejó hacer COU en el instituto, aunque no le fuese posible ir mucho a clase. Domingo era muy atento conmigo, me hacía compañía, y era, a la manera de Leo, inteligente y silencioso. Sus padres tenían un bar: en él tomábamos un vaso al acabar las clases. Y yo notaba cuánto le disgustaba a Domingo el comportamiento de Leo, el poco caso que me hacía; él lo compensaba quedándose a mi lado cada vez más tiempo, cada vez más a menudo. ¿Qué iba a hacer yo? Me sentía amparada por alguien; sabía que me amaba, y él me atraía a mí, aun con la convicción de que lo mío no era amor sino carencia.

»El destino, no obstante, juega con nosotros. Leo tiene que ir a Madrid para una historia de horas de vuelo o de exámenes, y acabo por saber (hay caridades que matan) que se acuesta con una amiga mía que, con su marido o lo que fuese, se había quedado en mi apartamento. Aquello hace que yo explote por todas partes. Leo me culpa a mí porque me paso el día con Domingo; yo lo culpo a él por su abandono y sus mentiras. Cuando regresa, sin más explicaciones, le tiro a la cabeza una sopera que lo único que rompe es una puerta de cristales, y le digo que todo ha terminado: es una bobería sufrir entre estallidos de amor y un desamor helado; ya no nos queda lo único que teníamos en común, que era Saúl. Y él, para ver si consigue arreglar lo nuestro, invita a una hermana suya, que anda medio fugada de su casa.

»Ella es justamente la que destruye lo poco que queda. Un día paso, desde el instituto, por el bar de Domingo, y Domingo me dice que la hermana de Leo ha estado esa mañana allí y ha contado nuestra historia: Leo es un infeliz manejado por una puta que lo devoró cuando era un niño maravilloso y genial, y que lo ha destrozado como salta a la vista, y que lo mismo hará con cualquier otro, aludiendo al propio Domingo; soy una pervertidora de menores, toda la isla lo sabe, y siempre lo seré... En Canedo nadie conocía nuestra vida pasada, y ahora sí la conocen malamente. Siento una ira incontenible. Corro a mi casa. Y cuando llega Leo a la hora de almorzar, ya les había hecho a los dos sus maletas y las había sacado al umbral. "Aquí ya no hay ni sitio ni comida, ni para ti ni para la difamadora de tu hermana." Ambos se van de Canedo a Madrid.

»No vuelvo a ver a Leo hasta que llegan los exámenes de COU. Por una especie de deformación profesional, me da pena de que los pierda. Lo llamo y se los anuncio. Recuerdo, en el instituto, la entrada a ese examen. Frente a frente se tropiezan los antiguos amigos: Domingo venía conmigo, y a Leo se le llenan de lágrimas los ojos. A la salida, Domingo me susurra casi al oído, en el mostrador del bar de su familia, que yo estoy enamorada de Leo y Leo de mí; que no nos hagamos el uno al otro más sangre; que el que sobra es él mismo. Yo entonces calibro la bondad y la renuncia de Domingo, y es cuando empiezo a amarlo, creo: lo contrario de lo que le ocurre a Leonardo, que se niega a saber ni una palabra de él. Los dos aprueban los exámenes, y Leo vuelve a Madrid... Yo recibí esos días una comunicación del ministerio (al que había escrito solicitando la revisión de mis oposiciones y poniendo en su conocimiento la existencia de mi única hija en Madrid) autorizando mi traslado a Alcalá de Henares.

»Estaba embarazada de unos meses. A las dos semanas de llegar a Madrid, aborté. Yo toda mi vida he deseado tener hijos, siempre han sido esenciales para mí. En mis momentos peores, un hijo me ha salvado, como si fuese un nudo que me sujetara en esa espiral de la que hablaba antes... Nunca se lo perdoné a Leo. La pérdida de aquel niño, que era varón, la achaqué a su conducta, agravada por su indiferencia ante al aborto... Entonces llego a odiarlo. Lo expulso de mi lado. Lo echo de mi casa. Se va a una pensión de enfrente; luego se muda a un piso minúsculo, también próximo a mí, con un amiguete de la isla. De cuando en cuando nos vemos, pero apenas tenemos nada en común. Él, como una insinuación torpe, me había dado la llave del piso. Una noche siento una llamada dentro del corazón, y lo espero impaciente para arreglarlo todo. Sube con una jovencita, y me jura que la llevaba a darle agua, porque tenía sed. Nunca he sabido cómo monté en aquel ascensor ni cómo salí de él. Oía por la escalera los gritos de Leo que me llamaba, que quería explicarme... Crucé la calle, entré en mi casa, y me agarré otra vez a la pata de la mesa: me negué a verlo más.

»Mi hermano es el que más me consuela durante esos días: un médico sabio y dulce que me sostiene con su mano y me calma, que me habla de Leo en voz baja, porque es bueno —me dice— y noble, y del que no debo separarme. También mi madre viene a verme a menudo. Un día, estando yo en la cama, me advierte que tengo una visita, pero que no me asuste. Me pide que vea a esa visita. Es Leo. Aparece blanco, exhausto, con manchas de sangre en la camisa y en el pantalón... Todo se precipita cuando él se echa a llorar de rodillas sobre mi cama. De pronto me convenzo de que me ama, de que sufre también, de que es una locura alejarlo de mí: una locura que lo destruye y también me destruye. Lo abrazo, y lloro, lloro, lloro...

»En cuanto me recupero nos vamos juntos a la isla. Pero los hechos son imposibles de borrar. El durísimo año de Canedo, mi bifurcación entre Domingo y Leo, la muerte o la pérdida de mis hijos, no han ocurrido en vano... Le pido a Leo que se vaya de mi casa, y él va a la de sus padres. Es un verano lleno de turbación: Leo quiere verme, yo lo quiero ver, pero las cosas transcurren muy torcidas. Su familia me detesta y, las veces que conseguimos coincidir, después de unos gestos de amor arrebatados, se reanudan nuestras rencillas acumuladas. El retorno a Madrid lo hacemos por separado.

»Y cuando todo lo daba por más perdido, hay como un decreto de alguien alto y benevolente que organiza, sin lucha alguna, la reconciliación. Un día nos vemos por la calle, nos cogemos del brazo y amanece como si nunca hubiese sido noche oscura. Resurge la vida alegre y asoma por primera vez la vida sosegada. A Leo lo contratan como profesor de gimnasia en un colegio, también en Alcalá. Yo soy jefa de estudios en mi centro. Nos hacemos con un montón de amigos buenos. Renace nuestro amor, más ordenado ahora, y adquirimos el aspecto de un matrimonio burgués, establecido, tranquilo y respetable. Jugamos a las cartas los domingos; Claudia crece; yo me quedo de nuevo embarazada; a Leo le sale aquella primera cana salvadora, y avanzamos juntos, de la mano, con una inconcebible serenidad... Hasta llegar aquí.»

Me besó con la precaución y el cansancio de quien ha hecho una confesión muy larga. Nos besamos con la pasión de quienes se han conocido hasta lo más profundo. Me pareció infinitamente deseable. Hicimos el amor sobre la alfombra de una manera urgente y violenta; luego, de una manera morosa, casi lánguida y pacífica.

A través de la ventana, aún tumbados, vimos caer la noche: un fucsia diluido, o mejor, degradado, entre grises de humo, sobre las montañas violetas.

Aquella noche tardé mucho en dormir. Le daba vueltas al relato de Asia: una historia de amor vulgar y emocionante como todas las historias verdaderas. Pero me preguntaba si Asia era franca, y, si no, hasta qué punto falseaba los hechos. ¿Era consciente de que exageraba, de que acusaba, de que en su vida el hecho de *agarrarse a la pata de la mesa* era el ejercicio de una tiranía gratuita? Y, por otra parte, ¿no somos exactamente así todos los que amamos mientras estamos amando?

Cuando Asia, en su isla, decide liarse la manta a la cabeza, si es que es ella quien lo decide, ¿por qué lo hace? En primer lugar, arrollada por un deseo físico, apuntado pero no satisfecho por su marido ni por nadie; luego, embriagada de rebeldía, despierta a empellones por la hermosura de la naturaleza fundida de pronto con la hermosura de Leonardo, y acuciada por su esplendor. En aquel principio de la primavera quiere guerrear, esta vez acompañada, contra todo lo que odia: la monotonía, la mediocridad, lo que considera desjerarquización de los valores, la sociedad cominera y contable de la isla... Quiere ponerse el mundo por montera en estricto sentido. Y cuando decide, si es ella quien decide, tener un hijo, es igual. Quiere todo eso más aún que a Leonardo, y con Leonardo se deja llevar por sus arrebatos.

Sin embargo, aunque ella no lo crea, Asia es más cautelosa que impulsiva. En muchas ocasiones seguramente no sabe que no dice la verdad; pero, eso sí, está convencida de que es más vigorosa que la sociedad que tiene alrededor. Y lo que ocurre es que sus instintos sí son más vigorosos y, desde luego, menos aburridos. Ellos son quienes triunfan: de una pareja por la que nadie, incluidos los interesados, hubiese dado un duro, ellos hacen una pareja admirable. Su principio —bien lo saben— es literario, como un Romeo y Julieta de mentirijillas y por otras razones que las enemistades familiares. Se ganan, a pesar de todo, las simpatías. Pero nadie pudo imaginarse nunca el trabajo infinito, el cúmulo de pesares y pruebas que iba a fortalecer ese amor hasta construir esto, hasta construir este matrimonio honorable.

Y continuaba reflexionando yo sin poder dormir... Acaso es el hecho de llevar una vida ejemplar, de pareja bien avenida y sin estridencias, lo que provoca en Asia un afán de nuevas aventuras, de inquietud, de correr un riesgo nuevo. Acostumbrada al desatino y a la emoción vibrante, sus relaciones con el Leo de ahora, en una edad casi de adiós para ella, se le hacen consabidas e insulsas. Ya me advirtió que yo llegaba en el momento oportuno. Pero para ella; quizá para él llegaba yo en el momento menos propicio. En cualquier caso, llegaba en un momento en que Asia, y quizá Leonardo, anhelaba que algo distinto sucediese, algo que rompiera el estragante anonimato de una mujer de piloto que aguarda, empezando a no tener excesivas ganas, el desembarco de su amable marido, rodeados los dos por la connivencia y el aplauso de sus conciudadanos: unos conciudadanos que antes la habían aborrecido tanto. Asia se halla un poco empalagada quizá no de fingir, pero sí de exagerar sus ademanes de cariño y sus expresiones de pasión por Leo. Ha de portarse así, porque sabe que su historia ha ido de boca en boca y de generación en generación. La tentación de irse de la isla a un lugar en que fuesen desconocidos y en el que la pareja que forman resultase aún escandalosa, no es anómalo que se haya presentado ante Aspasia.

En todo caso, casi a punto de dormirme, pensé qué digna era Asia de ser amada; cuánta renuncia, cuánta ansia y cuánto hervor encerraba su historia, que, al observarla mejor, me resultaba menos vulgar y más considerable. Y qué feliz sería si ambos me permitieran, en el remanso en el que hoy vivían, introducirme y cohabitar...

Con una gran curiosidad por recibir la historia de Leonardo, al que respetaba cada día más, me envolvió el sueño. En él soñé algo que, después de meditado, me llevó a poner en cuarentena mi propia sinceridad: no era yo quién para exigirla a nadie. Soñé, y la precisión del sueño fue asombrosa, con un amigo muy aficionado a los perros. Había transformado en un auténtico personaje popular al suyo, escribiendo todas las semanas en un periódico unas a maneras de charlas con él. Aquellas charlas se interrumpieron por la muerte del perro. Y en mi sueño escuché su voz, con iguales inflexiones que tenía en realidad, diciéndome mientras me miraba a los ojos: «Nunca más volveré a tener un perro.» Y acto seguido se compraba dos. De modo comprensible, se negaba a revivir la tragedia de perder uno solo, en el que se concentraron todos sus afectos; al ser dos, dividía las penas posibles del futuro... ¿No

271

era quizá lo mismo lo que yo estaba preten-
diendo?

Antes de salir a desayunar con mis amigos,
bajo la ducha, reflexioné que el hombre es
egoísta, sí, pero tan desprovisto e indigente que
cualquier precaución que tome es explicable. Sobre todo en el arduo y ensangrentado coso del
amor.

Una tarde, mientras tomábamos el té, sin una
inmediata conexión con lo que conversábamos,
citó Asia unos versos de Teognis, el poeta arcaico
griego: «Insensatos los hombres que lloran a sus
muertos y no a la flor de la juventud que se marchita.» ¿Se proponía hacerme con ella una invitación a la vida? Asia había demostrado un em-
pecinado afán de vivir; ¿yo ya no lo mostraba?

He visto a mi alrededor demasiada muerte
y he llegado a creer, como Asia en su historia
creyó de ella, que soy yo quien la apresura o
la provoca. Sé bien que, bajo los verdes prados
donde el amor se recuesta, la muerte acecha.

La dulce boca que a gustar convida
un licor entre perlas destilado [...]
amantes, no gustéis si queréis vida,
porque, entre un labio y otro colorado,
amor está con su veneno armado,
como entre flor y flor sierpe escondida.

¿Sería mejor quizá no haber nacido?
¿Quién está autorizado a pensar así, puesto

que está pensando? El hombre es un ser tan
sometido al acabamiento, la espada oscila sobre nuestra cabeza con tal brío, la sumisión a
su amenaza es tan constante, que no cabe otra
cosa más que el olvido y el aturdimiento.

(—Vivir —dijo Asia un día—: a eso llamo vivir.)

Si existe un dios no puede dejar de acoger
a estos seres humanos en la casa de su cle-
mencia. Ningún dios omnipotente sería capaz
de permitir el horror de la caducidad, y menos
aún el de la caducidad enamorada. Que muera
un amado en el ápice del amor es tan insoportable para el amante como para una madre
la pérdida de un hijo. Si hubiese un dios creador y todopoderoso, podría sin miedo prego-
narse de él que es un malvado.

Puesto que se ha de morir, se está muriendo uno a cada instante. La vida no es más
que una larga agonía, acaso ni siquiera demasiado larga. La vida y el amor son una sola enfermedad mortal. Ambos nos devuelven,
apenas degustados al antes y a la nada irre-
vocables. ¿Quién de entre nosotros osará levantar un canto a la belleza de los cuerpos jóvenes, a la armonía de las proporciones, al
tono de unos ojos, a la abultada gracia de unos
labios, a la línea de una cintura, aun sabiendo
que perecen, que son ya casi irreales, que el
momento que en ellos descansamos es un
sueño, una fragilidad, un soplo de aire? Una
mañana yacerán, bajo los verdes prados donde los besábamos, comidas de gusanos, unas
cuencas vacías donde resplandecieron aquellos

ojos que nos contemplaban y que nos comprendían.

Me planteo con esto otra vez la cuestión de si acierto al escribir este libro que me ocupa. ¿No sería más cuerdo que escribiese sobre los éxtasis que los muertos, de vivos, provocaron en mí? Las miradas que excluyen las palabras, la suave melancolía de la ausencia, la tensión irresistible de la proximidad, la posesión de un cuerpo que se resiste a ser poseído y por fin se concede en la mayor de las subyugaciones, la curva de una boca que se ofrece al beso en tanto las manos conquistan la piel y la carne que de antemano saben suyas... ¿No sería más sabio, como insinúa Asia, hablar del deseo que nos atosiga y nos empapa como una lluvia espesa, y nos abate igual que un viento fuerte o un oleaje fuerte, y nos muerde la boca, y nos rasguña, y nos deja como ahogados, rendidos al amanecer en una playa desconocida? El deseo, el deseo que jamás podrá ser satisfecho, porque cada cuerpo suscita uno distinto, y los cuerpos de ayer no pesan ya sobre la tierra ni siquiera ya debajo de la tierra...

¿Qué va a ser este libro? ¿Un intento de eludir la fugacidad de los placeres? ¿Será acaso él mismo menos fugaz por eso? ¿Se detendrá el gozo ni un segundo más de lo que se detuvo? Por mucho que lo invoquemos, ¿retornará el pasado? El cuerpo guarda sin saberlo la huella de los deseos cumplidos, y también quizá de los que no se cumplieron y de los que ya jamás podrán cumplirse. Es el lenguaje del cuerpo codicioso el que debería yo aprender para escribirlo.

Acaso por eso estén aquí Leonardo y Aspasia. Acaso para eso fui a aquella isla ajena, engañándome al creer que iba para enfriar mi cuerpo y mi lenguaje, engañándome al pensar que iba para persistir en mi desolación y transcribirla. Nadie se conoce a sí mismo. ¿Tendré que transformar ahora la dirección de mi trabajo? Porque el amor ha vuelto a ser para mí una sugerencia de lo desconocido, la convocatoria a un nuevo viaje. ¿Qué importa cuál pueda ser su fin? Siempre es el mismo: toda música cesa; pero quizá sea ese fin lo que más nos apremia a emprender el camino.

El día del Carmen fuimos a ver la procesión del mar a un pueblo de la costa. Los pescadores, los marineros, los viñadores y los viñeros portaban altos faroles circundados de ramos floridos. La noche estaba caliente y serena y, por encima de la bulliciosa animación de la gente bebida y piadosa, una elevada bóveda de silencio, como un inmenso fanal, envolvía el espectáculo. La imagen de la Virgen, reciente y repulida, sobre una barca rodeada de otras de flamantes colores, se adentraba en el mar. La despedían unos y la recibían otros, que la aguardaban aclamándola en otra playa próxima.

Al reconocerme, los marengos nos invitaban a beber con una insolente sencillez que complacía a Asia y a Leonardo. El párroco del pueblo, un ex jesuita, al tanto de mi presencia, se acercó a saludarnos. Yo no lo habría reconocido: era un compañero de colegio con el que mantuve una amistad indecisa y muy particular, que él sin duda había ya olvidado. Entre risas y golpes en la espalda, relataba a mis amigos mi brillantez y mi deslenguada vivacidad de entonces. En su descripción yo no me reconocía, porque hablaba de una época anterior al advenimiento de las dudas, al advenimiento de la muerte.

—A mí me han dado ya un aviso —me dijo con una alegría incomprensible—: tuve un derrame cerebral y sólo me acuerdo de lo más antiguo. De ti y de tus cosas (*las cosas de Lerma* las llamábamos) me acuerdo a la perfección.

El párroco y la junta me hicieron hermano de honor de la cofradía del Carmen, y me impusieron su medalla, pendiente de un cordón marrón y blanco.

—A la hora de la muerte —me advirtió con su índice testimonial el jesuita—, la Virgen del Carmen te protegerá.

—Pero ¿me salvará de la muerte, o no? —pregunté sonriendo.

—De la eterna, sí: de la de aquí, quizá.

Los marineros y los pescadores nos dieron de beber, de forma tan cumplida y exigente, el vino de los viñeros que temí que hubiésemos de hacer noche en aquel pueblo: un pueblo que descendía por la montaña hacia el mar, chorreado y blanco como un alud de nieve entre vides y naranjos. Por encima de los vivas y el griterío se escuchaban las castañuelas de los bailes, y los verdiales que cantaban y danzaban delante del paso de la Virgen. La playa entera, acunada por el mar, era una ancha fiesta. Las parejas se retiraban a besarse detrás de la primera fila de casas. Asia, excitada, iba entre Nardo y yo, prendida de nuestros brazos, y se le movían los pies con el ritmo de las guitarras y de los violines. Por fin, a las puertas de la iglesia, entonaron todos a una la salve marinera, y la Virgen ingresó en la fresca solemnidad del templo entre cohetes y fuegos de artificio. La noche, que por un momento pareció amainarse, se enmarañó más que antes, como si la presencia de la imagen frenase de algún modo el ímpetu y el calor de los desaforados celebrantes.

No sé yo si añoraba o no aquella adolescencia a la que se había referido el sacerdote. Sentados a la vera del mar, sobre la arena húmeda, les confiaba a mis amigos la sensación de decadencia que me anonadaba algunos días.

—«Todo lo que se haga después de los cuarenta años no es ya creación, sino recreación», afirmaba un profesor mío. La memoria se va, naufragan las ideas, hay que buscar el arranque de lo escrito por otros, e incluso, lo que es peor, por uno mismo... Antes, cuando necesitaba un dato, salía él solo del archivo unos segundos antes, como la rebanada de pan de un tostador eléctrico. Ahora tengo que buscarlo a mano, como se busca con trabajo la ficha de un archivo alfabético... Me temo que, asolada mi imaginación, deba conformarme en adelante con realizar las invenciones de mi juventud.

—No te pongas estupendo —reía Asia amontonando arena—. Lo peor del mundo es que a todo, a todo, lo que hay a nuestro alrededor (naturaleza, personas y cosas) le somos absolutamente indiferentes. ¿Por qué no ir a lo nuestro lo más de prisa que podamos? Besa por tu lado a Octavio, Leo; yo lo besaré por el mío.

—No seas bobo, como dice Asia —me recomendó Leo—. No nos des más la caña con tu edad. Tú eres de la nuestra.

—¿Y cuál es la vuestra: la de Aspasia o la tuya?

—La nuestra es la de los dos. Y ahora, la de los tres.

—Pero yo no soy de *esa* edad.

—No nos importa nada —concluyó Leo—. Hay gente que envejece, como el cura, y gente que no, como tú.

—Los dioses no tienen edad —completó Aspasia en el colmo de la ponderación.

Yo los besé lleno de gratitud.

De retorno a «La Meridiana», conduciendo Asia el coche, tuvimos un accidente. Había habido otro en la misma carretera, y la circulación estaba detenida. Pero el último coche no cumplió el precepto de encender sus luces de situación, y Aspasia, creyendo que él avanzaba, avanzó también.

—¡Asia! —gritamos a la vez Leo y yo.

Frenó como pudo, dejando la huella de los neumáticos sobre el asfalto. Durante un par de segundos supimos que íbamos a chocar y esperamos, en suspenso, el encontronazo y su estruendo.

El capó de nuestro coche y el maletero del de delante se incrustaron uno en otro. Todos los ocupantes de los coches detenidos nos rodearon, entre improperios, disculpas, imputaciones y descargos, como siempre ocurre. Mis gafas habían salido despedidas y las encontré, ilesas, entre las

278

ruedas delanteras: era imposible imaginar su recorrido. Leo se ocupó de suministrar los datos del seguro a los dueños del otro coche; comunicó mi dirección a una de las grúas que allí había, y unos aficionados a la lectura, que fumaban un cigarrillo en la cuneta, a cuenta del atasco y aguardando el final del espectáculo, me reconocieron y nos acercaron a «La Meridiana» gentilmente.

El percance pudo, por descontado, haber sido mortal. Sin que comentáramos nada sobre él, nos unió más que las copas tomadas en la playa. Al quedarnos solos, sacamos una botella de champán al jardín y brindamos por nuestra nueva vida compartida.

—La Virgen del Carmen —dijo Leo— se ha portado como una gran señora. Desde hoy sí que tenemos los tres la misma edad.

Los dos nos echamos a reír y, cuando convencimos a Asia de que ni era culpable ni era el mejor momento, a toro ya pasado, para estar preocupada, nos arrojamos los tres, sin quitarnos las ligeras ropas que vestíamos, juntos y de la mano a la piscina.

Nardo rehuía contarme su prometida historia. A punto de expirar el tiempo de su estancia, conseguí que, ausente Asia por unas compras en el pueblo, se sentara conmigo a la sombra de un mioporo del jardín. Había en torno nuestro una verde luz de acuario y el runrún de las abejas. Sus ojos apenas se levantaban de la tierra; no gesticulaba; su sonrisa, a veces, desaparecía para volver un poco más tarde, y se expresaba con una voz grave, levemente monótona, como si pretendiese velar sus sentimientos.

—Ya te habrá contado Asia todo, y mucho mejor de lo que yo lo haré —se excusó.

—Pero no me ha contado nada de ti sin ella, ni de tu interior. Ni tampoco tu visión de las cosas... Además, se trata de cumplir una promesa vuestra.

Miró arriba, a la fronda del árbol; miró a su derecha, a los naranjos y los limoneros de la huerta, y empezó.

«Dentro de la pequeña sociedad de la isla, la mía es una buena familia. Siempre fue un feroz matriarcado: mi abuela mandaba en mi padre, que era su hijo mayor, y creo yo que no lo dejó crecer del todo; por eso trató de afirmarse a costa de sus hijos. Yo soy el mayor y el primogénito del matriarcado aquel. Fui un niño mimado. A lo mejor ésas fueron las razones por las que, de una forma instintiva, intenté zafarme de mi ambiente. Mis amigos predilectos eran los chiquillos que fumaban y hacían pillerías, los niños del barrio obrero; aunque tampoco me llevaba mal con los burguesitos. En realidad, me quería todo el mundo. Bueno, con chicas no nos relacionábamos: sólo con nuestras primas o con las que llegaban de fuera para las fiestas o los carnavales.

»A mi padre le fascinaba el carnaval. Vivía todo el año esperándolo, añorándolo y preparándose para él. Se perecía por un golpe de efecto. "En el carnaval —repetía— un rico es un pobre, y también al contrario, pero menos; un hombre

280

es una mujer; y un pelanas, un capitán o un alcalde. Es decir, que nadie es lo que es, o que todo el mundo se acerca a lo que es más que el resto del año. Cualquiera puede parecer muchos, pero hay que saber elegir: ahí está el secreto." Él se disfrazaba no sólo en carnaval, sino en las fiestas que lo precedían, que empezaban en realidad dos semanas después de concluir el anterior. Le daba igual el pretexto: una feria, las celebraciones de algún barrio o un pueblo de la otra banda de la isla, una misa mayor, la bajada de Las Nieves, un desfile o una procesión. Siempre iba disfrazado, y le bastaba con muy poco: un simple alfiler de corbata, o unos guantes, o unos pantalones más ajustados de la cuenta porque se le hubiesen quedado algo estrechos. Era un hombre muy bien plantado y de gran apostura. Hacía comedias con un grupo de aficionados, y fue él quien un año me disfrazó de niña. Pero me indigné tanto, pataleé tanto, que tuvieron que quitarme aquella faldita con la que yo no me sentía nada bien.

»Mis recuerdos más claros vienen hacia los once años. Tanto había cambiado mi sexo que dudaba que fuese el mío. Nos los comparábamos unos cuantos compañeros, porque teníamos la urgencia de verificar que éramos aceptables como machos: como los hombres que aún no éramos. Tanto es así que, en lo sueños, de cuando en cuando, se me colaban chicos en lugar de las chicas que tan ardientemente teníamos la obligación de desear. Aún no salíamos con ellas, porque aquella sociedad no era mixta. Salíamos en cuadrilla, y no estábamos preparados, ni nos importaba, para querer, o para acariciar o para disfrutar... En el fondo, como las uvas a la zorra, las chicas nos parecían tontas.

»No nos dejaban entrar en las verbenas ni en los bailes, y a los catorce años teníamos que contentarnos con beber anisetes, ginebra y cosas así, que conseguíamos en la tienda del padre de uno de la pandilla que las vendía a granel. Al principio bebíamos sólo en carnaval, donde todo estaba permitido; luego, los fines de semana: ésa era nuestra principal diversión,

»Yo hacía también mucho deporte y gimnasia: después me vino muy bien. Jugaba al voleibol, que utilizaba para escaparme a otras islas con la estratagema de las competiciones. Fue una etapa bonita en la que estaba lejos de ser buen estudiante, por supuesto. Más tarde me di cuenta de que los curas nos machacaron mucho con sus historias para chinos y sus organizaciones a las que había que apuntarse si te querías mover de algún modo; pero entonces no lo advertí. Y tampoco el paso a la pubertad fue muy grave. El trato con las niñas era esporádico y en grupo. En los guateques intentábamos meterle mano a la que nos gustaba o a la que estaba de turno, pero a lo tonto, creo.

»Por entonces empecé a salir con una algo mayor que yo. Tenía dieciocho años, y me inició en los escarceos amorosos, sin llegar nunca al final: besuqueos y toqueteos y cosas de ésas. Nos metíamos en la casa abandonada de un amigo, con música y bebidas, y se organizaba un tinglado con una gran variedad de gente, porque asistían también chicos de veintitantos años que estaban con sus novias medio estables. Era una mezcolanza cuyo fin fundamental consistía en meter mano. De aquella época me acuerdo de tres o cuatro amigos, y alguno aún lo es... El pandillaje significaba mucho más que la familia. Éramos inseparables, y no todos tenían buena fama: sobre todo uno, que era muy porrero, y llevaba el pelo largo, largo.

»Un poco después fue cuando conocí a Etel. Era una compañera de instituto. Las clases las teníamos separados, pero había alguna en la misma aula, y allí nos dejábamos recaditos. También podíamos habérnoslos dado fuera, pero era más divertido así. Comenzamos a salir juntos. Era guapa y muy decente. Íbamos a algún guateque que otro, porque ya me dejaban entrar en el club y en el casino. Fue un enamoramiento *light*, sin sexo, claro: sólo tocar, y poco. Un noviazgo absurdo, en una palabra. Como yo me aburría, me agarraba unas turcas de campeonato, y a Etel le molestaba que, cada domingo, llegara yo a las citas trompa perdido. Precisamente fue un sábado de carnaval cuando me largó que estaba ya harta y que no quería saber ni una palabra más de mí. Me lo largó en la sede social del Náutico. Yo no sentí un dolor muy grande, la verdad, y me fui al casino, que estaba dos manzanas más abajo. Fue cuando me encontré sentado junto a una mujer que ya había visto en un club juvenil.

»En ese club nos reuníamos, jugábamos al pimpón, leíamos algún libro (bueno, de leer, poco)... A mí, por golfo, no me admitían como socio, pero iba a pesar de eso. Una tarde estábamos tres amigos: uno de ellos fue luego terrorista, y el otro se metió hace diez años en su cama y no ha vuelto a salir: o sea, que éramos bastante impresentables. Nos permitían entrar por ser de familias conocidas. Esa tarde, un poco antes de carnavales, daba alguien allí una conferencia sobre feminismo. Nos colocamos al final del salón para boicotear lo que dijera aquella tía, porque era una tía la que hablaba. En realidad, ella nos echó de su conferencia por reírnos, con un par. Y era esa misma la del sábado de carnaval que yo saqué a bailar: Aspasia Martel. Fue un enamoramiento, pero no a primera sino a segunda vista, porque ya en el club me había gustado a pesar de que me echara, o porque me echó. La prueba es que pregunté quién era, y me dijeron que la mujer de un piloto, cosa que no era cierta, pero que influyó en mí, me parece. Sí: influyó... Al tenerla en mis brazos bailando supe que nunca nadie me había gustado tanto.

»La reacción de mi familia fue tremenda. Unos días después tuvimos mi padre y yo una pelea a puñetazo limpio. La lucha generacional, que ya estaba latente, estalló con la aparición de Asia: fue muy desagradable. Yo tenía que defenderla contra los ataques de mi gente, y planté cara a todo lo que se me vino encima por culpa de mis padres y de mis hermanas, continuadores del viejo matriarcado y enemigos de las mujeres exteriores al clan. Me amargaron un poco, no mucho, esos primeros meses de la exaltación del amor. Aunque consiguieron mandarme a Inglaterra, donde estuve de friegaplatos en un restaurante griego, y desde donde no llamé ni una sola vez a mi casa. Cuando volví a Canarias ya había nacido Saúl, y decidí engañar a mi padre solicitando la mili de voluntario en la Región aérea de Madrid, y no en la de Canarias.

»En el cuartel tenía pase de pernocta, y las noches que podía las pasaba con Asia. Fue una época tortuosa, con muchos altibajos... Los celos de Asia me agotaban. Ella no se cree, ni aun hoy, que ni en los peores momentos yo haya buscado una mujer que no sea ella. Yo no he dado un paso nunca para ligar; me he conformado con las conquistas que me caían encima. Todo ese acompañamiento de sentimentalismo, ternezas y galanterías en las historias de amor me han aburrido mucho. Lo mío era llegar y besar el santo, o nada. Me exasperan todavía; me exasperan la corte, la paciencia de adaptarse, de templar gaitas y todas esas murgas, y más que nada, las rupturas. Las infidelidades no me han gustado, por incómodas entre otras cosas... Pero ¿cómo explicarle eso a Asia? Yo era demasiado joven y no sabía expresarme. Mi amor por ella se abrió con el orgullo de sentirme amado por una profesora: era un homenaje que me envanecía y que demostraba mis poderes. Quizá yo hubiera prolongado mi actitud de esperarla en silencio si ella no la hubiese interrumpido con aquel "¿tú qué quieres de mí?". La amé de verdad un poco después, cuando se declaró la guerra en que había que tomar partido, y sobre todo cuando llegó el hijo.

»Yo no tengo tanto mérito como Asia: ¿qué podía perder? Y, por el contrario, ganaba prestigio, mientras ella tiraba por la borda su reputación, su carrera, su posición, todo... Yo dudé si no habría querido tener el hijo para retenerme con más fuerza; ahora creo que no.

»El caso es que lo hemos pasado extraordinariamente mal. Apenas olfateaba una relación mía, se agarraba a la pata de la mesa como ella dice... Nada, alguna enfermera del hospital militar, alguna compañera del instituto de Canedo, alguna niña que me hacía autostop yendo a Ponferrada: pijadas. Pero Asia chillaba: "Te lo he dado todo, ¿qué más quieres?" Y yo tenía que contestar: "No quiero nada. Yo no quería nada. Coge lo que sea tuyo y déjame: no me atormentes más." Y ya estaba el lío armado. Luego, pasados un par de días, yo recomendaba la paz: "A ver si eres razonable, Asia", y ella, a grito pelado, contestaba: "Si hubiese querido ser razonable, no habría ocurrido nada de lo ocurrido. Quiero estar loca; quiero estar loca de amor por ti." Yo insistía: "Sé razonable. No me beses. Espera. Vamos a hablar", y ella vociferaba: "Estoy harta de hablar, déjame ponerme de rodillas. Déjame pedirte perdón por quererte tanto."

»La cosa era muy difícil, porque además durante bastante tiempo dependí económicamente de ella. En Madrid trabajé cuando pude en muchos sitios: de encuestador, de vendedor de libros y cacerolas, de cocinero, de profesor de deportes, yo qué sé... Como no conseguía nada fijo, me fui con ella a Canedo. Y aquello sí que fue duro. Lo que pasa es que las cosas se borran, sobre todo las que uno quiere borrar. Pero hubo de todo: la casa, donde teníamos que ducharnos calentando agua en la cocinilla y donde no había luz, y a la vez los compañeros de la preparación del COU, que hice allí aprovechando las amistades de Asia... Lo bueno y lo malo. Me animaron, me pasaban apuntes, había mucha solidaridad. No en todos...

»Pero yo ya tenía lo de piloto en la cabeza. Me propuse ganar dinero para hacer esa carrera. Hubo que recurrir a todo. Mi mujer vendió joyas y monedas de oro para echarme una mano. Era luchar contra corriente. Recuerdo que, en uno de mis viajes a la isla, se lo conté a mi padre, muy engreído porque me estaba costando tanto todo, y me contestó con mucha antipatía: "¿Piloto? Eso es una mariconada. Anda y ve a cortarte el pelo." Fue en ese momento cuando comprendí que no podía contar con él para nada y que no lo quería.

»A quien sí quise fue a Domingo, un chico de mi edad del que me hice muy amigo en Canedo. Cuando salía de trabajar, tomábamos unos vinos juntos, y no sé cuándo empezó su historia con Asia. Me defraudaron. Yo noté algo, noté que se gustaban: esas cosas se huelen. Pero hasta entonces había pensado que a Domingo el que le gustaba era yo, fíjate. Detecté el peligro, y obligué a Asia a contarme la verdad: cuando lo hizo, me callé y fui consentidor... Tenía miedo de perder a Asia, de perder al niño: eran lo único con que contaba. Y al niño lo perdí. Pero me encontré como en el pozo de una mina, desairado por Asia, trabajando solo en un sitio a catorce grados bajo cero, de albañil o en la carpintería... Un horror. Contra lo que sospechó Asia, y sospecha todavía, nunca tuve una relación seria con ninguna de sus alumnas ni de las mujeres de por allí. Lo que pasa es que ella necesitaba algún pretexto para justificar sus amores con Domingo.

»Fue entonces cuando una hermana mía, que se había enfrentado con mi padre también, se refugió en nuestra casa de Canedo. Como tenía que suceder, chocaron las dos chicas, porque mi hermana se había opuesto siempre a mi relación con Asia. Y Asia, que ya estaba muy *endomingada*, nos echó de la casa.

»Empezó un tiempo lleno de dolor para mí, que tenía que tragar la soledad mía y el acompañamiento de Asia por Domingo. Me fui a Madrid y, no por venganza sino por rabia, hice lo que hice. En casa de Asia vivía un ex alumno suyo, al que sigo queriendo, con su novia. Asia les había dejado el piso mientras estaba en Canedo. Yo andaba destrozado: mi hijo, muerto; sabía la historia de Domingo; no tenía ni trabajo ni dinero... No es que diese por terminado lo de Asia, pero no sabía qué hacer. Me quedé en aquella casa por aferrarme a algo de Asia. Ella asegura que aquella relación con Domingo no tuvo importancia: sí que la tuvo, y nos hizo mucho daño.

»Menos importancia tuvo que, viviendo yo con aquella pareja, una noche de copas en que estábamos con una amiguita de ella, acabáramos acostándonos los cuatro: una noche loca. Bueno, algo más, porque yo me lié con la novia de mi amigo, con su consentimiento desde luego. Era una experiencia, no sé cómo decirlo, para todos, para los tres. Ellos tenían más años que yo; yo, sólo diecinueve.

»Asia, puesta al corriente por alguien, se negó a recibirme en Canedo... Pero yo voy a examinarme de COU, y apruebo, y veo que Asia sigue pegadita a Domingo. Me vuelvo a la isla hecho polvo porque no tengo dónde ir, y estoy allí unos meses. El trato con mis padres era atroz, pero aguanto. Sólo regreso a Madrid cuando, al final del curso, vuelve Asia. Yo vivo frente a ella en una pensión; en su casa no me recibió porque allí iba a visitarla, de cuando en cuando, Domingo. No se me olvida una noche muy fría en que, al salir de la pensión, miré al piso de Asia y vi luz; subí, llamé, y no me abrió la puerta. Fue tan triste... Y, la verdad, no me llevaba mal con el muchacho: era una persona buena y educada, con la que no hubiese sido justo liarse a puñetazos. Entre otras cosas, porque no había otra manera más rápida de perder a Asia para siempre.

»Ella y yo nos encontrábamos todos los días, dejábamos al niño con la abuela e íbamos a trabajar a Alcalá: ella al instituto y yo a un gimnasio, cuando me coloqué, cosa que tardó mucho. Por la tarde, ella volvía a su casa y yo a mi pensión... Fueron malos días. Sobre todo, porque Asia no era imparcial: cuando se enteró de mi lío con la novia de su ex alumno puso el grito en el cielo, se agarró a la pata de la mesa, y no me habló en mucho tiempo más que para insultarme. Yo, sin embargo, aguantaba mis cuernos.

»A los tres o cuatro meses la señora de la pensión necesitó el cuarto y me fui unas casas más allá, al apartamento de un amigo de la isla: una habitación chica con un sofá cama, una cocinita y un baño. Yo tenía alguna novia, pero sin importancia; no me duraron nunca sino dos o tres días. Una vez Asia tuvo un ataque de pan tierno

y me esperó a la puerta del apartamento, con tan
mala suerte que yo subía con una chica que quiso
beber agua, o por lo menos eso me dijo ella. Asia
formó un número de la hostia que despertó a
toda la calle. Yo me di cuenta de que lo había
perdido todo para siempre. Tenía un macuto de
la mili; metí en él las cosas que me quedaban; lo
llevé a la estación y lo dejé en consigna. También
le escribí a la madre de Asia una nota rogándole
que recogiera las cosas, con el recibo, o con la
llave, no sé, que le incluía en el sobre...

»Yo comprendo que actué de una manera no-
velesca; pero es que llevaba mucho tiempo en
que Asia me ponía literatura en vena. Nadie
sabe lo que eran aquellos ataques de catatonía
en que yo abrazaba a una muerta, a una estatua
helada, creyendo que iba a morirse, jurándole
amor eterno, y ella volvía en sí, y preguntaba:
"¿De verdad? Júramelo otra vez. ¿De verdad vas
a amarme como yo necesito?" Con Asia la piedad era muy peligrosa. Yo estaba subordinado a
su ternura y a la vez derrotado por su debilidad;
no tenía más que el cielo y la tierra; había re-
nunciado a mi vida personal; soportaba una terrible dependencia de ella: amante, sí, pero muy
contradictoria y muy hecha a mandar. Quizá si
mi familia hubiese sido de otra forma, yo no habría vuelto con Asia; pero era imposible convivir con mi familia, y también imposible convivir
con Asia... Y para más inri, ella abortó otro
niño. Me culpa siempre de ese aborto. Yo no
quise aquel embarazo, porque estaba convencido de que no era mío, no me sentía responsable de él... Toda esa acumulación de penas,

todo eso, era demasiado desesperante, demasiado oprimente...

»Y aquella noche me fui a un hotel en la Gran Vía, a pesar de que tenía muy poquito dinero. Pasé unas horas de pesadilla, dándole vueltas al tarro... Nadie me quería, para nadie era indispensable. Intenté suicidarme en la bañera: no tenía otra cosa, y había leído alguna historia sobre eso. Perdí la noción del tiempo y del lugar: me adormecí. De repente entró la mujer de la limpieza y se puso a gritar como una loca. Yo pensé que no me dejaban ni morirme tranquilo. Salté del baño; me vendé con un trozo de sábana, y salí como pude, sin pagar, huyendo del hotel. Aparecí no sé cómo en casa de mi amigo, y me desmayé al abrirme la puerta. Él me llevó a un hospital y avisó a la madre de Asia.

»La madre, que era una mujer buena, me recogió y me llevó al piso de su hija. Fue muy desagradable: Asia, catatónica; yo, muy bajo de forma, medio zumbado... Ella me convenció para que fuese a su siquiatra. Me mandó un tratamiento de pastillas, con las que no podía beber ni una gota de alcohol. No creo que me hiciera ninguna falta el tratamiento, pero no me vino mal hablar con aquel señor unas cuantas horas y dejar de beber... Fueron pocos días, porque no tenía ni para pagarme las horas de vuelo, conque las del siquiatra... Reanudé mi peregrinación en busca de toda clase de trabajillos, hasta que llegó lo de Alcalá. Y por fin, después de un año, saco el título de piloto y comienzo a ejercer en Tenerife y a ser instructor de vuelo en un aeroclub.

»Poco a poco, se consolidaron las cosas entre

Asia y yo, y también las de mi trabajo. Obtengo algunas titulaciones, y voy a Estados Unidos, a Bolívar, cerca de Memphis, en Tennessee, donde estaba prohibido también el alcohol y eran racistas y hablaban un inglés más cerrado que la puñeta, pero donde había una escuela buena y rápida, y era más fácil y más barato que aquí sacar las titulaciones civiles y acumular horas de vuelo para convalidarlas a la vuelta.

»Recuerdo con cariño mi etapa de joven instructor en el valle del Tiétar. Había allí una antigua pista usada por los alemanes en la segunda guerra (de allí salieron para bombardear Brunete), que un cacique aprovechó para construirse un aeroclub privado cerca de La Iglesuela. Allí conducía yo a los alumnos desde Cuatro Vientos, por la mañana temprano, en un avioncillo de seis plazas, y estaba todo el día dando clases con aparatos pequeños: usábamos un Cessna 152, de plano alto. Y un sábado me dieron la noticia de que tenía una hija. Fue una alegría inmensa. Cogí unas ranitas, las metí en un tarro de cristal y se las llevé a la clínica a la niña. La madre las mandó tirar por el retrete. A Asia, aunque diga lo contrario, nunca le han hecho ilusión los aviones, ni los animalitos.

»Tenía la niña un año cuando su madre y yo nos casamos. La pobrecita iba descalza en brazos de su madre. Los dos teníamos medios y una buena posición. Íbamos de vacaciones a la isla, hasta que yo ingresé en la compañía en la que estoy, y Asia pidió el traslado. Mi familia aceptó por fin la situación: "Al chico le va bien, ella no era tan mala, tienen una hija preciosa..." Y con mi familia, el resto de la isla, que vio en nosotros una buena pareja. Ahora es amiga nuestra, incluso con halagos. Ahora Asia y yo somos una gente magnífica.

»Pero hasta el final hemos estado rodeados de lutos. Un día 8 de enero fue a esquiar a Navacerrada el hermano de Asia. Era un experto. Cuando concluyó una bajada, caminando descuidado, tropezó con una piedra imprevisible. En la caída se partió una pierna y el esquí le golpeó en el pecho. Lo trasladaron al puesto más próximo, pero empeoraba. Sentía una opresión muy grande y una angustia. Le habían hecho una primera cura en la pierna, pero pidió que lo llevaran a Madrid. Tenía un dolor que, al llegar a la clínica, se le hizo insufrible. La radiografía dio que tenía partida la aorta y los pulmones inundados: había que operarlo a corazón abierto. Habló él mismo con el cirujano. "Estoy muriéndome, ¿verdad?" Mientras el compañero trataba de quitarle importancia, se murió. Tenía veintisiete años. Veinte días después, la madre, que no había levantado cabeza, fue atropellada por un coche a la puerta de su casa. Murió instantáneamente.»

Nardo levantó los ojos y los fijó en los míos. Un silencio táctil se interpuso entre los dos.

Aquella noche, un cuarto de hora antes de la cena, me consultó el jardinero algo sobre una catalpa de la piscina. Me acerqué a verla, pero no fui por los porches interiores, sino por el jardín de la entrada. A él dan las ventanas del dormitorio y del baño que ocupaban Asia y Nardo. Estaban hablando, no en voz baja, y los oí.

—¿Te irías con él? —preguntaba Nardo desde la ducha— ¿Me dejarías por él?

—Probablemente no —contestó Asia, desde el dormitorio, donde estaría cambiándose—. Pero lo que más me gustaría es no tener que planteármelo siquiera: no tener que elegir. Entiéndeme, Leo: es como si tú fueses mi viaje, el que yo emprendí y que continúo, y Octavio fuese un simpático y atractivo compañero de viaje.

Seguí hacia el jardín de delante sin querer oír más. Pero después de la cena, mientras Leo iba por un paquete de tabaco a su cuarto, Asia me confió:

—El matrimonio importa un pimiento. Lo que importa es el amor. Por eso quiero hacer compatibles las dos cosas: mi matrimonio con Leo y mi amor por ti. Ya ves: mi primer matrimonio fue un fracaso total; lo que ha triunfado es mi amor por Leo. Que me casara con él o no, habría sido igual. Porque, como matrimonio, lo nuestro no puede resultar más chocante. En realidad, el amor entre él y yo no estaba previsto, ni era previsible, que durara: lo hemos domesticado a la fuerza, con muchos sudores. Y ahí está; pero nadie garantiza, y el matrimonio menos aún, que perdure. La única manera de que sobreviva el amor es alimentarlo, ¿no te parece? Con lo que sea, con lo que le guste, como se da de comer a un niño, quiera o no. Hay que hacerlo descansar, revitalizarlo, no exigirle demasiado... El amor no es solemne, ni serio, ni definitivo: ésas son las condiciones de un sacramento o de un contrato. Pero el amor es casi nada: un estado de ánimo, o una simple borrachera. Puede acabarse cuando uno se duerma, o, igual que una hoguera, cuando no haya más leña... Por desgracia, Leo y yo tenemos ahora más de marido y mujer que de los locos amantes que ayer fuimos. A los dos nos encantaría que tú nos sazonaras con unos puñaditos de locura.

A la luz de la luna casi llena, cuya luz reverberaba contra la cal e iluminaba con su frialdad la huerta y los senderos que descienden al río, Asia paseaba interminablemente. Después de que me retirara yo, convencido de que la pareja iría a dormir, ella cansaba su cuerpo con grandes caminatas bajo el ligero fresco de la noche.

Un día la vi desde una ventana de mi estudio: era una sombra blanca en medio del resplandor crudo de la luna, caminando entre los limoneros y los membrillos, sin detenerse, como si tuviese que acudir a una cita para la que se hubiese retrasado. Me recordó esos perros sin amo con que nos topamos por carreteras y ciudades, que siempre producen la impresión de un apremiante quehacer, cuya rapidez nos asombra si consideramos que nadie los espera porque nadie nunca les enseñó su nombre ni les puso un collar. De la misma manera, Asia bajaba o subía, sin que las ramas de los árboles, en los que a veces se enredaba su chal, la detuvieran, y sin mirar ni poco ni mucho el piso irregular por el que andaba.

Esa noche fui a gritar su nombre; pero juzgué

más prudente cerrar la ventana y apagar la luz. Su intimidad allí, a la intemperie, amparada por el dudoso fulgor de la luna, me pareció más intocable que nunca.

Les quedaba muy poco tiempo ya en «La Meridiana». La víspera de su marcha, tomando café en el salón de la casa principal, protegidos del calor por los gruesos muros, y a la luz que, filtrada por los cortinajes de color arena, teñía los rostros de unos tonos dorados, en medio de un reposado silencio, depositó Leo su taza sobre el platillo, y dijo en voz muy queda:

—No es agradable la sensación de haber vivido ya esto; de haber escuchado las mismas palabras, las mismas proposiciones; de descubrirse dentro los mismos presentimientos... No, no es agradable esta sensación de empezar otra vez. Cuando el avión sobrepasa una zona de turbulencias, lo que ansía uno de todo corazón es descansar, no introducirse, como si nada se hubiera superado, en otra zona de tormentas.

Había en su voz una heladora tristeza. Nunca lo había oído manifestarse tan desnuda y tan abiertamente. Su desvalimiento enamoraba... Me levanté del sofá, donde estaba junto a Asia, me acerqué al sillón de Nardo y, sentándome en el brazo, pasé el mío sobre sus hombros. Él, igual que aquella tarde en la isla dentro de su coche, oprimió mi brazo contra el respaldo del sillón. Cuando la presión cesó, subí la mano y le rocé levemente la nuca. Él no se dio por aludido, y continuó sin mirarnos, aunque no sé por qué yo tuve la certeza de que hablaba para mí solo. ¿Había ocurrido algo entre ellos? No me consideré con autoridad bastante para preguntarlo. Preferí oír a Nardo:

—Un hombre, cuando engaña a un marido, le toma más afecto. Una mujer, cuando engaña a su marido, lo desprecia. Y lo peor es que la voz que miente y la voz que declara un amor suenan lo mismo. —Hablaba como si le costase trabajo elegir las palabras o pronunciarlas—. El antiguo y desangelado papel del marido complaciente: ése es el que se me ha asignado en este enredo. No es muy lucido, pero tengo cierta costumbre de interpretarlo. Tampoco es muy difícil: no se tiene que hacer otra cosa que ver, oír y callar. O mejor, ni siquiera ver, ni siquiera oír... Cuánto se alza la voz y cuánto se alardea cuando uno está seguro de que no es engañado: «Si un día me sucediera, mataría a los dos.» Luego, se baja el tono; se baja mucho el tono. Uno pesa las consecuencias y vuelve a cerrar el armario donde encontró de pie al otro, diciendo: «Aquí no hay nadie.» En realidad, por si acaso, tal como están las cosas, es preferible no ver ni oír.

Yo miraba el pelo negro y rizado de Leo: tuve la impresión de que el pelo también puede estar triste. Me afectó su queja como si yo fuese el engañador y al mismo tiempo el engañado. Me levanté y me senté en la alfombra, entre Asia y Leonardo. Tomé la mano de ella y la mano de él: la de Asia era una mano de niña; la de Nardo, poderosa y bien dibujada a la vez. Los dos me abandonaron sus manos. Yo las besé con reverencia:

—Tenéis exactamente las manos que os personifican y que os corresponden. —Puse una sobre otra y las protegí entre las mías—. Con las manos se puede hacer de todo: desde una central nuclear hasta un instrumento de música; desde pilotar un avión hasta escribir un poema.

—Como con todo —dijo Asia tomando una mano mía entre las suyas—. De madera se hacen los ataúdes y las flautas, un plumier de niño y una flecha.

—También con el amor puede construirse cualquier cosa —murmuró Nardo—. O destruirse.

No supe qué agregar. No supe cómo consolar a Nardo. Ni siquiera si necesitaba ser consolado. Por un momento pasó por mi cabeza la tentación de besarlos a los dos, de pedirles que se sentaran conmigo en la alfombra, y hacer allí los tres juntos el amor. La ocasión no era mala. La tristeza, con mucha frecuencia, es erotizante. Quizá el amor físico entre los tres, por fin, hubiese aliviado a Nardo, lo hubiese convencido de que no se le apartaba, sino que se le incluía como el auténtico protagonista... Miré a Asia, y después a él al fondo de los ojos. Percibí una tensión en ambos, una expectativa que cierta alteración de sus respiraciones confirmaba. El silencio era un personaje más... El graznido de los pavones del jardín lo hizo trizas.

Había ya alargado los brazos para atraerlos con ellos hacia mí... Y de repente tuve miedo, miedo de que unos gestos sexuales apresurados o improvisados fracasasen y cegaran una futura posible relación más tramada y más honda. Volví a mi idea de un sexo respetuoso, convivido, esperanzado. Porque si éste sale mal al principio, no importa: está ya ahí la semilla que garantiza un ciclo nuevo; lleva en sí su propia satisfacción de haber hecho lo que se debía, y la posibilidad de que, si no se acertó, algo se perfeccionará con su ejercicio... Aproveché el movimiento de mis brazos y los acaricié a los dos. Asia, como si el no avanzar en la situación la hubiese disgustado, se dejó acariciar sin moverse; Nardo acercó su mejilla a mi cabeza.

—Siento —les dije— no haber compartido con vosotros los avatares que me habéis contado. Agradezco vuestra franqueza y a cambio me doy a vosotros por entero. —Asia me miró con una sonrisa que implicaba un reproche. Yo traté de paliar la disparidad que adivinaba entre ellos—. Los desacuerdos y las desavenencias os han encadenado; las separaciones y las reconciliaciones es lo que más reforzó vuestro amor. Estoy seguro de que forman la parte más intensa de vuestra vida...

—Hasta ahora —interrumpió Asia, a la que miró, creo que demudado, Leo.

—Y esa parte no me pertenecerá jamás —proseguí yo—, aunque me la hayáis regalado contándomela.

Unas horas más tarde, en tanto que ellos se vestían para cenar fuera de casa, repasé mi correo, que tenía abandonado, después de arreglarme yo mismo. Golpearon la puerta de mi estudio, y entraron los dos, guapos, bienolientes, de blanco y sonriendo. Me congratulé de que, al quedarse solos, hubiesen aclarado cualquier malentendido. Yo tenía en las manos, leyéndola, una revista literaria. Un crítico, en ella, me atacaba; me pedía que dejase de escribir siempre lo mismo. Yo era, según él, perfectamente innecesario, y ya me habían sobrepasado y sustituido los escritores jóvenes. Yo desconocía el nombre y la obra de aquel crítico. No hice caso de su opinión, pero me hirió. Llevaba días sin escribir ni una sola línea y casi sin leer; me hallaba disconforme conmigo; y me acusaba de mayor y de torpe. Que una voz ajena lo expresara, me hirió.

Como una leve forma de corresponder a su confianza, les resumí lo que aquel artículo decía contra mí. En mi voz —yo la oía— pesaban la amargura y el abatimiento. Traté de reaccionar —no era mi intención estropear la cena—, y no pude.

Nardo dio dos pasos; se acuclilló junto a mi sillón de trabajo y acercó mi cabeza hacia él. Me habló, casi rozándome, al oído:

—No hagas caso de nada. No hagas caso de nadie. Tú eres tú. Tú eres el mejor. Estamos orgullosos de ti.

Me sentí recompensado de muchas cosas. Me consolaron sus palabras y el modo de decirlas. Con gusto hubiese vuelto la cara y lo hubiese besado. Y sin embargo, dije:

—No me gusta que se me compadezca. Cuando queráis, nos vamos a cenar.

A la mañana siguiente los despedí en el aeropuerto. Leonardo vestía de piloto porque tenía un vuelo nada más llegar a Las Palmas. Viéndolos

300

desaparecer entre el resto de los viajeros, hasta que perdí de vista la gorra de Leo, me preguntaba si su visita a «La Meridiana» había servido para estrechar algún lazo entre nosotros, o si, por el contrario, lo había desatado. No supe, en realidad, qué responderme.

Esa tarde, después de cavilar sobre mis dos invitados y yo mismo, que, con fama de seductor, he sido tantas veces seducido, escribí lo siguiente:

Hay dos tipos de seductor: el constante, que despliega incansable su cola de pavo real, y el circunstancial, al que mueve un interés concreto. El primero es quien, so pretexto de seducir a alguien, se autocomplace, solicitado por una perenne necesidad de afirmación. El segundo es el donjuán: más que en el placer que el cuerpo rendido le ofrece, halla su gratificación en el hecho mismo de seducir, efímero pero renovado. Es un coleccionista que conoce muy bien el valor acumulativo de la seducción, y se fija metas cada vez más arduas. La fama de seductor es de por sí un arma, porque quien se aproxima sabe que se está poniendo a tiro, y un fascinado es objeto propenso.

En todo caso, la relación seductor-seducido es versátil y muy indeterminada. ¿No habrá sido el seductor de antemano seducido? ¿No es una seducción pasiva lo que pone en marcha los resortes de la otra más visible? ¿No puso el seducido las bases de la seducción que lo va a cautivar? Existen un vaivén y unos imperceptibles movimientos del alma que sitúan por fin a cada parte en la posición que, en definitiva, le apetece. Cuando el jorobado Kierkegaard asegura que uno de los dos ha de ser engañado, se pasa. ¿Quién engaña a quién: el que toma la iniciativa previa, o el que solapadamente la provoca? ¿Y quién es capaz de averiguar, sin equívocos, cuál fue la real iniciativa previa? El alma humana, seductora o seducida, está cuajada de plazuelas recoletas. ¿No es corriente que la entrega, a la que la seducción aspira, revista la forma de una resistencia, y que la seducción misma revista la forma de una conquista? Pero ¿no es más corriente aún que tal resistencia y tal conquista sean sólo ficciones? No obstante, quién sabe hasta qué punto ambos jugadores conocen de veras sus armas, sus bazas, sus papeles.

Sólo en la libertad hay auténtico amor, es cierto. Pero así como el amor obra *sub specie aeternitatis*, o sea, como si fuera a ser eterno, la seducción obra *sub specie libertatis*, o sea, como si el seducido fuese libre. Una prueba: la técnica del seductor, ¿cuál es?: ¿la frialdad, o el apasionamiento, o es más bien la frialdad y el apasionamiento... fingidos? Para infundir apasionamiento en el seducido, ¿conviene que el seductor le contagie el suyo no sincero, o que se lo provoque con fría precisión? El seductor avezado actúa yendo y viniendo, de la propia emoción a la ajena, al ritmo de tal improvisación. No hay reglas fijas en la tentación, en la sonrisa, en el acercamiento, en la complicidad...

Además, el susceptible de seducción —mujer u hombre— es alguien que busca o que

pone su finalidad en otro. El amante —¿y
quién dice que el amante coincide con el seductor y el amado con el seducido?— es un ser
que se altera (es decir, que se hace otro) y que
se enajena (es decir, que enloquece y que está
vendido): todo en función de otro. O sea, re-
mite el eje de su personalidad y su sustento a
otro, y abdica en él. ¿No sería terrible, pues,
para ese alguien en busca de confirmación,
que el seductor no lo sedujese, y se quedase en
vilo como estaba?

Y, por último, yo puedo hablar bien de la
pereza del seductor, de su cansera. Cuando le
sobreviene, y su irisada conversación se transforma en un eco lejano y flotante: simples sonidos que emite y que se escucha emitir sin
emoción ninguna. Cuando ha sonado el momento de avanzar hacia la victoria, y nota sus
pies de plomo. Cuando sabe que se espera de
él el amago de la retención de una mirada durante unos segundos más de lo correcto, o el
tremor de la mano que enjuga una lágrima, o
la frase justa y consabida que obligue a llorar...
Y el seductor no hace nada de eso. No dice
nada de eso. Porque siente desgana, deseo de
volver la cara a otro lado y renunciar. Y percibe la sorpresa y la frustración en el rostro del
seducido o los seducidos, como un actor al que
no se le da la réplica ensayada. Lo percibe,
pero deja caer al suelo las alas de sus águilas.
Y a pesar de todo, ¿no será ése también un
procedimiento sutil de seducción: el de abste-
nerse, el desanimado de desaparecer, el viejo
procedimiento del silencio que da a entender y
de la ausencia que señala con su dedo?

El seductor, haga lo que haga, no dejará jamás de serlo, aunque emplee métodos contrarios a la seducción típica: rodilla en tierra y llanto y bofetada incluidos. No otra fue mi actitud en un caso concreto: cuando seduje al seductor de Narciso, una especie de comisionista balear, al que invité a mi casa a merendar con el mismo Narciso y otro amigo arquitecto. Y lo atendí y lo maniaté con mi encanto, y conseguí enamorarlo con mi humor, desplegando todas las cualidades y las simpatías de que soy capaz y hasta de las que no lo soy. Cuando logré que tratara, aparte, de seducirme citándome para el día siguiente a solas, lo despedí. Me pidió un beso a la puerta: el beso de Judas que no dudé en otorgarle. De vuelta al salón, con lo primero que tenía a mano, que fue el teléfono, golpeé la cabeza de Narciso. El arquitecto se puso de pie tratando de que habláramos civilizadamente.

—Déjalo, tiene razón —dijo Narciso, y me miró medio sonriendo, seducido también.

Hasta finales de agosto nos telefoneábamos a menudo: dos o tres días a la semana, y a veces, a diario. En la conversación, con los dos o con Asia sólo, hablábamos de casi todo menos de lo que debíamos hablar. Yo tenía la impresión de que nuestra amistad se vigorizaba, y nuestra peregrinación juntos a Citerea se resentía. Decidí poner en manos del tiempo y del azar en qué se habría de convertir nuestra relación en adelante. De nuevo confié más en mi parte instintiva que en mi parte racional. Lo que tendría que suceder estaba escrito —me repetía—; pero ¿no habríamos de reescribirlo nosotros con nuestra caligrafía? El dueño de los naipes es el destino, que los baraja y los reparte; pero ¿no dependerán de nosotros las jugadas? Quizá sí; sin embargo, me ganaba la desidia, y fui incapaz de mezclar un matiz amoroso en nuestras conversaciones.

Tales matices y dudas y vagos antojos los hacía presentes, no obstante, en las notas del libro, que avanzaba con mis muertos —y ahora también con mis vivos— a cuestas.

Se dice que los ángeles no distinguen si andan entre los vivos o los muertos. Puede que no haya ángeles, o que la vida sea para ellos un simple parpadeo, porque lo que persiste es la muerte. Es indudable que a nosotros, a menudo, nos ocurre lo mismo que a los ángeles. Vivir es despedirse, estarse despidiendo. La vida es sólo una mudanza de lugar, de postura o de afectos. ¿Cómo rememorar desde hoy el pasado? Su ambigüedad la hemos transformado en certidumbre; lo despojamos de lo que ahora nos parece accesorio y acaso no lo fue: una mirada, un temblor, la modulación de una voz; lo interpretamos como algo lineal y definido. Y no es así. El pasado, ahora, es lo que nos fue construyendo como hoy somos; pero ¿acaso era ése su propósito? ¿Tuvo siquiera un propósito? Su esencia cuando fue presente, o sea, cuando *fue*, era, como la esencia del hoy, su transitoriedad.

El pasado indeformable y sólido que hoy vemos no es más que una invención opuesta del todo al agua en que nos movimos. La historia, y también nuestra historia, carece de principio y de fin: es como un río: el cauce empieza y acaba, pero el agua, no: nadie se baña en la misma dos veces. El presente es el último capítulo de esa historia... de momento. Pero ¿cómo interpretaremos mañana este momento de hoy, tan lleno de posibilidades? ¿No dependerá de aquel mañana, hoy indeciso, en que desembarcaremos?

Si no nos empeñásemos en comprender la vida, sería una celebración; pero ¿quién es capaz de no empeñarse en comprenderla? Yo no. Y no porque mire hacia atrás con más reiteración (es natural: tengo más trecho por detrás y menos por delante, y ese trecho soy yo); no porque me sienta, que me siento, viejo (la diferencia entre la vida y la muerte es indiscernible: la muerte está en la vida, formando parte de ella, y más en la medida en que transcurre), sino porque me siento yo. Si no miro hacia atrás, aunque parezca una paradoja, tropezaré; y, si miro sólo hacia atrás, tropezaré sin duda: ahí está el callejón sin salida en que se hospeda la tragedia. Y de ahí que procuremos inventar el pasado a nuestra conveniencia, para asirlo mejor y asegurarnos, por lo menos, de él.

Todo lo edificamos, incluidos nosotros mismos, sobre falsos recuerdos. Quitamos el polvo al pasado, lo ordenamos y lo catalogamos muy cuidadosamente. Vemos en él la misma serenidad inexpresiva que tienen los cadáveres. Y es mentira. No sólo las cosas pudieron suceder de otra manera, sino que sucedieron de otra manera. Lo que soñamos o lo que imaginamos lo confundimos con lo que vivimos; nos parece mejor contarnos nuestra historia como un relato claro. Creemos que, para conocernos, es preciso podar las trepadoras y las enredaderas que dificultan el hallazgo del tronco. Pero ¿qué significa el tronco? ¿Quién nos garantiza que no estamos eliminando lo único que importaba: aquella sonrisa que apenas percibimos, aquel rayado de una uña, aquello que no nos atrevimos a sentir más que un segundo, la simple intención de tomar dos nucas y acercárnoslas? Un día quizá oímos, fuera o dentro de casa, gritos alborotados, o el leve crujido con que un navajazo entra en la carne... ¿Se dirigían contra otro el vocerío o la navaja? Quizá fue una advertencia, y hoy muramos del navajazo aquel...

La vida sólo se opone a la muerte porque es una enrevesada continuidad de rupturas, un rumor de manos agitadas en un adiós. Nos vamos de ciudades, de casas, de amores y desamores, de soledades y de compañías, de convicciones y de ídolos... ¿Consistirá el presente, sobre todo, en defenderse de ciertos aspectos del pasado por medio de una selección de los adioses?

Ignoro si afortunada o infortunadamente, no es posible volver. El pasado, malinterpretado o no, se cierra como una ostra. También con el mutismo de una ostra. De ahí que haya que tener cuidado con el presente porque es de él de lo que el pasado se forma y se compone. Hay personas a las que un día amamos y que aún conviven con nosotros. Diariamente nos alargan una taza de té, nos dan las buenas noches, nos quitan una mota de la solapa; pero no son las mismas que un día amamos, o nosotros no somos los mismos, ni a nuestros ojos ni a los suyos. Son del pasado ya, no nuestros.

Ni nosotros, de un instante para otro, somos nuestros.

Nos ilusiona a veces un reencuentro. Nos acercamos a él por las verdes esquinas que solíamos. Procuramos caminar de igual modo, mirar de igual modo, sentir lo que entonces sentimos. Es inútil: ya no somos los mismos, los que éramos. O, lo que es aún peor, cada uno ha leído el pasado común de una forma distinta. Es decir, ya ni siquiera fuimos los que fuimos. Hermético, el pasado nos rechaza: no hay reencuentro, no compartimos nada. No hoy sólo, ni siquiera ayer. Y cada cual se lleva lo que aportó, aunque no como lo aportó, sino gastado y desteñido, lo mismo que un regalo que alguien no aceptara y la lluvia y el tiempo ajaron luego.

Vivir no es más que estar diciendo adiós a uno mismo y, por consiguiente, a todo lo demás: una profunda soledad llena de adioses. Tal es su única música, la música que pretendemos no escuchar. Cualquier historia será siempre mal contada, porque al hacerlo elegimos lo que deseamos contar. No es otra la razón de que, si afinamos el oído, en lo más subrepticio de nosotros percibamos una voz, la nuestra, que nos advierte: «Vayas donde vayas, yo iré siempre un paso por delante de ti.» Tal es la única verdadera compañía, la única que se acaba tan sólo con la muerte.

Desde que Asia y Leonardo se fueron, trabajaba mejor. Llegué a plantearme la posibilidad de estarlos utilizando como sugerencia y materia del libro; la posibilidad de haber forzado mi atracción hacia ellos para convertirlos en el paralelo vivo a la historia de muertes que me había propuesto narrar. Una contestación afirmativa me hubiese hecho despreciable a mis propios ojos; pero reconozco que en aquellos momentos eso no habría tenido para mí la menor trascendencia.

Yo dejé prácticamente de telefonearlos. Sólo cuando ellos lo hacían intercambiábamos unas frases no mucho más que afables, y cada vez menguaba el tiempo de las conversaciones y crecía el que distanciaba las llamadas. Hubo una semana, ya en septiembre, en que no tuve noticias de ellos y en que los evoqué de pasada y de un modo borroso.

Después de un verano muy caliente, el otoño llegaba, o yo llegaba al otoño sería mejor decir. El pertinaz cobalto que cobijó a «La Meridiana» durante largos meses se compadecía por fin, se resquebrajaba, consentía alguna nube gris. Una mañana tuve la certeza de que se iba el verano como un aroma que se disipa. Hasta entonces, cada noche dejaban las cigarras su atril a los grillos, ahora, una o dos aparecían ahogadas en el agua de la piscina: gruesas, menudas, con un cuerpo más corto que los élitros. Aquella mañana retiró el servicio las hamacas blancas. Al mediodía, un fuerte viento trajo un rebaño de nubes oscuras. El azul del cielo se volvió compasivo, y su luz, de color pizarra, mate y neutral. Era cierto que nos íbamos del verano: las jornadas, sin advertirlo, se habían acortado, y los pájaros recuperaban la cordura. Fue al final de esa mañana cuando me anunció el secretario la llamada de Leonardo.

—Salimos para Madrid esta tarde —me avisaba—. Asia se ha descubierto un bulto bajo un pecho. Estoy muy alarmado. Ella quiere tranquilizarme y finge que no es nada. Tengo un susto tremendo. Me gustaría verte más que nunca.

Le prometí, ante aquel repentino puñetazo asestado en la boca de mi estómago, ir también yo a Madrid. Traté de quitarle importancia a lo que me contaba. No lo conseguí. Yo estaba acongojado, o mejor, aterrado. El suave sentimiento que me inspiraban los dos se puso en pie ante mí íntegro, sin haber perdido un centímetro de su altura, ni un grado de su calor, ni un gramo de su peso. No sé lo que le dije a Nardo antes de colgar. Sé que, una vez que lo hice, me dirigí al secretario:

—En el primer avión en que haya plaza me iré a Madrid.

—Hay una cita para pasado mañana con la televisión alemana —me indicó.

—Que me hagan la entrevista en Madrid, o que no la hagan: organízalo tú. Lo que tengo que hacer en Madrid no tiene aplazamiento.

Me estremecí yo mismo ante el final de mi respuesta. Siempre hay algo peor que lo peor. «De nuevo —pensé— se va a cebar la muerte en lo que yo más amo. Maldita sea la muerte y maldito sea yo.»

DOS

En el vuelo a Madrid no fui dueño de mis pen-
samientos. Trataba de derivar mi imaginación a
zonas menos crudas, y no lo conseguía. Era otra
vez la muerte, que yo debí prever: yo, que la
transportaba. Me dolía la nuca como si en ella se
hubiese anudado la premonición, o mejor, la certeza, de la muerte de Aspasia. Un vacío se me
descolgaba encima como un atracador insaciable,
y me cortaba la respiración, me mojaba las manos de sudor, me oscurecía el cielo al otro lado
de la ventanilla... Me trajo a la realidad la voz de
una azafata recordándome que estaba prohibido
fumar. Sin saber cuándo, había encendido un cigarrillo. Lo apagué pidiendo perdón.

Y volví a la misma noria igual que una pobre
bestia cegada. Dentro de poco —me decía—,
siempre parece poco pero esta vez es cierto, me
habré quedado sin ella. Mi memoria revoloteaba
de una cosa en otra. Todas tocadas por su gracia:
nuestras apasionadas citas de la isla; el jardín de
«La Meridiana» que yo había trazado por amor y
que de amor ella llenaba; los cipreses esbeltos

311

que tanto habían crecido: más que mi corazón, al que siempre reprimían el estupor y el titubeo; los tirsos de las adelfas que su mano mecía; las almendras que le gustaba partir entre dos piedras; las aceitunas negreando en las ramas de los olivos, una de las que ella mordió con un gesto de acíbar; los porches cubiertos de glicinas, cuyos ramos cogía para decorarse en broma el pecho. (El pecho...) Todo va a durar más que ella. Siempre es así. Menos su risa y su fascinación: ésas no la sobrevivirán... Delgada y soñadora, se sumergía en las aguas del mar o de las piscinas. Quizá se sumerja ahora en otras aguas, en algún Leteo, donde yo no la oiré... ¿Quién puede imaginar la ausencia hasta que sobreviene? ¿Quién puede imaginar la nada en todo; la privación que consiste no ya en no hablar, en no escuchar, en no acariciar, sino en no *ser*? ¿Se fundirá con todo, se fundirá con mis muertos anteriores? Quizá eso es no ser más, eso es morir... La azafata volvió, sorprendida, a prohibirme fumar.

—¿Le ocurre algo, señor Lerma? —preguntó.

—No, no, disculpe. Estaba distraído.

Desde el aeropuerto los telefoneé. Hacía muy poco que habían llegado a Madrid. Hicieron bien el viaje. No tenían muchas ganas de salir. Los convencí. ¿Para qué se iban a quedar en casa esperando el sueño? El médico, muy amigo suyo, no los había citado hasta mediada la mañana siguiente... Yo había conseguido lo que deseaba: que no se comprometieran con nadie, antes que conmigo.

Dejé el equipaje, me cambié en un momento, y cogí el coche. El tráfico estaba endemoniado y tardé más de lo que calculaba; por el contrario, no me fue difícil aparcar. Debían de estar fundidas unas bombillas de la acera de su casa, donde la oscuridad era grande. Toqué el portero automático y respondió la voz de Nardo.

—Ave María purísima —dije.

—Sin pecado concebida —contestó sin reírse, y abrió.

Subí en el ascensor repitiéndome que mi expresión tenía que ser risueña. Me miré en el espejo antes de salir. La expresión de Nardo, que me esperaba en su puerta, era patética.

—¿Cómo se puede tener una cara tan fea? Sonríe, hombre, sonríe.

Hizo un gesto desalentado con la cabeza y con las manos, un gesto de impotencia, y me llevó a un salón atestado de vitrinas con recuerdos, objetos de plata o porcelana y abanicos. Allí me encontré a Asia recostada en una otomana.

—Sólo te falta una boquilla larga, un cigarrillo Abdoula y un sombrero de campana —la saludé sonriendo.

—¿Cómo voy a tener puesto un sombrero en mi propia casa, bobo? —Me alargó los labios. Los besé. De una mesita cogió una boquilla larga, le puso un cigarrillo y lo prendió entre risas.

—Eres una cómica —le dije—. A propósito, ¿por qué, después de cenar, no vamos al teatro? Hay una función en este principio de temporada que merece la pena.

—¿Al teatro? —bramó Nardo, como si le hubiesen nombrado la bicha.

313

—Ah, sí, al teatro —exclamó Asia incorporándose—. Nada me podría parecer mejor. Pase mañana lo que pase, al teatro. Al fin y al cabo fue mi verdadera vocación.

—¿Os fiáis de mi gusto? —pregunté antes de reservar las entradas por teléfono.

Según la taquillera, era complicado conseguirlas tan tarde. Tuve que dar mi nombre.

Poco después de levantarse el telón dudé de que lo del teatro hubiese sido una buena idea. A mí se me iba el santo al cielo sin vuelta de hoja. Hubo un momento en que miré hacia Nardo, y él me estaba mirando: nos comprendimos. Asia, absorta al parecer en el escenario, nos dio a los dos con los codos. Y luego, a su marido, que estaba a su izquierda, le tendió la mano derecha, y a mí, la otra.

—¿Te está gustando? —me interesé en el intermedio.

—Estoy hechizada. Creo que, si salgo de esta, me haré actriz. Me veo en el lugar de la protagonista cada vez que la miro.

—¿Y a ti? —me volví a Nardo—, ¿te gusta?

—Sí, sí —contestó navegando—. Lo que pasa es que no me es fácil concentrarme. Será la falta de costumbre.

—Entonces en el avión, qué haces: ¿pensar en las musarañas? —Asia reía—. No es eso: es que el teatro te parece una bobada, y siempre te lo ha parecido. Cuando tengas que acompañarme como madre de la artista, ya verás.

A la salida caían chuzos de punta. La calle estaba desierta y daban escalofríos las luces reflejadas en los charcos, a los que removían gruesas gotas de agua. Fui solo por el coche al aparcamiento y los recogí bajo la marquesina del teatro. Como a la ida, Asia se sentó delante conmigo.

—En Madrid sé que tengo raíces. Es una ciudad tan mía como la isla. Me gusta estar en ella, pasar calor en ella, pasearla, ver llover...

—Pues lo estarás pasando bomba.

Me invitaron a tomar una copa en su casa. Dejé el coche donde la primera vez, y subimos.

—Las copas las sirvo yo —dijo Asia con tono indiscutible.

Se alejó por el pasillo, supuse yo que hacia la cocina. Contra lo habitual en ella, llevaba una falda muy corta y sin festón de encaje. Vislumbré unas venillas azules en sus corvas, y una mecha de pelo se le había soltado al quitarse el abrigo y se le movía al andar. Noté que me excitaba. Me habría gustado estrecharla contra mí, reordenar su melena, acariciar sin prisa esas corvas traslúcidas.

Nardo y yo nos quedamos de pie en el salón. Cuando, después de un par de minutos, Nardo fue a hablar, yo lo interrumpí con un dedo en los labios. Asia volvía con lo necesario en una bandeja de plata, y la depositó sobre la mesa central, muy baja. Los miré con todo el amor del que era capaz; los cogí del brazo a los dos, los atraje con fuerza hacia mí.

—Qué guapos sois, puñeta. Es por lo único que os envidio.

—Mira con lo que sale —rió Asia—. Déjame, bobo. —Se desasió para servir las bebidas—. Según tú, Salomón se equivocó al pedirle a Dios la sabiduría en vez de la belleza.

—Si no era bello, desde luego. Tú fíjate en Riquete el del Copete: era inteligente y feo, y se casó con una princesa guapa y tonta.

—Pero ahí el amor empleó su ósmosis: lo hizo más guapo a él, y a ella, más lista.

Nos sentamos. Era evidente que Nardo no prestaba mucha atención.

—Yo siempre les he tenido antipatía a los guapos. (¿Me oyes, Nardo, caramala?) Porque, por mucho que pretendan o simulen ignorar que lo son, siempre utilizan a su favor su guapura.

—Pues no serán tan tontos —dijo Asia—. A mí me divierte que tú me encuentres guapa, si es que es verdad, porque la gente siempre me ha catalogado entre las interesantes, ese confortador apartado de las feas.

—Esta noche no pienso halagarte. —Miré sonriendo a Leo—. Un guapo puede no ser necesariamente idiota a condición de que no sea sólo guapo; pero ésos son los menos. De ahí que me encante ver pasar por delante de mi tienda las momias de mis enemigos.

—Pero yo soy piloto —dijo Nardo, con ganas de participar.

—Sí, tú eres piloto... además: no conozco a ningún piloto que no se tenga por guapísimo. Los feos no tenemos más ventaja que la de ser, de viejos, menos feos que los guapos de nuestra juventud: me alegro. Cualquier cosa erotizante dura más que la hermosura.

Asia se atragantó bebiendo. Nardo y yo nos miramos; pero era sólo de risa. En seguida dijo:

—Sin embargo, el famoso, el rico, el influyente, el gracioso, siempre están con una mosca en la oreja como un águila real: me quieren por mi fama, por mi dinero, por mi simpatía...

—Y el del ojo turquesa, ¿no? Me quieren por mi ojo turquesa... Lo cual es más triste porque es menos definitivo.

—Sobre todo —Asia soltó una carcajada—, si no tiene más que un ojo... Mira, siempre nos quieren por algo, aunque a nosotros nos parezca un motivo insuficiente. A ti y a mí me figuro que nos han amado por lo que hemos amado nosotros a la vida. —Ahora hablaba más despacio y con los ojos perdidos—. Porque habrán olfateado en nosotros la desnudez y el fasto y la cochambre de la vida... Y ese invisible y rojo estandarte que se lleva hasta el final...

Me eché prácticamente encima para borrar sus últimas palabras:

—En serio, en serio. Siempre hablamos del poder de la belleza, pero nadie que no haya tenido la perfección muy cerca —subí mi mano derecha abierta a la altura de mi cara como si fuera un espejo—, que no haya visto unos ojos, duros y destellantes igual que dos alhajas, enfrente de los suyos, nadie que no haya sollozado sobre la belleza, sabe lo que eso quema... Durante años yo no viví para otra cosa; ahora me preocupa más el amor a los seres y a la verdad. Pero entonces no ejercitaba ningún otro sentido que el de la belleza. Bueno, y el del humor, por fortuna, también. —Me puse de pie y continué—: No estoy hablando de una belleza tolerable y casera (la que el amor aposenta en quien amamos), sino de la objetiva, de la atroz... ¿Cómo no iba a justificar Helena una guerra, si su posesión era más importante que la de cualquier otro bien de este mundo? Helena era el petróleo de su época... El amor es un tema distinto. Lo que ocurre es que la belleza, para descender, usa el peldaño de nuestra emoción. Por eso los cánones griegos no son nada si no aceleran nuestra sangre. Si no son símbolos nuestros personales, no son nada: sólo mármoles fríos... Porque el amor sí está de tejas para abajo: es mejor amigo, más flexible, aunque nos quejemos tanto de él. De ahí que no hay nada más dispar a veces que el amor y el objeto que lo inspira: una putilla feúcha y tristona es capaz de despertar el amor más abnegado de la Historia... Y eso, a los del montón, nos sirve de consuelo. Eso, y pensar que, cuando los semidioses se van, llegan los dioses. Yo, como los semidioses, me retiro.

—No, no te vayas tan pronto. No tenemos ni pizca de sueño —dijo Asia.

—Tú, no; pero Leo bosteza.

Asia acarició la cabeza de Leo.

—Pobre mío: lleva dos días sin dormir.

—Os he traído un somnífero por si lo necesitáis. —Le alargué la caja—. Mañana tenéis que estar muy descansados.

Quien no consiguió dormir fui yo. Cumplí todos los ritos de la entrada en la serenidad: ducha caliente, libro mediocre, pastilla tomada con leche tibia del termo... Nada: despierto y con los ojos como un búho. Y si apagaba la luz para hacerme ilusiones, era peor. Me dio por preguntarme si el mal lo tendría Asia en el pecho izquierdo o en el derecho. Y rememoraba las cálidas copas de carne en que yo había bebido; las frutas que había mordido y palpado, que habían hostigado mi carne con sus pezones... Todo se convertía en zozobra. Daba de nuevo la luz; abría el libro y los ojos para no dejarme subyugar; me reprendía al dar por descontado lo que aún se ignoraba... Me dolía el estómago: tomé un antiácido. Me dolía otra vez la nuca, donde se concentraban las tensiones: tomé un analgésico... «No es verdad —me decía—. No será nada: la misma falsa alarma de otras veces.» Y eran esas «otras veces» las que me enlutaban con su estela fúnebre... La estela de quienes tuvieron manos, párpados, boca, pecho, sexo; que apuraron con avidez su última o penúltima copa cada noche, y ya no tiene labios, ni copa que llevarse a ellos, ni saliva, ni siquiera presagios tenebrosos...

¿Quién explica la muerte? Miraba mis manos y era como si ellas echaran de menos la forma de los senos de Asia. ¿Cómo mis dedos, tan entrometidos, tan indagadores, no encontraron aquel bulto enemigo? ¿Quién lo había descubierto: ella o Leonardo? Qué importaba... Me puse a fumar, y me pregunté qué haría cuando se hubiese consumido aquel pitillo... Era otra vez la muerte, la hija de la gran puta.

Y yo lo sabía. Por nada de este mundo se lo iba a decir a nadie, pero sabía que la guerra estaba perdida. Aunque sólo fuese porque yo, el mortífero, había estrujado y lamido aquellos pechos. No había nada que hacer. Sólo abandonarse lo mismo que una hoja que cae en una acequia, lo mismo que una gota de lluvia que resbala por un cristal hasta fundirse con otra semejante... La vida es nada más que un breve contratiempo; tras él no somos ni mineral ni pájaro ni fruto. Dejamos, unos instantes, un indiscernible vestigio de nuestro paso: las cosas que nos fueron más fieles que el amor y que ignoran nuestro nombre; unas cuantas personas que nos olvidarán más o menos de prisa, ajetreadas mientras suena su hora. Es imposible —yo era la viva prueba— tener presente durante mucho tiempo lo que no late ya, lo que se convirtió en un ayer más y más remoto, lo que se hundió en la sombra y en el envés incierto... ¿Qué significa un nombre bogando a la deriva?

Escuchaba un aire fuerte y sibilante que debía de estar moviendo y despeinando las ramas: ellas también durarán después de nuestra muerte. A casi nada, a casi nadie le atañe en realidad tal estropicio... «Serán cenizas, mas tendrán sentido; / polvo serán, mas polvo enamorado.» No es verdad; son palabras ilusas, palabras irritantes cuando la boca de la que procedían se ha secado. El amor fue una manera de desentenderse del sombrío agujero... El aire era más violento. Lo oía encolerizarse al doblar la esquina del dormitorio. Tuve casi pánico. Mi alrededor, que él bamboleaba, era todo existencia: el jardín, el verde canto indescifrable de la vida, el rojo e invencible estandarte que había dicho Asia. Y no dejará de serlo cuando ella o yo descansemos —¿descansar?—

interminablemente bajo el césped... Descansar, no. Descansar es un ritmo vital, como airarse, prender fuego a los viejos recuerdos o a las viejas ideas, como dormir un poco —quién pudiera— y despertar, como doler el estómago y la nuca. En la muerte no hay eso: no hay ritmo ni descanso. En la muerte no hay nada.

Pero aún no habían dicho su opinión los expertos, los aparatos, los análisis... Un médico, ¿qué es un médico? Un hombre susceptible de los mayores errores. Y de su boca dependía en ese instante, o dentro de unas horas, todo, todo lo bueno y lo malo de este mundo. Sentí un enorme odio contra él, fuese quien fuese, lo conociera o no... «Basta, no pienses en la muerte.» ¿En qué voy a pensar después del cementerio que tengo en torno mío? ¿Hay algo que merezca más reflexión, más tiempo, más detenimiento? ¿Hay algo más total? ¿No es ella el fin irremediable? Ahí no hay elección ni libertad; ahí concluye todo. Si empieza algo, no lo sé; pero que ahí conduce todo, sí. Lo otro son distracciones: la amistad, la risa repentina de Asia, la belleza del mundo, los colores, los ojos de Leonardo... «Qué triste estaba esta noche.» No; no era tristeza lo que hoy encogía su corazón y el mío. Era la certidumbre de que le estábamos diciendo adiós a la esperanza que habíamos construido en torno a alguien. Asia era intransferible; el resto, no.

El cielo, fuera, se tornó grisáceo con los levantes del amanecer... Algunos amaneceres más o menos es lo que diferencia unas vidas de otras: las de un insecto que vive unas horas, la de una flor que apenas vive un día, la de un enamorado que dura varios años. Unos amaneceres más o menos... Fue entonces cuando me quedé dormido con un sueño pesado lo mismo que un desmayo.

Al mediodía me telefoneó Nardo. El cirujano, joven y amigo de la isla, había sido muy sincero con él. Antes de hacerle la mamografía a Asia, le previno de que no era un quiste seroso: eso no habría tenido la menor importancia; pero, por desgracia, no lo era. «No es una fibrosis quística que no consiste más que en una obstrucción de los canalículos lácteos.» No, no se notaba al tacto suelto y sin adherencias.

—Deberías de haber estado tú. Yo no entendí muchas palabras.

—Los conozco: los médicos te dicen, en latín o en griego, lo que les dices tú en castellano. A tu dolor de cabeza lo llaman cefalalgia, y a tu dolor de músculos, miodinia. A veces son más sencillos, porque saben menos del tema, y a tu dolor de hombros lo llaman síndrome de hombro doloroso. —Quería hacerlo reír, pero no lo logré—. Sigue. O mejor, voy yo al sanatorio ahora mismo.

Puesto que no era un quiste, era un tumor.

Tardé, por el tráfico, más de una hora en llegar. Nardo me aguardaba nervioso en el vestíbulo. En el trayecto hasta la habitación me fue contando el resto de las noticias médicas:

—La mamografía ha dado algunos signos radiológicos: eso me ha dicho el doctor. Y también algo de una punción nodular; pero eso no es seguro. Total, que ha decidido hacer una biopsia intraoperatoria. —Consultaba unas notas—. No sé lo que significa.

—Pues dentro de la operación. O sea, que no la van a hacer antes, que la van a intervenir en seguida. ¿Cuándo?

—Ya te digo, mañana. —¿Me lo había dicho?—. Asia se queda aquí.

—Ya verás como es una cosa benigna. Si no, te habrían insinuado algo. Menudos son los médicos de alarmistas... Prefieren prevenir a curar, y ponen el parche antes de que salga el grano. Esto es para ellos el pan de cada día.

Saludé con un beso a Asia, que estaba especialmente atractiva con un camisón de color albaricoque con encajes en los hombros.

—¿De dónde sacas tanto encaje, hija mía?

—De mis abuelas. Yo creo que todas ellas eran encajeras. Tenían baúles atiborrados. —Reía como si nada sucediese, plegados los labios y achinados los ojos—. Ya es tarde. ¿Por qué no bajáis a comer por ahí? No en la clínica, en un restaurante bueno... Convida a Octavio, Leo. ¿Tienes dinero, mi amor?

Se me hizo un nudo en la garganta. Tanto orden, tanto encanto, tanta luz no podían ser posesión de la muerte... Le atusé una mecha de pelo que se le había desprendido sobre una ceja.

—¿Quieres algo de fuera? —le pregunté.

—De fuera... Qué curioso. Llevo apenas tres horas aquí, y ya hay un *fuera* al que no puedo ir, al que no me dejan entrar.

—Tomaremos café aquí *dentro*. Hala, Leonardo, que tienes una pinta de muerto de hambre que da pena. —Me arrepentí de la expresión, pero no había remedio. Alzando las cejas, la acusó Asia: nada se le escapaba.

El almuerzo con Nardo no fue fácil: yo me negaba a hablar de lo único que a él le interesaba. Cuando regresamos, casi atardecía. Atravesaba los visillos una luz amortiguada en aquella habitación llena de paz y desnuda. Saturada de un silencio que a veces realzaban, por el corredor, pasos huidizos. Asia me sonrió, y yo a ella. Extendió una mano que tomé entre las mías.

—¿Habéis comido bien?

—Muy bien. Sobre todo, Leo.

No era verdad. Leo se empeñaba en comportarse de un modo natural, en recuperar su perpetua sonrisa; pero le era imposible. En la mesilla de noche, una foto que no había visto antes: las dos hijas de Asia riéndose a mandíbula batiente. Con la mayor, había hablado Leo por la mañana.

—Él lleva lo peor. —Asia miraba a Nardo con una expresión maternal—. No soy capaz de convencerlo de que todo está bien, aunque lo único que no estuviese bien fuera el diagnóstico; de que todo es natural, de que se trata de una cuestión de tiempo, no de mala suerte. ¿Qué sabemos, verdad? —Yo afirmé con la cabeza: era incapaz de hacerlo de otra manera—. Estoy contenta... ¿Por qué tendremos que llegar tan lejos para aprender qué poco valor tienen las cosas por las que tanto luchamos, por las que tanto tiempo perdemos? —Fuera, algún pariente de otro enfermo contuvo un sollozo y pasó de largo—. Tú lo has escrito a menudo: no es nuestra la vida, sino nosotros de ella. —Su cara, sin maquillar como de costumbre, parecía más joven, y sus ojos, más grandes y expresivos. Entornó un instante los párpados y luego volvió a sonreír. Salió Leo al pasillo—. ¿Es injusta la vida? No, ni justa. Ésas son medidas nuestras, adjetivos nuestros. ¿Es justo que ayer lloviera y hoy no?... Se habla de la muerte y se dice: «Es ley de vida.» Pero el ser humano, tan adaptable a todo, no se hace a esa idea. Y es lo único sobre lo que tiene una absoluta certeza... Leo, el pobre, se resiste. Se pregunta por qué a mí, por qué a él. Es tan vital, ya sabes: la vida está bien alojada en él, cómoda en él. «Te queda mucha guerra que dar», me dice, y sé que sale a llorar al pasillo...

Sonríe y le sonrío. Nos estamos mirando de hito en hito y no sé cómo sostener su mirada que escudriña en la mía. Se empañan sus ojos. No le aprieto la mano: no quiero que llore, ni llorar yo... Leo regresa. La luz de la ventana es mate y muy tenue. Las paredes son de un azul claro. Voy a encender la luz. Apenas si entreveo, cuando vuelvo la cara, la cara de Leonardo.

—No enciendas aún —me pide Asia—. Se está tan bien así... Estáis los dos tan guapos... Esta luz del otoño os favorece mucho. Es la última de hoy, póstuma casi, tan fluida... Resbala sobre el pelo rubio de Octavio, y a ti, Leo, te pinta los párpados como con antimonio... Es lo mismo que una caricia: se puede hacer con los ojos cerrados —cierra lo suyos, y pasa las manos por el embozo de la sábana—, y se aprende a ver con las yemas de los dedos mucho mejor lo que se toca. Se ve más que con los ojos. El conocimiento se adquiere por distintos caminos... —Ha anochecido. Alargo la mano y acaricio la suya con los ojos cerrados—. No lo tomes a guasa, bobo.

—Estoy haciendo lo mismito que tú.

—Quisiera morir con rapidez —dice de pronto sin cambiar el tono de voz. Percibo un movimiento de Leo hacia adelante—. La naturaleza mata de enfermedades cortas; es la medicina la que se empeña en alargarlas para presumir. Debería dedicarse a evitar el dolor, no a prolongar la vida...

—¿Es que te duele? —interroga Leo con un hilo de voz.

—No, no. —Y luego continúa—: Lo moderno, toda esa tecnología de la sanación, tiene la culpa de esas interminables agonías que me dan tanto miedo. Es la lucha, o sea, la agonía, no el final, lo que me echa para atrás.

—Pero la tecnología —digo yo intentando que no se amilane mi buen humor— mata con bastante crudeza. Un accidente de avión, por ejemplo, suele ser taxativo.

—Siempre que lo sea de verdad. —Asia se ha reído—. No estoy segura de que hayas sido demasiado oportuno, dado que Leo es piloto...

—Tienes toda la razón —río ahora yo—: el ejemplito fue un desastre. Estos sanatorios tan asépticos tienen una nefasta influencia en la conversación.

Me vuelvo una vez más hacia Leo, para que no se quede ajeno al circulo. Él me empuja colocándome una mano en la cintura.

—Te juro que no es un recurso —Asia ha mudado el tono de su voz—, pero no sé, algo me ratifica ahora que no se acaba nada, que segui-

326

mos... No ya como Asia, no; sin embargo, como algo de Asia también.

—He ahí un buen tema de entretenimiento: la magia de las promesas católicas. —Me río demasiado fuerte. No quiero darle la razón—. En la eternidad nos encontraremos como en la plenitud de nuestra vida. *Vita mutatur non tollitur*. No sólo por la visión beatífica, que mudará en más vida la pérdida de la vida, sino porque resucitaremos en nuestro máximo esplendor. Qué socaliña tan tentadora: aquí envejecemos y nos cansamos unos de otros; allí estaremos refulgentes, como nunca fuimos, y la rutina no empañará nuestras relaciones amorosas... Qué halagüeño y qué falso. Dentro de una semana, ya me dirás tú.

—Te lo diré si puedo: desde acá o desde allá. —Me muerdo los labios demasiado tarde—... Una gota de agua que se confunde con el mar. —Pienso en la gota de lluvia de mi insomnio—. No sabría explicarte ni explicármelo. Pero no lo necesito. Y quizá tú tampoco.

—Ya está bien. Nuestro destino, por lo visto, es hablar de *bobadas* y aburrir a Leonardo.

—No, si no me aburro. Lo que pasa es que esto...

Se abre la puerta y una enfermera, en un carrito, trae la concreta y blanda cena de Asia.

—No os ofrezco. Ya os dije: comida de hospital. —La come con apetito. Acto seguido suena la hora del adiós.

—Pienso lo mismo que tú —le musito al oído mientras la beso; pero no sé lo que ella piensa de verdad—. He decidido, con tu consentimiento y el mío, llevarme a Leo a dormir a mi casa. ¿Qué va

a hacer solo en la vuestra, o aquí dándote la lata?
¿No te parece?

—Maravilloso. Haceos compañía. Pero no me
olvidéis.

En casa nos sirvieron una copa en el salón,
donde habían encendido la chimenea, y después,
en el comedor, una cena ligera. Leo daba la impresión de que, en cualquier momento, iba a
romper a hablar; después hacía un gesto con la
copa o con el cubierto y permanecía mudo. Yo no
sabía qué hacer o qué decir para distraerlo. Era
evidente que él deseaba actuar con corrección
(«Tu casa es muy bonita», comentó al llegar),
atender, estar, pero no lo lograba. Le puse una
mano sobre el brazo.

—No te esfuerces en nada, Leo: estás en tu
casa, pórtate como si estuvieras solo. Yo estoy
contigo por si me necesitas para algo, nada más.

Después de cenar subimos a mi estudio. Abrí
el bar junto al frigorífico y le puse un whisky muy
cargado; café ni se me ocurrió ofrecerle. Con mi
vaso en la mano empecé a pasear cada vez más
de prisa. Leo se levantó.

—¿Vamos a sentarnos? —me propuso.

—No, yo prefiero andar. —Vacilé—. Bueno,
sentémonos si quieres.

—No, vamos a pasear si tú crees que es mejor.

—No seamos imbéciles, Nardo. Siéntate, y yo
también.

No podía recordar qué habíamos comido, ni
si nuestras rodillas se habían rozado durante la
cena, ni qué hacíamos en ese momento con las

328

manos cogidas... Estábamos llorando, intentando disimularlo, o intentando no enterarnos de que el otro lloraba.

—Se acabó, Leo —dije con firmeza, y le serví otro whisky—. Esto es ridículo.

Después de bastante tiempo, preguntó inesperadamente Nardo:

—¿Tú cómo eras de niño?

—¿De verdad te importa? —Movió la cabeza—. Asia y tú me contasteis, de buenas a primeras, que vuestra infancia fue un paraíso... Una infancia gélida no puede recordarse como tal: por nada de este mundo ni del otro volvería a la mía. Oficialmente fui un niño bienamado, con una camita primorosa, en dormitorio propio, rodeado de juguetes, con personas a mi cargo que vigilaban mis pises y mis cacas, o sea, fui un niño feliz... Si la soledad manchara no habría agua que pudiera lavar la de mi infancia. —Leo me miraba con interés. Me alegró. Continué—: Era un niño miedoso. Saltaba de mi cama buscando compañía. Iba a refugiarme al dormitorio de mis padres (tendría tres años): uno de los dos, para que no me enfriara, me ponía entre ellos. Hasta que decidieron educarme. Primero, cerraron su puerta por dentro; pero, como yo me acostaba ante ella en el suelo, cerraron por fuera la de mi dormitorio; y, como me acostaba en el suelo delante de mi puerta, pusieron barandillas en mi pequeña cama... Se me negaba la compañía de dios, que es para un niño su madre solamente —Me detuve.

—Sigue, por favor. A no ser que te duela mucho, sigue.

—Mi infancia fue una noche oscura. No me extraña que los místicos se remitan tanto a la niñez espiritual. Alguien lo espera todo de su dios, y su dios se le esconde: lo pone en otras manos. Es la noche del Huerto, en la que Jesús, sólo hijo ya, implora a su Padre y, ante el vacío, se pone a sudar sangre... Alguien, que depende del todo, esencialmente, de otro, se queda solo. En mitad de la noche infinita y silenciosa, o lo que es peor, crujiente; en mitad de la noche solitaria, o lo que es peor, surcada de presencias; en mitad de la noche negra, o lo que es peor, acribillada por ojos y reflejos. Solo en el mundo, destronado... Si la esperanza y el olvido no fuesen los aliados de la vida; si el niño aquel hubiese sabido qué era la muerte y cómo conseguirla, se habría suicidado... Pero estamos hechos para consolarnos y engañarnos. Cuando crecemos nos viene bien creer que la infancia fue un concurrido paraíso. Quizá porque lo que viene después no la mejore...

—Y si sufrías así, ¿qué relación tenías con los mayores?

—Los niños son muy dados a mentir. Yo era mucho más agradable y sonriente cuando mentía: en mi cara brotaba como un suplemento de amabilidad que actuaba como lubricante de mis embustes... Pero quizá tú te refieres a otra cosa, a otra mentira: a lo que uno intuye dentro de uno mismo, a lo que lo hace diferente de los otros. Ésa es *la Gran Mentira*, con mayúscula, que va a llenar su vida, que tendrá que defenderlo de los otros, que obrará como una barricada... Esa verdad todavía sin digerir, esa gran mentira frente al resto, es muy dura de sobrellevar. De ahí la existencia de niños y de adolescentes herméticos, fingidores de todo. Yo fui uno. Pero no por farsante, sino para no tener que serlo... Y a pesar de mi edad provecta, no estoy tan lejos del niño aquel que fui. —Le sonreía.

Nardo me observaba como si no fuese capaz de apartar la vista de mí y, de una manera un poco incoherente, dijo:

—Quizá todos los niños mienten: la mentira es su escudo. Incluso ante ellos mismos. Yo no recuerdo haber dicho a nadie, ni a mí, que alguna vez, que algunas veces, soñaba con mi padre... Con él siempre tuve ese amor/odio que te decía en «La Meridiana». Era un hombre fornido y agraciado, con aspecto, sólo el aspecto, de gran patriarca, con muchos hijos y con mucha simiente desparramada, moreno y jacarandoso... Yo soñaba que me desnudaba y me besaba... No sé qué significa eso... Ahora —hizo una interrupción—, ahora no sé qué significa nada.

Se echó a llorar. Había bebido bastante. Y tenía motivos mucho más tercos y visibles que el alcohol. O quizá empezaba a compadecerse de sí mismo. Me senté junto a él y automáticamente se arrojó en mis brazos para ocultar sus lágrimas. Lo mecí como se mece a un niño: lo era en ese momento.

—Vamos a dormir. Estás hecho fosfatina, y necesitas reponerte. Si no, no nos servirás de nada ni a Asia ni a mí.

Bajamos juntos la escalera del estudio. Lo conduje hasta el cuarto de huéspedes, abuhardillado y acogedor. Pero a su puerta volvió a echarse a llorar. No supe qué hacer.

—Ven conmigo —improvisé—. Compartiremos el somnífero y la cama.

Mi cama estaba abierta, y sobre ella, un pijama. Fui al vestidor en busca de otro. Se lo alargué a Leo que, obediente e incapaz de reaccionar, se desnudó y se lo puso. Yo me cambié en el baño. Me reservé, como siempre, el lado izquierdo de la cama, y le cedí el derecho. Se acostó; traje un segundo vaso del lavabo; lo llené, como el de mi mesilla, con la leche del termo; le mandé abrir la boca; le puse en la lengua una pastilla de somnífero; le di a beber la leche. Yo hice lo mismo, y me acosté a mi vez. Le hablaba con voz monocorde para inspirarle sueño, y no sabía de lo que le hablaba:

—El enamoramiento no es más que la concreción de una cierta ansiedad. Los objetos posibles de amor están alineados ante nosotros; uno de ellos da un paso al frente, se destaca, y en él se posan, como en un árbol florido, los pájaros de nuestras aspiraciones y de nuestras escaseces o abundancias... El dolor, que habita en un lugar muy próximo al amor, procede de la misma manera: de un cúmulo de posibilidades, elige una, la abre y derrama sobre ella su llanto. —Me incliné hacia Nardo, y vi que tenía los ojos abiertos—. Cierra los ojos... El origen de tales elecciones casi nunca está al alcance de nuestra comprensión. Como si no fuésemos capaces de sostener nuestro sentimiento por una extensión demasiado grande, ni con una intensidad demasiado punzante... El corazón se cansa. De amar y de sufrir; de mantener los ojos fijos; de la fatiga que supone alimentar cualquier fuego sagrado... El corazón no es un atleta: se cansa y se desploma.

La respiración acompasada de Leo me indicó que se había dormido. Abrí el mismo libro mediocre de la noche pasada. Leí y no entendía. Meditaba, sintiendo a mi lado el calor de Leo, tan deseado, qué indescifrable es el corazón rebosante de amores y dolores que luego no realiza o no confirma... Cuando un amor nos abandona, le daríamos todo para que no se fuera; pero mientras fue huésped nuestro no le sonreímos, ni le dirigimos palabras cariñosas, ni le besamos el pecho o la cintura, ni le cedimos el lugar más soleado de nosotros... Qué confuso y reacio el corazón —pensaba escuchando la respiración de Nardo a un palmo de la mía— que sólo reacciona con brusquedad cuando la última pena se aproxima. Cuánta contradicción, como las de la infancia, entre su mentira y su verdad, su sinceridad y su fingimiento, su atracción y su repulsa; entre la moral congénita y la moral hipócrita... Extendí la mano y toqué el muslo de Nardo a través de un pijama mío. Qué agria fruta, qué dulce fruta el corazón del hombre...

—Perdóname —fue la primera palabra que me dijo Nardo a la mañana siguiente.

Por el telefonillo había ordenado a la cocina que no me subieran al dormitorio el desayuno. No sé qué se imaginaría —o mejor, sí lo sé— el mozo ante la cama doblemente ocupada. Nardo, que había dormido de un tirón siete horas, se duchó en el baño de huéspedes y estuvimos listos a la vez. Después de desayunar él se fue a la clínica con la promesa de llamarme en cuanto se supiera el resultado de la intervención. Intenté trabajar en mi libro, pero avancé muy poco:

Ahora hablo de mi muerte. Pronto no me sentaré más en este sillón ante esta mesa en la que escribo; no veré más el verde clásico del acanto, ni me siseará el aire de octubre que mueve las madreselvas. Ignoro el día y el lugar en que, levantándose, me recibirá mi muerte, y posará su mano sobre mi hombro, y me conducirá ya abandonado a ella. No sé; pero anoche he oído rechinar los goznes de la última puerta y batir sus hojas mal cerradas: abiertas para salir, no para entrar.

Hoy siento cerca a los que no están cerca ya. Los incinerados, y aquellos que enterramos o que no vimos muertos, y aquellos a los que vimos ir muriendo. El fin de Narciso, qué ejemplar: la muerte lo engatusó con ensalmos de amor y bienvenida; recién salido de mis brazos, cayó en los de ella: veloz y terminal y sigilosamente. Todavía en el hospital, como Sonia, esperaba... Es triste morir el último, sin una conjuración que te sostenga la mirada, que te apriete más fuerte que nunca la mano. No es que tenga el presentimiento de la muerte, no: con ella se convive; uno viene y se va. No se trata de eso, sino del convencimiento de avanzar en la dirección exacta con una velocidad que se acelera de modo inevitable; sino de estar inundado por la idea de la muerte como si fuese la luz bajo la que escribo y como y duermo y beso unos labios con los ojos... Ella es la protagonista de mi vida que a ella se dirige. Por el camino me entretengo en las flores, saludo a quien se cruza, me hago el desentendido, retozo, me demoro en la música... Es igual: la muerte está al fin del camino. *Es* el fin del camino. O lo interrumpe.

Me llamó, interrumpiéndome, Leonardo. Su voz era más llena, menos crispada. Asia había sido intervenida. El tumor, del tamaño de una nuez, casi podía asegurarse que era benigno. La biopsia la harían inmediatamente en el laboratorio de unos amigos. A la mañana siguiente se sabría el resultado. No había metástasis; no había nada alarmante. Todo había ido de modo inmejorable. Le mandé besos, muchos besos.

—El doble para ti, querido amigo —replicó conmovido—. Hace unos años, Asia y yo estuvimos con los saharauis. Uno de ellos me dijo: «El amor de nuestros amigos nos hace más fuertes.» También a mí.

El corazón humano era, en efecto, una fruta dulce. Acababa de sacudirme los negros vaticinios. El suave sol de otoño inundaba el jardín. Me asomé a la ventana y escuché el garipío de los mirlos. No se puede uno permitir ser tan pesimista, tan agorero, tan aciago. Tendría que reaccionar contra esa tendencia mía obscena y funeral... Respiré hondo. Una brisa templada meneaba las ramas de las mimosas. El extremo más alto de los cipreses se rebullía también. Yo era feliz.

Al día siguiente se ratificó el buen diagnóstico. Todos fuimos felices.

Mientras Asia estuvo recluida en la clínica, charlamos sin cesar, ahora con intervenciones de Leo. Su estancia allí se transformó en un ocio prodigioso para los tres. Nunca nos habíamos sentido tan implicados uno en otro, tan unidos.

—*Imbricados* es la palabra, igual que las escamas de los peces —dijo Asia.

Era como si el amor se hubiese transmutado en un largo y moroso sentimiento muy próximo al apego familiar, seguro, omnipresente... Pero sólo *como si*, porque, de pronto, ante los hoyos que la risa marcaba en la risa de Asia, o ante las sombras que las pestañas de Leo depositaban al borde de sus ojos, presentía yo que el amor no había cambiado su esencia, y que algo me obligaba a levantarme y a besarlos: a una en la mejilla, en los ojos al otro... Y ellos se echaban a reír por lo que habían dado en llamar mis *locuras de amor*.

Yo aparecía con la prensa en la mano, la leíamos a la vez y la comentábamos.

—Los hombres matan de cuando en cuando lo que sea, en la paz o en la guerra, para demostrarse a sí mismos que no han olvidado cómo se asesina.

Evocábamos las calles en cuesta de la isla, las iglesias, las placitas que nos habían auxiliado a conocernos más, los isleños, cuyas muletillas y tics imitábamos, las peripecias de nuestra amistad, de nuestros whiskies, de nuestras noches, de nuestras piscinas... Evocamos aquella escapada que hicimos Asia y yo a la capilla de El Planto, cuando me mostró, de uno en uno, los cuadros votivos con milagros marineros y hermosos barcos salvados de temibles tormentas.

—¿Y qué más hicisteis en la capilla? —preguntó Leo.

—En la capilla, nada; donde nos besamos fue en la sacristía... Pero muy poco, porque el cura venía con nosotros. Fue cuando dijo que, si alguien calumnia a alguien y luego quiere rectificar, es como quien pela una gallina y después trata de ponerle las plumas... Creo que se refería a Asia. Y es probable que a ti... Así que ándate con tiento y no calumnies.

La vida, sin que apenas lo percibiésemos, había ido tejiendo una tela común entre nosotros, igual que una araña benefactora y jubilosa que nos hubiese apresado en su red con nuestro consentimiento más incondicional.

Cuando Asia salió de la clínica dada de alta, íbamos a decirnos adiós o hasta pronto en una cena. A los postres, con una copa de champán en la mano, brindamos por nuestra recuperada salud y por nuestra efusión también recuperada.

—Seamos sinceros —puntualizó Asia— y llamémosla amor. He tomado una determinación que paso a contaros: después de acompañarme mañana al aeropuerto, os vais a ir juntos. Quiero dejaros solos unos cuantos días, los que necesitéis, descansando de mí y de mis sobresaltos. La que ahora está mejor soy yo... Ahora mejorad vosotros, conoceos más a fondo, charlad, divertíos y aclaraos. Y cuando tengáis una idea *palpable* —hizo un gesto muy pillo— de lo que deseáis, uno de vosotros, cualquiera, me llama por teléfono, y yo vuelo a encontraros.

Leo y yo nos miramos y nos echamos a reír, un poco ruborizados. La idea me pareció acertadísima, y tuve a mi vez otra:

—¿Conoces Galicia? —Leo negó con la cabeza— Está tan hermosa en otoño... Vamos a ir allí, al pazo de unos amigos míos. Tú que eres de la casa, encarga dos billetes para La Coruña en el vuelo más próximo siguiente al que tome Asia hacia la isla.

En el aeropuerto todo se volvió bromas y risas. Asia se burlaba de nosotros, de nuestra cortedad, de nuestro «inverosímil» bochorno.

—Os veo algo *corridos* —decía soltando la carcajada—: a ver si es verdad... Anda que, si delante de mí estáis así, ¿qué será sin mí? No seáis bobos. Besadme a la vez.

Mientras la obedecíamos, retiró la cabeza para que nos besáramos nosotros a la fuerza. Reía como una loca. Hasta que la dejamos riendo en la puerta de embarque, y nos quedamos Leo y yo serios, solos, esta vez sin ninguna preocupación exterior, y frente a frente.

Asia volvió a asomar su cara alegre entre los guardias civiles:

—Ya lo sabéis: si alguien me dice «ven», lo dejo todo.

Hacia adentro, la siguió, como la cola de un antiguo cardenal, su carcajada.

TRES

En Alvedro, el aeropuerto de La Coruña, nos recibió Ramón, el encargado del pazo, a quien ya conocía. Me interesé por Sita y por Sitiña, su mujer y su hija. En el pazo todo estaba bien, «hasta ellas», añadió con socarronería. El sol declinaba, y su luz, casi rasante, embellecía los prados verdísimos moteados de casas. Bosquecillos de pinos y de eucaliptos, ennegrecidos algunos por recientes incendios, trepaban en las laderas junto a la autovía, y en la medianera, mimosas salvajes y plumeros que ningún aire hacía cabecear.

—Aquí en otoño, don Octavio ya sabe: o no hay brizna de aire o se alza un temporal.

No tardamos en encontrar, a la derecha, la entrada al pazo a través de un ancho paseo de plátanos cobrizos.

—Son las cinco y media, todavía no ha caído la xiada. La rociada, digo.

Detrás de una inmensa pradera salpicada de rosas y de claveles chinos, que finalizaba en una hilera de viejos magnolios aún con algunas flores, la fachada del pazo entusiasmó a Leo. Yo ya había estado en él, por eso lo elegí: para poder, si me dejaba Ramón, presumir ante mi compañero.

—La gran torre —comencé una vez apeados— es del siglo diecisiete; el cuerpo central, ¿lo ves?, casi cubierto de bignonias rojas, y el claustro, del dieciocho; las balconadas del otro extremo son Renacimiento.

—¿Don Laurencio es del arte? —curioseó Ramón.

—No, es piloto. Pero se llama Leonardo.

—Eso digo, don Laurencio. No creí yo que los pilotos entendieran de nada.

Unas nubes pequeñas, desparramadas, decoraban inmóviles el leve azul del cielo. Al norte, como una cortina de negreante verdor, un conjunto de solemnes cedros del Líbano sobre el césped cuajado de alegrías y campánulas. La gravilla crujía bajo nuestros pasos. Se oyó un único pájaro. Lo busqué con los ojos.

—Es un chasco —dijo Ramón—. Anida por las silbeiras. Fue el de la Huida a Egipto de Nuestro Señor. Quiso engañar a la Sagrada Familia y decía «chas, chas (como ahora mismo), chas, por ahí ben vas». Gracias a que estaba cerca la papudiña, que es un pájaro bueno y cantaba: «Piu, piu, o chas mentiu», el chas mintió, digo... Aquí, don Octavio, hay que estar pendientes de todo, hasta de los paxariños, porque todos nos quieren timar.

Nardo se reía por cualquier cosa: el deje de Ramón, la esplendidez sin destemplanzas de la tarde, los colores entonados de las cosas, la mesurada majestad del palacio. Nardo era evidentemente feliz, y a mí me satisfacía.

Subimos unos cuantos escalones cubiertos de musgo. Se respiraba la humedad en el aire limpísimo. Seguí la mirada de Nardo:

—Esos escudos son de los López de Queo, con las tibias cruzadas, de los Andrade, de los Montenegro y de los Soto de Sigrás: cuatro grandes familias entroncadas.

Dejamos a nuestra espalda un macizo de hortensias, y cruzamos la portada hacia el severo portal. Veníamos de la luz abierta y avanzábamos por la penumbra del zaguán hasta la luz cerrada del claustro. En su centro, unos dibujos hechos con setos de boj y dos crecidísimos camelios de color carmesí.

—Mañana por la mañana tendremos brétema. Explíquele a don Laurencio que es una bruma baja que se pega al suelo. Y dentro de una hora tendremos la néboa, que nos quedará aislados.... Aquí lo que más tenemos es reuma, xiada y grelos —añadió sin la menor gana de broma—. El salón de ustedes, según la señora, es éste —dijo abriendo una enorme puerta de roble. La estancia desmesurada la habían tapizado en tonos azules, y enriquecido con muebles buenos por aquí y por allá. En una chimenea crepitaban los leños, y las llamas arrojaban una luz jadeante sobre la última del día—. Aquellos tres peldaños dan a la torre. Colgada, hay una linterna por si quieren subir. —Entreabrió una puerta más pequeña—. Por aquí, a sus habitaciones. La primera, la de don Octavio, con su mesa para escribir. —La cama era anchísima y con muy buen aspecto. Nos miramos, seguramente sin darnos cuenta, Nardo y yo—. La segunda, la de don Laurencio. —Nardo, cada vez que lo llamaba así, sonreía y se encogía de hombros—. Tiene dos camas, usted podrá acostarse en la que guste... Al fondo de este lado del claustro está el comedor de respeto; pero ahora caigo en que la Sita me encargó que les advirtiera que les serviría el té en el salón. Conque los dejo. —Se llevó la mano al corazón y luego a la cabeza saludando y salió.

—Saluda como un árabe —observó Nardo.

Él y yo habíamos hablado poco en el avión. Fórmulas de cortesía, o las respuestas a las preguntas que le hice, de cortesía también, sobre técnicas de vuelo, o sobre los títulos y condiciones para ser piloto privado y comercial, o sobre la calificación de vuelos instrumentales... La verdad es que me quedé sin saber gran cosa, porque no atendí mucho y porque Nardo estaba francamente tenso.

—Bueno, Laurencio —dije riendo—, elige tu cama. —Comprendí que se prestaba a una doble interpretación, y, de prisa, para acabar de arreglarlo, agregué—: Entre las dos de tu cuarto, claro, quiero decir.

Nardo lo echó a cara o cruz, y le tocó la más alejada de la puerta.

—¿Te apetece ver algo del pazo mientras nos traen el té?

—Lo que tú mandes —respondió, y exteriorizaba otra vez la plenitud de su sonrisa.

Se agarró de mi brazo. Lo conduje a través de unas largas salas con cuadros grandísimos y oscuros, comprensibles con dificultad, y retratos de familia tampoco muy comprensibles y no menos oscuros. Atravesamos una sala de billar con dos

342

bancos corridos, sobre una tarima móvil como posapiés, que se utilizaban para presenciar desde más alto las partidas. Y, después de un salón con bargueños y una Piedad gótica, desembocamos en la terraza donde el verdín era como un humo de un verde brillante y matizado. La sobrepasaban las copas de los primeros robles y laureles que formaban el bosque. Una parra roja cubría los muros de levante. No lejos, un fuego balbuceaba y chispeaba al atardecer. Una ráfaga de niebla, desde el este, rasgaba el paisaje. Al extremo más alejado de ella, el mar aún se percibía como un manchón gris adornado con las barcas varadas. Se ponía el sol entre grises livianos que roseaban por zonas, sobre las arboledas ya indeterminadas. Al norte, un grupo de casas aldeanas con chimeneas humeantes. Ladraba, insistente, un perro. Y un altísimo castaño seco se silueteaba contra el cielo. La niebla, por la parte de tierra, marcaba ya los valles, uno tras otro, sobre los cuales el silencio parecía tremolar como una ancha bandera. Al fondo, una sierra, en la que destacaba un pico más alto... Y el sol, aún reinando, deslumbraba hasta su último suspiro y nos enceguecía.

Nardo se apoyó en mí. Le pasé un brazo sobre los hombros. Caminamos hasta el borde opuesto de la terraza, que daba a un patio reducido plantado de begonias amarillas. Sus tapias exteriores estaban consteladas de hiedras menudas, de helechos y de musgos: ni el mejor florista podría haber creado una obra tan cumplida.

Casi de repente el cielo se oscureció; corrieron las nubes, enredadas unas con otras, ante un azul

343

que aún se presentía luminoso; trascendía el sol ausente; la bruma se desplomaba ya con prisa.

—Entró a néboa —dije imitando el deje de Ramón.

Leo se apretó más a mí con un escalofrío.

En el salón nos esperaba Sita, gruesa, de color rosa como su nombre, con el pelo muy blanco y algo de niña pequeña disfrazada de vieja para una función de fin de curso. Se cubría las manos apaisadas bajo el delantal del uniforme. Las sacó con temor para estrechar las nuestras, y volvió a protegérselas.

—La Sitiña les está abriendo las camas. Yo les he deshecho las maletas. ¿Hícelo bien? —Le di las gracias por un exagerado cesto con azaleas que vi colocado al pie de una ventana—. ¿Y qué hacer? Si no es por las flores, ¿qué otro adorno hay aquí? —Sonreía con su carita rubia, redonda e infantil.

Salió Sitiña del pasillo de los dormitorios. Seguía pareciendo mayor que su madre: era morena, enjuta, notablemente amargada y notablemente soltera. Observé cómo se fijaba en Nardo con ojo diestro. Y se lo presenté para que disfrutara.

—Cenaremos fuera, Sita.

—Yo les había preparado cena por si llegaban cansadiños del viaje.

—Bueno, en realidad no hemos venido andando —dije. Rió Sitiña con cierta exageración. Consulté a Nardo con un gesto, y él aprobó—. Pero mejor cenaremos en casa.

—¿Aquí, o en uno de los comedores?

—Aquí, Sita. Esto es más recogido.

Salieron madre e hija. Mientras tomábamos el té se hizo de noche.

Fui a mi habitación con la disculpa de coger un libro, y me senté a la mesa con la cabeza entre las manos. Me hallaba confundido. No sabía por dónde tirar. Me estaba comportando con una inconcebible falta de naturalidad, y quizá produciendo en Leo una impresión no deseada. Veía ya ante mí las horas anteriores a la cena, las horas anteriores al sueño, como una helada superficie blanca y desierta que me era preciso atravesar. Y esa impresión de sacrificio me crispaba contra mí mismo. Todo el afán de suscitar entusiasmos en Nardo, todo el quiero y no quiero de la coquetería y de la seducción, me aburrieron en el instante en que desapareció Asia, que era mi espectadora y mi compinche a un tiempo. No hacía falta ser un lince para captar el desengaño que le causaba a Nardo mi conducta. Por mucho que me devanara los sesos, no encontraba justificación ninguna para aplazar lo que habíamos venido a hacer aquí: conocernos lo más posible en todos los sentidos.

Aparecí en el salón con una buena guía de Galicia. E ilustré con puntillosidad a Leo sobre el área en la que estaba el pazo. Le enseñé sus fotografías, lo que no dejaba de ser una redundancia. Le leí su historia y la de las familias a las que perteneciera... Levanté los ojos del libro y vi a Leo distraído, absorto en el inquieto fuego de la chimenea. Me reconocí impotente para solucionar la cuestión: Leo estaba harto y fastidiado, y yo también... Y hasta la mañana siguiente allí no había nada que hacer.

—¿Te gusta leer? —pregunté a la buena de Dios.

—No leo mucho, ¿sabes? Pero no sé por qué. En realidad no me disgusta. Claro, que la que lee en casa es Asia.

—¿Tú crees que la lectura forma parte de los bienes gananciales? —La voz me salió algo áspera.

—Si se hace bien, todo entra dentro. —Se acentuó su sonrisa—. Hasta tú.

Me desarmó su sinceridad y su simpatía que lo rodeaban como un aura ostensible. Alargué la pierna y le di con la punta del pie en la rodilla. Él me agarró el pie e hizo un amago de tirar de él, riendo.

—¿Quieres lucha? —repitió la pregunta de Fuerteventura.

—No lucho mucho, ¿sabes? —repliqué imitándolo—. Pero no sé por qué. En realidad, no me disgusta. Claro, que la que lucha siempre en casa es Aspasia.

Se levantó riendo a carcajadas; se situó junto a mí; me apretó el cuello con las dos manos y colocó luego su cabeza a la altura de la mía. Sin mirarlo, dije en voz baja:

—Tengo miedo, Laurencio.

—Yo estoy cagado, Augusto.

Ninguno de los dos nos reímos. Nos estábamos mirando a los ojos. Yo escuchaba su corazón y él seguramente el mío.

—Joder —dijimos a la vez los dos. Y entonces sí reímos.

Nardo fue hacia la mesa donde estaban las bebidas. Sirvió hielo en dos vasos. El cubo era de un tamaño descomunal.

—Cuando acabemos esta Antártida, ¿dónde habrá más?

—Pediremos otra Antártida a la hora de la cena. Si es que no estamos por el suelo...

El primer whisky, que me bebí muy rápido, me tranquilizó. Consideré necesario hablar, porque las miradas iban tomando un sesgo peligroso. O al menos, no deseado todavía por mí.

—Mucha Aspasia, pero se ve que no has leído a Schopenhauer. Él dice que las mujeres son todas unas cargantes. Hasta por fuera se ve que no han sido pensadas para ningún trabajo valioso: ni de la inteligencia, ni material siquiera.

—Pues criar niños no es baladí.

—Qué palabra tan graciosa. No esperaba que la usaras: *baladí*... Pero lo que hace aptas a las mujeres para criar niños y educarlos es que ellas mismas son pueriles, fútiles y muy limitaditas. Son como niñas grandes: ¿has visto a Sita? Pues así.

—¿Has visto tú a Sitiña?

—Sí; yo la he visto a ella —reí—, pero ella no te ha visto más que a ti. —Rió él también—. Lo habías notado, ¿eh? Lo que a un guapo se le escape... Pero Sitiña es una solterona: no cría niños, por eso está hecha un hombre... Dice Schopenhauer que el hombre no adquiere el máximo de su inteligencia hasta los veintiocho años. O sea, tú acabas de adquirirla y todavía no estás acostumbrado. La mujer, en cambio, a los dieciocho. O sea, que su inteligencia no crece más después. Sólo ven lo que tienen delante; viven en el presente; toman las apariencias por realidad, y prefieren las superficialidades a los conceptos importantes.

—¿Cuáles son los conceptos importantes?

—Las abstracciones, por supuesto.

—¿Y eso qué es? —preguntó imitando un acento cateto con muchísimo salero.

—En realidad, no lo sé. Pero si quieres trato de definírtelo: la consideración de las cualidades de una cosa al margen de esa cosa, o de la cosa misma, pero en su pura esencia o noción.

—Ah, menos mal —comentó Nardo, muy serio primero y luego echándose a reír.

—¿Quieres que sigamos hablando de las mujeres según Schopenhauer?

—Si no hay otro remedio, sí.

—La injusticia es uno de sus defectos capitales, ¿te enteras? Por la escasez de su buen sentido, por su poquísima reflexión, y porque, dado que carecen de fuerza, emplean más que nada el subterfugio. De ahí su astucia, su artería y su instintiva tendencia a la mentira.

—Pues las estás poniendo como un pingo. Bueno, tú o quien sea. Eso sería antes... ¿Y no dices que eres bisexual? Yo creo que las mujeres no te gustan nada.

—A Schopenhauer, amigo mío.

—Pues ¿sabes lo que te digo?

—¿Qué?

—Que le den por culo a Schopenhauer —levantó su segundo whisky—. Por Schopenhauer.
—Y chocamos los vasos.

Transcurrió el tiempo más de prisa de lo que me temía. Llegó la hora de la cena, en la que Sita,

por manos de Sitiña, nos ofreció mariscos: ciga-
las, percebes y centollas pequeñas. —«¿Son afro-
disíacos?», preguntó Nardo. «Ojalá», contesté yo
riendo—, una magnífica lubina, y de postre un
pastel de castañas.

—De la casa —aclaró Sitiña—. Llevan néveda
—añadió bajando la voz no sé por qué.

—¿Qué es néveda? —Leo estaba devorando
medio pastel.

—Quizá sea la artemisa. Creo que aquí trae
suerte. La planta; porque lo que es la que le dio
nombre no la tuvo: siendo viuda, se enamoró de
Dárdano y, como no le correspondía, le sacó los
ojos y se mató después.

—Una bestia. Sin embargo, el pastel está ri-
quísimo. —Sitiña se deshizo ante el elogio y ante
quien lo emitió.

Después de que retiraran el servicio continua-
mos bebiendo. Habían dejado puesto un bajo-
mantel rosa. Me acordé de mi sueño: el mantel
rosa, el caballo *Miño*... Se lo conté a Nardo, que
escuchaba con todo su ser.

—Yo te dije: *mío* en gallego se dice *meu*.

El relato del sueño estaba a punto de concluir
y, como si ya supiera el final, Leo me preguntó:

—¿Y tuyo?

—*Teu* —le respondí asombrado—. Así era precisamente como acababa el sueño: preguntando
tú eso.

Leo alargó la mano y esperó mi mano, que fue
en busca de ella. Luego, un poco violento sin saber
por qué, me levanté para telefonear a unos amigos: un médico y su mujer, que vendrían a recogernos al día siguiente para llevarnos a Santiago.

—¿Nos acostamos? —invité al terminar.

—¿Cómo?

—Mañana hay que madrugar —dije sin querer entender la pregunta.

—¿Por qué? —Nardo estaba desilusionado.

—Para que veas Galicia. ¿Necesitarás somnífero?

—Todavía no lo sé. —Me miraba con un brillo en los ojos, como quien aguarda una decisión que no depende de él.

En la puerta de mi dormitorio le acaricié una mejilla y le empujé, como en broma, hacia el suyo. Me miró, ya en su puerta. Una vez más comprobé que los silencios de Nardo tenían una intensidad superior a todas las demás voces, incluida la suya.

No dormí bien.

Después de desayunarnos, salimos a pasear por el bosque que rodeaba el pazo. Cerca de él, a su entrada, unas daturas y unos laureles se alternaban. Hacía calor. Pasamos junto a un cruceiro erigido en medio de la hierba, sobre la que caían las hojas de los castaños. Los castaños tenían frutos todavía: sus erizos guardaban tres castañas, la del medio más pequeña. Abundaban los robles, los arces ya amarillos, algún negrillo y algún alcornoque. La tierra estaba revestida de mastranzos, de ortigas, de zarzas y de amarilis rosas. Los helechos levantaban a mucha altura su rizadas ramas. En los árboles serpeaba una hiedra minúscula que se derramaba desde ellos por la tierra. No cantaban los pájaros. Nos adentramos por un estrecho paseo empedrado cuyos bordes eran bojes centenarios.

—Es el camino del molino antiguo —expliqué.

Leo avanzaba a mi lado, muy cerca de mí. Los troncos de los bojes eran irregulares y retorcidos. El suelo, más que húmedo, mojado, lleno de hojas secas y resbaladizo. En una pendiente estuve a punto de caer y Nardo me sostuvo. Los escaramujos invadían los linderos, junto a los tojos y los brezos. Una mariposa grande de color pardo vibró un instante sobre el brazo de Nardo y huyó luego. Al alcanzar el eucaliptal, vimos a Ramón inclinado.

—Le han venido los jabalíes esta noche. Levantaron las piedras. Ahí está su pasada. Escarbaron buscando raíces... Pero no son aún grandes.

Lejos ascendía la otra ladera del valle, salpicada de prados mínimos, de pinedas, de casitas. Se oían esquilas retozando en el aire. Una familia de ratoncillos de campo cruzó ante nuestros pies.

—El molino se fue —decía Ramón, que se nos había incorporado—. Conservamos sólo la poza del caz; para los incendios, más que nada.

El agua negra y estancada me dio un repelús. Oímos una especie de cuerno.

—Es Sitiña que llama.

—Habrán llegado mis amigos. Volvamos.

El día fue precioso y completo. Nardo, por quien especialmente hacíamos el viaje, se declaró rendido admirador de los minifundios y de las aldeas y de las parroquias. En Santiago no supo qué decir, y no dijo nada. Colocó sus dedos sobre la cabeza de Mateo; se sobrecogió en el Pórtico de la Gloria; escuchó nuestras pisadas sobre las losas de las calles más solitarias, y quiso llevarle a Asia —«porque decís que trae suerte»— un collar de azabache y una figa.

—¿Me permites que los pague a medias contigo?

Afirmó riendo con un contento que a nuestros amigos le pareció infundado, pero no a mí, que lo entendí muy bien.

Nos dejaron en el pazo al anochecer.

Antes habíamos visitado la playa más próxima, la que se divisaba desde la terraza. El paisaje surgía ya emborronado por la niebla. Todo era gris, pero había una exhibición de gradaciones: unos grises inmóviles, salvo el del mar, rizado. Al fondo se ruborizaba apenas confundiéndose con el cielo, y verdeaban en primer término las olas, que con pereza venían a morir a la arena y se desperezaban de pronto sobre ella con una espuma blanquecina. Emergían unas fantasmales barcas. Y parecía emerger también el gris del agua hasta una nube grande, aprensivamente encendida, y otra muy blanca más arriba. Poco a poco se fueron apagando. Leonardo, encerrado en sí mismo, contemplaba aquel mar como si lo bebiera. En la playa, grandes rocas grises también entre la hierba, verde de cerca pero gris igualmente de lejos. El aire, mojado y sonoro, estaba lleno del mugido del mar. Iba a caer la noche, pero la luna aún no había salido. Unos pescadores de caña, también grises, se acurrucaban en la orilla.

—No hay luna —murmuró Leo como en una iglesia.

—En Galicia no hay luna: no se le puede rezar. —Él se volvió hacia mí. Creyó que hablaba en serio. Me reí—. Ya saldrá, no te desesperes.

—A esta playa tendremos que volver otro día tú y yo.

Me retiré a escribir. Y escribí lo que sigue. ¿Por qué? No lo sé. ¿Planeaba despertar en Nardo algún un tipo de celos? Creo que yo había dejado de entenderme a mí mismo.

El dolor más irremediable lo producen en el amor los celos retrospectivos. Quién besó la boca que nosotros besamos; de quién fue la mano que, antes que otras, se introdujo en los escondidos rincones donde aletea la dicha; dónde va su memoria cuando el amado se disipa y no escucha lo que le decimos; de quién era la nuca que, por primera vez, obligó hacia su pecho... Nadie es capaz de destituir ese pasado pétreo, grabado como un destino en las facciones que nos atraen y que a otros antes atrajeron.

¿Quién fue, dónde está hoy, aquel estudiante asturiano que masturbaba bajo las faldas de la camilla a Gabriel, por las noches, mientras fingía estudiar entre sus hermanos, uno de los cuales era amigo del masturbador?

¿Por qué le regaló una biblia, de la que Gabriel había arrancado la dedicatoria, y cuáles eran las palabras de ella? Ahora se mezclan el recuerdo de las mejillas enrojecidas por los besos y los roces apasionados con el de la misma cara, ya en la UVI, ligeramente hinchada, lo que la rejuvenecía, y enrojecida también por no sé qué medicamentos. Ahora se confunden el color moreno del verano con el color iodado que el mal funcionamiento del páncreas le producía...

Él ya no estaba, y vivían no obstante los amigos envejecidos y mugrientos, los que lo habían perjudicado, los que lo amaron quizá a la vez que yo. Y yo también vivía: roto, pero vivía. Alguien, a quien mi corazón se negó a creer, me advirtió, en una fiesta de la calle de Filipinas, que había visto cómo besaba a Gabriel un ministro o un conocido marchante, me da igual... El amante o desmesura la acusación, o no la cree. Porque ha de defender a su amor frente a los otros y frente a sí mismo. Ha de defenderlo hasta de la propia posible ira y enemistad. Porque, en los interrogatorios, el amado se enreda más y más, y salen a relucir engaños mayores que aquel por el que el interrogatorio comenzara. ¿Cómo interpelar a Esteban, por ejemplo, de un modo congruente, sin que se viniese abajo el castillo de naipes de cualquiera de sus relatos?

Por fortuna, hay desdichas que llegan demasiado tarde. Como la mayor infidelidad de Gabriel, de la que me enteré cuando había muerto. Fui por la mañana a la florista del mercado, donde, durante tantos años, comprábamos juntos nuestras provisiones. Paquita era gitana, gorda y guapota. Empezó su negocio con unos cubos de claveles a la puerta del mercado, y ahora tenía un cuartito muy en orden y bien surtido. Pero aquella mañana lo encontré vacío. Se había enterado de la muerte; me dio el pésame.

—Nada más abrir —se disculpó— llegó aquel señor que iba mucho últimamente con Gabriel y en una furgoneta se llevó hasta la última flor y la última rama.

Todo era, pues, verdad. Todo había sido verdad. Le di las gracias. El ser que amamos es tan sólo una posibilidad: un espacio en blanco donde nosotros, al menor pretexto, vamos pintando como queremos su silueta interior y exterior. Cuando comenzamos a mirar, ya objetivamente, a aquel ser e inspeccionamos sus facciones auténticas y no las inventadas, es que empezamos a dejar de amarlo... Pero el amor no se repite nunca. Un amor no se asemeja a otro. Cada uno inaugura un mundo de fulgor y de júbilo. Si todos los amores fuesen una reiteración, la vida sería un desastre continuado, una previsible condena, una burla fatídica y grotesca... Eso es quizá lo que acaban por ser todos los amores.

Y sin embargo, en amor, nuestro pasado determina nuestro porvenir. No porque se asemejen los amores, ni porque hayamos adquirido ciertas experiencias, sino porque las angustias sufridas nos precaven, aun sin consciencia de ello, y nos obligan a acercarnos con más prudencia a amores que juzgamos más fáciles o menos complicados o mejor correspondidos. Y entonces no nos ponemos enteros acaso sobre el tapete verde desde el principio, sino que avanzamos con mayor precaución, como el cazador que fue aprendiendo, sin advertirlo, las costumbres de la presa y las leyes, no demasiado mutables, de la caza.

La plenitud del amor puede llegar a transformarse en un dolor inimaginable y en una humillación por caminos de fraudes, de celadas, de acechos, de adulterios, o puede transformarse en una frialdad positiva, que calcula por fin lo que cuesta y lo que nos aporta; que ve el desequilibrio y aconseja no proseguir un trato en el que perdemos y padecemos más cada día.

El amor es como esos venenos que no inmunizan, sino que provocan efectos acumulativos, y recaen sobre los anteriores envenenamientos, sobre las dosis ya asimiladas, hasta ocasionarnos la muerte. Por qué entonces cuando, después de una ruptura, el corazón se nos queda destrozado, hay unos misteriosos tejedores, unas benévolas monjitas zurcidoras, que van entretejiendo los desgarros, restaurando la urdimbre con hilos sacados del propio desastre, hasta dejar casi nuevo, reconocible, casi idéntico —aunque nunca el mismo de antes—, nuestro corazón. Es decir lo dejan dispuesto otra vez para ser desgarrado. Vivimos en la sucesión, en el transcurso; vivimos en el tiempo. Tendríamos que vivir en el instante, que es lo único eterno, porque está por encima y fuera del tiempo. Vivimos en la premura y en la necesidad, y la vida es casual y azarosa. Tendríamos, por eso, que *estar* y no que *ser*.

El paso del amor a la indiferencia es un salto difícil: no se da casi nunca. Queda un resquemor, o una afición indulgente y templada. Lo que, en el caso de la muerte, produce el olvido no es el desamor, sino la inmovilidad de los recuerdos, que van perdiendo lentamente la partida. Se trata de una casa cuyos deterioros ya nadie reconstruye: se la visita, pero no se la revoca, no se la vive, y las goteras, las humedades, las sabandijas, las intemperies, la menoscaban y la afean, hasta que los visitantes cesan de acudir. El camino del olvido es el inverso al del amor. Pero en ese regreso a la previa indiferencia, bajo luces distintas, se ven paisajes que no se habían visto a la ida. Y es que ya somos *nosotros* otra vez. Los recuerdos se diluyen, sin perderse, en el iridiscente líquido de la vida, y al diluirse pierden su amargura. Porque van ya camino del olvido, que no los borra sino que los traspone y les permite volver de tiempo en tiempo: evocados, llamados, no ya presentes a todas horas como estaban. Y luego ya, por fin, tampoco llamados, sino sobrevenidos sólo por descuido, o al tropezar con algo suyo que los identifica, mansos definitivamente y fraternales, como envueltos en el cariño con que se envuelven los recuerdos falseados de la infancia. No agresivos como eran, no puntiagudos, sino redondeados igual que los guijarros de los ríos, lisonjeadores y fecundos.

Pero, como los recuerdos, hay también desdichas que nos asaltan demasiado tarde... Son ésas las que no tienen remedio.

Le leí lo escrito, después de la cena, a Leonardo. Permaneció mudo, mirándome con los ojos muy abiertos, durante unos minutos que se me hicieron interminables.

—Hay una parte de lo que dices que he vivido y que sé que es cierta. Por eso me da pánico que sea cierto lo que yo no he vivido todavía.

—Probablemente no lo vivirás.

No volvió a hablar. Al irnos a descansar, en la puerta de mi dormitorio, di yo un giro imprevisto, y casualmente chocamos, o eso me pareció. Nuestras bocas se encontraron sin poderlo evitar, o eso me pareció. Mis dientes, o los dientes de Nardo, me hicieron daño en los labios. No me atreví a levantar los ojos.

—Buenas noches —dijimos a la vez.

Por la mañana, me consultó si llamábamos a Asia.

—No creo que a ella le guste —me opuse—. Su intención era otra.

—Querría saber cómo están ella y la niña... —Titubeaba—. Querría hablar con alguien.

Entendí que era un tácito lamento por nuestra desconexión. Llevaba un jersey verde claro que se reflejaba en sus ojos. Lo deseé. Deseé su bien formado cuerpo y la varonil cordura de su espíritu. Le palmeé el cuello bajo la oreja.

—Tienes razón, soy un imbécil. Llámala. Llamémosla. Y preguntemos también por el cachorro.

—No es un cachorro —dijo repentinamente animado—: tiene nueve meses y está hecho un hombre: un hombre bien guapo.

—Como tú —Nardo se echó a reír.

—Como tú —concluyó al darme la espalda y acercarse al teléfono.

Yo preferí no hablar con Asia. Me sentía en falta con ella, después de tanta connivencia y tanto complot. Me tendí en mi cuarto esperando a Nardo, con un libro en las manos, del que ni el título sabía. Tardó bastante en tocar a mi puerta. Entró exultante.

—Todo está bien. Todos están bien: Asia, Valeria y *Rey*.

—Sota, caballo y rey —le interrumpí yo riendo.

—Y Asia nos manda sus mejores deseos. Como si aquí no hubiera.

—¿No hubiera qué? —Me levanté. Estábamos cara a cara.

—Deseos —respondió, y sonreía. Por sus ojos, más que azules, cruzaron dos relámpagos.

Teníamos comprometida la cena con mi amigo médico; pero el almuerzo era cosa nuestra, y decidimos comer en cualquier tabernita del pueblo más cercano. Antes recorrimos las construcciones de piedra que le habían llamado la atención a Nardo: el hórreo muy largo y estrecho, la casa de las vacas que ahora estaba vacía, un establo donde había dos caballos no muy jóvenes, y la vivienda de los caseros, a cuya puerta, entre arbustos de fucsias, Sitiña sacudía una estera.

La parte menos noble del pazo fue la que más fascinó a Nardo. Era una escalerilla acodada, con peldaños y barandilla de piedras, que daba a una galería donde se abrían las puertas de servicio.

Dos camelios frondosos y brillantes habían echado una alfombra carmesí sobre los escalones.

—Es como para hacer la escena del balcón de Romeo y Julieta —rió Nardo casi saltando.

—Si te atreves, adelante. Yo puedo hacer de apuntador.

—Todos podemos hacer de todo —añadió Nardo riendo más fuerte.

Hasta las once estuvo el pazo invadido por una intensa bruma que esfumaba las cosas y no dejaba ver más allá de unos metros. Media hora después había levantado, y se distinguían con total nitidez el mar y las rocas de la playa. La transparencia del aire era igual que un milagro, y lo respirábamos con tanta fuerza y tanta hondura que nos alimentaba.

Fuimos al pueblo dando un largo paseo. Leo había encontrado una vara recta y alta en la que se apoyaba.

—Igual que un peregrino —le dije.

—Lo soy. Supongo que, como los peregrinos que venían a Compostela, no tengo ni idea del terreno que piso.

Olfateé una intención en su comentario y no quise avanzar por ese lado. Señalando el cielo purísimo, le dije:

—Mira, un bexato. —Remedé a Ramón y su afán de traducciones—. Un milano, digo. A lo mejor es una rapina, que es más grande, pero con la distancia no los diferencio.

—¿Tú dónde has aprendido lo que sabes?

—En tus ojos —le respondí riendo.

—Siempre dices cosas amables cuando no estamos solos.

360

—Ahora lo estamos. —Repliqué, pero huí—. Esa bandada sobre la pineda es de pombos: de palomas torcaces, digo.

Un pajarillo del tamaño de un gorrión surcó sin desconfianza alguna ante nuestros ojos. Era un verderón, un verderolo. Le conté a Nardo que cuando los nabos están en flor, se comen todas las simientes.

—Tú sabes que del nabo sale la nabiza, esa verdura con la que se prepara el caldo gallego, y luego se transforma en los famosos grelos. Son cosas peculiares, como el gofio entre vosotros... Y hubo una vez un párroco de aldea que esclareció muy bien el dogma de la Trinidad a orejas campesinas. «Son», decía, «tres y uno a la vez, distintos y lo mismo, como el nabo, la nabiza y el grelo».

—De verdad, ¿dónde has aprendido lo que sabes? Estaría toda la vida oyéndote.

—Eso espero —dije bajito, despertando su sorpresa, por lo que creí mejor mudar de rumbo—. Sé muy pocas cosas; lo que sucede es que sé lo que sabe poca gente. Lo que la mayoría sabe no lo sé.

Atravesábamos un bosque de carballos. Nuestros zapatos se hundían en el terreno jugoso y feraz, compuesto de humus y hojas recientes. Nardo se detuvo. Estaba claro que la mañana iba de pájaros. Me indicó con la vara un nido que se columpiaba en el puro aire que se llevó la niebla, pendiente de una especie de cuerdas.

—Es un nido de oropéndolas —le aclaré—. Ese pájaro tiene éxito con su aspecto y con sus nombres. También se llama oriol, y aquí gaiolo.

Unas pegas o urracas saltaban con alegría de rama en rama. Todo en la mañana invitaba a sentarse al sol apoyada la espalda contra un tronco. La luz parpadeaba, descolgándose de las ramas más altas. El paisaje entero vivía, palpitaba. Venían desde lejos algunas voces, cuyos sones la configuración del valle trasladaba, pero no su sentido. Los insectos consumían con voracidad sus breves vidas. Las lontananzas parecían estar ahora al alcance de nuestras manos. Como lo estaban los amarilis y las calas silvestres, las setas minuciosas, los clausurados frutos del quejigo...

—¿Nos dará tiempo de sentarnos un rato? —sugirió Nardo dando en el clavo.

—Por supuesto. No tenemos prisa.

Pasaron unos minutos, en los que los insectos se nos acercaban para curiosear. El clima, imperceptible, como de primavera, empujaba a una cierta indolencia.

—Abandónate. Es sencillo —comenzó a hablar Nardo. Ahora fui yo el sorprendido—. Eso fue lo que me aconsejó Asia esta mañana. No te pongas tenso, añadió, no te resistas; una cosa viene por sus pasos detrás de otra, se deduce de la otra. Igual que una regla de tres. —Dejé pasar un tiempo.

—Sí; Asia es muy aficionada a las metáforas aritméticas.

La mano de Nardo me rozó la frente con cuidado.

—Tenías una arañita —explicó con la voz no muy clara. Y luego inició la conversación por la que recelaba yo—: Refiriéndome a esas cosas de-

ducibles que dice Asia, ¿no son la misma cosa el
amor y el deseo?

—A veces, sí. A veces, como en mi caso, el
amor se disfraza de deseo para resultar menos
amenazador a los asustadizos: un polvo no compromete a nada, ni siquiera a otro polvo, y el
amor, sí.

—¿Crees tú que yo soy asustadizo?

—Eso tú lo sabrás. —Lo miré un instante,
cambié de tono y proseguí—: Sin embargo, también a veces se disfraza de amor la simple aventura, o la frivolidad, o el deseo de averiguar en
qué consiste ese lío amoroso... ¿Y qué hacer entonces sino rechazarlo?

—No estoy seguro de que no me estés ofendiendo. —El rostro de Nardo era el resumen de
la inocencia.

—Puedes estarlo: no te estoy ofendiendo. Lo
que pasa es que sé menos cosas de las que tú te
crees...

Nardo apoyó la cabeza en el carballo, suspiró,
miró a los altos y enredados ramajes:

—Yo imaginaba que el amor era la aspiración
a lo que encontramos bello.

—Platón. Eso te lo enseñó Asia en sus clases.
Y el amor lo es ciertamente; por lo menos se engaña muchas veces a sí mismo creyendo que lo
es. Pero cada uno ve con sus propios ojos la belleza: no hay una, indudable, para todos... ¿Qué
sería entonces de nosotros los feos? —Nardo me
dio un codazo sonriendo—. El defecto, en ocasiones, es bello también: no un *a pesar de* sino un *a
causa de*. La excepción de la regla.

—¿De la regla de tres?

—De cualquiera, Nardo. Sobre todo —añadí más para mí—, de la regla que nos habíamos impuesto a nosotros: la adusta regla de no volver a amar, de no volver a pretender que nos amaran... —Hice un silencio que no quebrantó Nardo—. Aunque el amor es más hondo, más resistente, más pertinaz que la belleza: ¿recuerdas que el otro día lo dijimos? —Otra pausa—. En todo caso, Nardo. En el tuyo también.

—¿Quieres decir...? —Mi última afirmación no había sido inteligible para él.

—Quiero decir que tengo miedo.

Me incorporé. Le alargué la mano para ayudarlo a levantarse. Lo hizo plegando las piernas y desplegándolas de un salto. Me miró y se reía. Cuando yo, dejándolo un poco atrás, empecé a andar, él arguyó:

—También yo tengo miedo, ¿qué te has creído tú?

El resto del trayecto hasta el pueblo lo anduve habitado por la emoción. Tenía ganas de llorar y de reír. Me hallaba dramatizante y estúpido. Hubiera dado algo por estar solo, lejos de la persona que me provocaba tal estado de ánimo en que me era tan difícil hasta respirar, y en el que hablar me resultaba imposible. Lejos de esa persona y echándola de menos. Sin volverme hacia Nardo, me apoyé en su brazo: me era casi necesario. Él me apretó con el codo contra su costado.

Entramos en una taberna. No sé lo que pedimos. Supongo que pote y lacón con grelos. Sé que hubo ante nosotros, de improviso, un queso de tetilla bien partido, pulpo a feira y una botella de albariño. El hombre que nos servía, con su mandil blanco y su blusa remangada dijo, y yo lo escuchaba a distancia:

—Es un vino muy especial: afrutado y joven. De la zona del Rosal: setenta por ciento de uvas albariñas mezcladas con loureiro, freixadura y caíño blanco.

Yo miraba no a Nardo, a los ojos de Nardo, que vertía el vino sin mirar a los vasos, derramándolo. Y yo humedecía mis dedos en el vino volcado y lo llevaba al cuello de Nardo.

—Es alegría —murmuraba.

Y él humedecía sus dedos y me tocaba bajo la oreja. Y el silencio sentado en medio de nosotros, abrazándonos, susurrándonos al oído lo que ninguno de los dos se atrevía a decir. Y la mirada azul, tan explícita, de Nardo: tan explícita, tan convincente, tan penetrable y tan penetradora... No entendía cómo pude pensar nunca que Nardo era callado: nadie se había comunicado nunca tan bien conmigo. Desfallecía. Y ahora no me encontraba imbécil. Suspiré. Suspiró Nardo. Los dos cerramos los ojos porque era imprescindible salir de aquella tensión para seguir viviendo.

Regresamos del brazo, a través del bosque, más sombrío a esa hora. La edad, las diferencias, las dudas habían desaparecido. Éramos igual que dos niños extraviados en medio de un cuento, que se tienen el uno al otro para acertar cuál es el buen camino: el que los apartará de la casa del ogro y los conducirá a su propia casa, donde arde el fuego del hogar.

Sólo al ver la avenida de plátanos volvió a invadirme el pánico. No supe de nuevo qué hacer ni qué decir. No deseaba, o mejor, temblaba ante la idea de quedarme a solas bajo techo con Nardo. «Eres un viejo idiota», me dije. Me animó ver el coche rojo de mi amigo, que nos esperaba.

Nos llevaron a tomar copas y a cenar a un pueblo de la Ribeira. La niebla se había echado, las calles estaban desiertas. Decidimos, por si nos pasábamos en la bebida, comprar un medicamento de vitamina B_6 concentradísima «que elimina las resacas», según el médico. Lo pedimos en una farmacia. Nos lo trajo la que atendía: una señora muy aseada y muy mayor, y mi amigo quiso pagarle al mismo tiempo que yo. La señora hizo un gesto vago de rechazo con su mano arrugada: parecía a punto de desmayarse.

—Hazme el favor de no insistir: la estás poniendo enferma —exclamó mi amigo de guasa.

La señora repetía su gesto con los ojos sobre el mostrador. Después de un rato dijo:

—Yo soy incapaz de cobrarle nada a Octavio Lerma. Ya le debo bastante. Muchas gracias, señor.

Me afectó la elegancia de aquella mujer, y me enorgullecieron sus palabras, pronunciadas además delante de Nardo. Yo besé aquella mano temblorosa.

—Qué tío —dijo Nardo al salir.

Nos tomamos los cuatro nuestras vitaminas y

nos dispusimos a beber. Yo agradecía a la bebida, como el viejo idiota que era, que me facilitase la retirada aquella noche.

El médico y su mujer, que también era su auxiliar, tenían el demonio en el cuerpo. Es difícil que haya en Galicia una pareja más intrépida, más conocedora de leyendas, de frases, del gracejo de las mariscadoras y las verduleras y pescaderas de los mercados.

—Llega un marinero a su casa —contaba Chus—, después de tiempo y tiempo de navegar. Y va frotándose las manos pensando en el alegrón que se va a dar con su mujer, con Pacucha. «Qué polviño, Nai de Deu, qué polviño», se dice. Pero, cuando abre la puerta, ve a su Pacucha con otro en la cama. Entre angustiado y rabioso dice: «Pero Pacucha», da un portazo y se va. Cuando está bajando la escalera, se asoma Pacucha casi en cueros y le grita: «Ara vailo contando por ahí, que vas a quedar moi ben.»

Las risas de Nardo, divertido y radiante, puntuaban cada relato del médico y de Adeliña, su mujer. Ante su éxito, se quitaban la vez el uno al otro, complacidos con aquel muchacho simpático y guapo cuya alegría se me contagiaba también a mí. Cantaba Adeliña:

> Aniña a lebre no monte;
> a papuxa na silbeira.
> A muller de moitos homes,
> aniña donde ella queira.

Y le replicaba Chus:

> *Na casa de Isabela*
> *entrou un rato,*
> *porque tiña na porta*
> *feito un burato.*

El que no cantaba de ellos, y un poco yo, se lo traducía a Nardo, a quien seguramente no le hacía falta, porque captaba la mala intención popular y absolutoria.

Y retornábamos a beber como «los peces en el río» del villancico andaluz. Y cantaba Nardo su sirinoque de Garafía:

> *Qué te echarás, Micaela,*
> *en los bordes del mojero*
> *que te comió el arestín*
> *la mata del pimentero.*

Y la airada contestación de Micaela:

> *Jaramagos crudos comas;*
> *se te tullan pies y manos;*
> *la divina con que meas*
> *se te llene de gusanos.*

Y cantaba Chus:

> *Carballeira de San Justo,*
> *carballeira recortada.*
> *En aquella carballeira,*
> *perdí a miña navalla.*

Y cantaba Adeliña:

O paxaro cando xove
mete o rabo na silbeira.
Asi fa la boa moza
cando no ten quen a queira.

Hasta yo me atreví a cantar un verdial:

Cada vez que paso y veo
el sitio en el que te hablé,
me dan ganas de pararme
y echar un cigarro en él.

Todos, incluso los que estaban tras el mostrador, acabamos cantando juntos *Asturias, patria*
querida.

La última copa, la penúltima, nos la bebimos
en un puticlub de carretera, someramente iluminado en rojo. Lo llamaban «Las Suecas», pero todas las mujeres que vimos procedían de África.
Como era natural.

Al darnos las buenas noches, me dijo Nardo
con la lengua algo estropajosa:

—Tú y quienes te rodean sois soberbios. —Se
volvió en la puerta de su cuarto antes de entrar,
y agregó—: Y que conste que el encontronazo de
anoche no fue por casualidad.

Amaneció otro día mucho antes de que ama-
neciéramos nosotros. La vitamina B_6 había cumplido su misión redentora. Por la mañana trabajé
ante el ordenador. Me influyeron los acontecimientos del día anterior, y avanzaba. Tendría que
decirle a Leo que era mi talismán: eso lo engreiría

369

y lo interesaría en mi tarea, eximiéndome así tal vez de mi egoísmo.

La exaltación del cuerpo se consideró, y aún la consideran muchos, aberrante. El dios íntimo y personal que hoy se adora y se honra como lo único que tenemos, o lo más valioso, hubo un tiempo en que avergonzó a sus poseedores. El cuerpo procedía de una repugnante secreción y era hijo y padre del pecado. Mejor era olvidarlo; pero, si su presencia se imponía, había que combatirla con cilicios, mortificaciones y sacrificios feroces.

Ahora el cuerpo es el hombre mismo, la persona misma. Está ahí, erigido, no ya vehículo, sino manifestación de cuanto somos, ostensorio de la vida y de la muerte, políglota de todos los lenguajes. No almado, sino forma indefectible del alma. Desde el llanto y la risa hasta el más profundo espejismo del amor; desde los pliegues de los párpados, la boca, las axilas, las ingles, hasta la grácil curva de los pómulos, los muslos o las nalgas. El cuerpo, vuelto a divinizar, es el sostén y el perceptor de la belleza. Porque, sea la belleza lo que sea, es en el cuerpo y a su través donde se asienta y como se percibe. Sea universal y absoluta, o variable y dependiente de nuestro espíritu, el cuerpo es su camino y su posada.

No sé si el amor, que también por medio del cuerpo se expresa y se concreta, necesitará siempre la belleza, o él consigue ver más: una que para él sólo se entreabre. En todo caso, por la belleza que se levanta como un reclamo recibe su llamada y la responde. Con el frenesí y a veces con el bramido cadencioso del sexo.

Pero, por el contrario, ¿requiere el sexo siempre la cálida caricia del amor o actúa por sí mismo? Sus gestos, imperativos y rituales, ¿serán *sagrados* cuando se alíe en ellos el placer, el amor y la potestad de transmitir la vida? ¿Serán *humanos* sólo si se juntan el amor y el placer? ¿Serán *animales* si se encaminan descaradamente al placer puro, o impuro para algunos, fortuito y recíproco, sin otro precedente y otra derivación que su propia alegría? Alguien tan austero como Kant escribió que la expresión primaria de la propia moralidad no es tanto procurar la moralidad ajena cuanto la felicidad ajena.

Cada cuerpo puede exigir ser tomado en consideración como persona; que la aventura amorosa no lo transforme en objeto. Puede negarse a abrirse. Su decisión la aguardan las excitaciones simultáneamente jubilosas y dolorosas; las tensiones que arrastran sin concebible resistencia; los gemidos y los visajes que, en el escaso repertorio del hombre, son iguales para el ápice del sufrimiento y el del gozo; la invasión de las fronteras corporales; la posesión de vísceras, orificios, entrañas, superficies; la congénita observancia de los ritos naturales, que son también sagrados, porque la naturaleza es también sobrenatural y contra ella no caben sacrilegios. En cada vello, poro, partícula de piel, pezón, lóbulo, nuca, dedo, uña, comisura, se aposentarán el olvido y el milagro. Por unos instantes dos seres, unidos, son el centro del mundo. Su lecho es ahora el orbe...

¿Por qué, entonces, sobreviene, al concluir la ceremonia que no promueve el amor sino el celo, una tristeza que se enmascara con el sueño, la desgana que se refugia en un cigarrillo, el desolado viaje de vuelta a un dormitorio? ¿Se trata de una decepción? Quizá, pero no por lo breve que fue el júbilo, sino por lo infinito que pudo ser. Se produjo un indicio del paraíso antes de que sus puertas se cerraran de golpe. A una eterna y victoriosa fiesta tan sólo el cuerpo fue invitado, y él no vuela, no resiste en el éxtasis. Ahora yace, caído como un Ícaro. La soledad extiende sobre el lecho su sábana incolora. Separa con ella los cuerpos de las víctimas, que fueron aliados en el altar mutuo. Terminaron el gozo y la vía del gozo. Ya no queda otra cosa en común, después de que el universo entero giró en torno a este eje, sino la soledad. Y el silencio ensimismado de los cuerpos, que vuelven a adentrarse en sus murallas. Todo es frágil aquí: ni el placer dura, ni la dicha; no dura el cuerpo ni sus claros vergeles; no dura el sentimiento, aunque sea verdadero... Y siendo así, ¿por qué ha de durar más el espíritu que empuja, que se esconde, que acecha y se regocija tras las afanosas ventanas de la carne?

Le leí el texto a Nardo, como si fuese un colaborador, para que no supusiera que lo apartaba de mí.

—Está bien. Sólo la última parte me parece demasiado pesimista. No es así, no es así.

—La última parte —busqué en el papel impreso—, «sobreviene al concluir la ceremonia que no promueve el amor sino el celo», es algo de lo que hablábamos ayer.

—Tú haces tantas distinciones... No me extraña que se te pasen las ganas de hacer otras cosas. —Se había puesto de pie y se miraba en un espejo. Se alborotó el pelo, y dijo sin volverse—: Estoy feo, ¿verdad?

—Sí; estás hecho un horror... Pero no importa.

—Voy a dar una vuelta —dijo casi sin expresión. Y salió. No había aclarado si la vuelta la iba a dar por fuera o por dentro del pazo. Desde la ventana lo vi alejarse por la avenida de plátanos. La llenaba.

Pasaron las horas y Nardo no volvía. Comí cualquier cosa, solo, inventándome una tonta explicación de su ausencia para el servicio. Traté de escribir y no lo conseguí. Traté de leer, y no avanzaba porque me era preciso volver sobre lo leído una y otra vez. Ya atardecía. Me vino a la cabeza el primer crepúsculo que vimos juntos desde la terraza. Mi preocupación era más grande de lo que me permitía reconocer.

Le pedí el coche a Ramón. Quiso llevarme. Yo no conocía la zona; dentro de nada caería la noche; era mejor que condujera él, que para eso estaba... Alegué, con cierta sequedad, que quería despejarme después de haber trabajado la tarde entera. Estaría de regreso, probablemente con don Laurencio, a la hora de la cena.

Al desembocar en la carretera, frené. Dudaba hacia dónde dirigirme. Nardo no debía de estar lejos, puesto que salió a pie; pero también dispuso de bastantes horas para caminar. «Piensa, viejo idiota —me ordené—, piensa.» No sé cómo, la memoria me sugirió la playa que visitamos y que él me había pedido revisitar juntos. Me dirigí hacia ella como primera providencia. Dejé el coche lo más cerca posible. Nada más apearme, sobre las rocas grises, entre los grises de todo el paisaje velado ya por la niebla y la humedad, distinguí el jersey azul que ese día se había puesto Nardo. Yo llevaba otro también azul. Me apresuré hacia él. Estaba abstraído, sentado, con los brazos apretándose las rodillas. Me tuvo que oír acercarme, porque al subir se desprendió una piedra e hizo ruido; pero no se movió. Tampoco se movió cuando le puse una mano sobre el hombro. Entre los cendales grises del cielo galopaba la luna.

—La luna está creciente —le dije—: hay que rezarle.

—Ya no me importa. —Permanecía impertérrito, con la mandíbula apretada y el cuerpo recogido.

—Pero ¿qué te pasa? ¿Dónde has estado todo el día?

—Reflexionando. Aquí.

—¿No te das cuenta de que me has asustado?

—Tú a mí también. —Transcurrió un momento en el que se oía, indistinto, el mar—. Me voy, Octavio.

—¿Por qué?

—Porque no quiero molestarte más. Habíamos venido a decidir una cuestión. Está bien claro que tú ya la has decidido... Me voy esta misma noche; dormiré en La Coruña. —Se deslizó entre nosotros otra pausa—. Yo no estoy solo, no estaba solo: por eso evalúo mejor el lastre de una presencia que destruye la soledad y no acompaña.

—¿Te refieres a mí? —le pregunté, hundido.

—Me refiero a mí. Tú has venido aquí para trabajar; no voy a molestarte más.

Todo se teñía de un gris por momentos más denso y tenebroso. Las nubes ostentaban un borde plateado por la luz dispersa y gélida de la luna. Me senté junto a Nardo. Alargué un brazo, lo puse sobre su hombro y giré su cuerpo hacia mí. Conservó los ojos bajos.

—Ha sido una tortura —susurró, casi al borde de las lágrimas, con sus labios prominentes como de niño haciendo pucheros, y su respiración agitada. Le levanté la barbilla para forzarlo a que me mirase.

—Pero ¿no te has enterado? ¿De verdad no te has enterado? —Lo sacudía.

—¿De qué?

—De que te quiero, de que te quise desde el primer momento. Hasta cuando te odiaba.

—Entonces, qué manera tienes más rara de querer.

Pensé que llevaba razón. Bajé la voz que había alzado, y musité despacio:

—Te lo diré otra vez: es porque tengo miedo.

—Y yo —gritó—. El único modo de quitarse el miedo era andar juntos; pero tú no sabes lo que es eso.

—Quizá tampoco tú. Me propongo no hacerte daño...

—Ni daño, ni nada: te propones no hacerme nada —gritaba con la voz rota—. Si debo ser vencido, quiero serlo por ti.

—Aquí no hay vencedores: todos somos vencidos... Tengo miedo porque eres demasiado joven para saber...

Por fin alzó los ojos. Fue como si amaneciera. Me miró largamente. Todo lo gris del mundo se había vuelto azul. Me cogió la cara con sus manos, y me besó con un beso profundo e inconfundible. La boca me supo a su tabaco. Cuando me separó de él, me preguntó:

—¿Sigo siendo demasiado joven?

Fui yo entonces el que cogí su cara, y la atraje, y lo besé con más hondura aún que él a mí. Era una dulce, violenta, prolongada invasión. Cuando salió mi boca de la suya, le contesté:

—Sí.

—Entonces también tú eres demasiado joven.

Su cara había recuperado el color. Era de noche. Me abrazó, lo abracé y caímos enredados sobre la piedra gris. Mi mano, durante el arrebato, fue a dar sobre su regazo: Nardo estaba excitado. Instintivamente, con un golpe de caderas, apretó su sexo contra mi mano. Se comportaba con la naturalidad que da la pureza, con la generosidad que da la inexperiencia. Se reía a carcajadas como si le estuviera haciendo cosquillas. Yo tenía a mi lado, sobre mí, debajo de mí, un ejemplo de lo que es el amor exhibido, libre, gozoso, propicio, amigo y enriquecedor. De lo que es el amor sin el más mínimo sentido de culpabilidad. Me estaba demostrando, sin pudor, que yo había confundido el placer con lo malo; la perversidad no era la de Nardo sino la mía: una perversidad que disminuía el deleite ante cualquier exceso en lugar de aumentarlo... Era evidente que yo escribía lo que Nardo se había dedicado y se dedicaba, con pasión, a vivir.

De repente, dejó de reírse, apartó mis manos, me miró desde el suelo. Sus ojos se sumergían en los míos, se adentraban en los míos, dominaban los míos. Es decir, sus ojos se miraban de veras en los míos: eso de lo que tanto se habla y tan poco se experimenta.

—Ahora sí —dijo—. Ahora tenemos que llamar a Aspasia.

El coche lo condujimos a medias. Llevábamos bajados los cristales y avanzábamos muy despacio, entre caricias y risas y promesas. Se oyó un siseo. Nardo se separo de mí, y yo me eché a reír.

—Es una coruxa: una lechuza, digo. Te ha pasado lo que a los mozos, cuando vuelven de las romerías atravesando el monte con su amor entre manos. Oyen ese siseo, y se creen que los han descubierto.

Nardo se volcó sobre mí y me golpeaba el brazo y el muslo muerto de risa.

—Yo también voy con mi amor entre manos, pero no me remuerde la conciencia, imbécil.

Al entrar en el pazo, ya a pie, escuché otro canto. Era el canto del moucho. No me gustó: dicen que anuncia muerte. Sonreí en plena vida. No se lo dije a Nardo.

Consultó con impaciencia los vuelos desde Madrid; los de la isla a Madrid se los sabía de memoria. Telefoneó a Asia. No estaba. Habló con Valeria, que la esperaba de un momento a otro.

—Mi amor, dile a mamá que la vamos a volver a llamar... Sí, estoy con Octavio. —Se volvió—. Que te dé un beso... Dale tu otro a *Rey*. Y para ti, todos, todos. Adiós, mi amor.

Cenamos sin mirar los platos: no podíamos separar nuestros ojos. El mantel volvía a ser el mantel rosa de mi sueño. Se lo conté, a hurtadillas, para ocultarme de Sitiña, y me acarició la mano. Tenía hambre de un día, y tragaba ferozmente sin dejar de sonreír. Con la boca llena me dijo:

—Desde que Asia llega a Madrid en el primer vuelo, si es que puede cogerlo, hasta que sale otro hacia aquí, hay mucho tiempo. Demasiado. Voy a organizarle un viajecito personal.

—¿Cómo es eso?

—¿Te acuerdas de que te conté que un compañero de instrucción me recomendó aquel sitio en Memphis, en Estados Unidos? —Afirmé, aunque apenas lo recordaba—. Pues ahora está de instructor en Cuatro Vientos. Se llama Anselmo Prieto. Tengo el número de su casa. Voy a ver si puede traer mañana a Asia en una avioneta. Así estará mucho antes con nosotros. —Hizo una pausa. Quizá no me vio muy enfervorizado por su idea—. Tengo prisa, ¿comprendes?

Sí; comprendía. Volvió a llamar a la isla y habló con Asia. Ella, como era de esperar, encontró el plan magnífico y «cojonudo en estricto sentido». Anotó el teléfono de Anselmo para ponerse de acuerdo con él sobre el sitio y la hora de citarse.

—Dile que la quiero más que a nada en el mundo —le grité. Nardo no se lo dijo.

A su amigo piloto lo localizó en seguida. A él el proyecto le divertía, dijo. Se quedaría a dormir con nosotros en el pazo.

—¿Por qué no me has dejado hablar con Asia? —le pregunté cuando colgó.

—Porque no quiero secretitos al oído.

—¿Y por qué no le has dicho lo que te encargué?

—Porque Asia ya lo sabe —se reía, se reía, se reía.

—¿Y tú qué le has dicho? Porque yo, que estoy bien educado, no escuchaba.

—Que ya. —Me obligaba a reírme a mí también.

—¿Y qué te contestó?

—«Enhorabuena, chicos, voy volando.»

Nardo y yo entramos en mi dormitorio.

—Preferiría que no sucediese nada importante —le insinué—. Tenemos que reservarnos para Asia. Con ella también hice este pacto pensando en ti.

—Cerdos, más que cerdos.

Nardo sonreía mientras se desnudaba. Salió de mi habitación desnudo y volvió con pijama, riéndose. Yo ya tenía puesto el mío. Nos acostamos.

—¿No me das un somnífero como el día que me invitaste a tu cama? —Su aliento olía a menta.

—Si te pones coñazo, sí.

—¿Qué es ponerse coñazo? Dilo —me provocaba. Me pinchaba con el dedo como a un niño pequeño al que se quiere hacer reír para que pierda una apuesta—. Dilo, dilo, ¿qué es eso de coñazo?

Yo tenía una erección, y él, otra, o la misma. Estuvimos jugueteando: me quitaba la almohada, me golpeaba con ella, tomaba a chacota los pijamas, se quitó la blusa del suyo, me destapaba para ver las pruebas de mi excitación, me ofrecía carcajeándose un vaso de agua, me lo retiraba, me daba de beber de su boca, fumamos a medias un cigarrillo... Y era tal la presión de uno contra otro que, en un momento dado, me apretó con todas sus fuerzas contra él. Había dejado de reír y su rostro tomó una expresión casi doliente. Se plegaron sus cejas hacia arriba, se abatieron sus párpados, comenzó a jadear. Comprendí, y lo sujeté contra mí. Sin saber exactamente cómo, porque no era esa nuestra voluntad, la mía al menos, nos inundó a los dos a la vez el placer y nos derramamos.

Cuando pude, miré a Nardo. Tenía los ojos casi vueltos, y una expresión de infinito sosiego. Me sonrió.

—Qué bobo eres —me dijo. Luego se puso muy serio, cerró los ojos, y agregó—: Estarán buenos los pijamas. —Soltó una carcajada.

A él la felicidad física le dio sueño, a mí me lo quitó. Pasaron unas horas. En ellas yo reflexionaba que la vida debería detenerse e inmortalizarse ahí. Al fin, yo había obtenido lo que más ambicionaba. Tenía los acompañantes por los que suspiraba hasta el término de esta vida. La otra, si existiera, para ser apetecible, tendría que ser eterna pero igual. Elevé una súplica sin destinatario: que no cambiase jamás ese momento; que la llegada de Asia lo ampliara; que no mudásemos ninguno de los tres, a quienes se nos había regalado aquel don impagable... Ésa era mi plegaria mientras admiraba el torso y el rostro de Leonardo dormido, e imaginaba el ardor con que nos multiplicaría Asia a la noche siguiente. Me repetía: «No quiero volver a ser el que he sido. Nunca. Ninguna de mis etapas me ha dado las ilusiones que ésta. No la daría ni por todas las anteriores juntas. Quién iba a pronosticarme que *ahora* comenzaría todo: mi vida verdadera, la verdaderamente compartida, la multiplicada por la regla de tres... Quién me iba a decir que existía un paraíso y que yo sería recibido en él con la más dulce de las compañías.»

Durante la cena le había advertido a Nardo que necesitaba ver amanecer desde la torre «este día que era ya inolvidable». Él se apuntó, comprometiéndome a que lo despertara. A las siete no lo consiguió el timbre del despertador, y cuando salía yo sin hacer ruido, me voceó:

—Cabronazo, te ibas a ir sin mí.

—Coge una manta por si acaso —le aconsejé.

—Con la que tú llevas tendremos para los dos.

Descolgamos la linterna. La primera planta de la torre estaba vacía. La segunda tenía un banco grande de nogal, una inmensa chimenea de piedra a medias incrustada en el muro y un par de troneras. En la tercera había una construcción de madera y cristal por la que se salía al exterior, a una especie de adarve elevado. Nos apoyamos sobre el parapeto de levante como dos siameses, envueltos en la manta y turbados por la belleza inaugural del panorama, inesperadamente amplio y diáfano. La luna estaba muy alta todavía. Cantaba un gallo lejos. Por el este el cielo, lívido, se teñía de un incipiente rosa. Unas rachas de niebla baja permitían asomar sobre ellas las copas de los árboles más elevados. Unas luces distantes parpadeaban medrosas. Sombras indefinidas se interponían, más espesas, ante las últimas sombras de la noche. No se veía el mar, oculto por una niebla que señalaba las hondonadas y los valles; sólo un grupo de pinos, muy lóbrego, indicaba la situación de la playa, que ya era *nuestra playa*. Como si hubiera oído mi pensamiento:

—La playa —murmuró Nardo, y pasó su brazo por mi cintura mientras se colocaba bien, con el otro, la manta.

Por el poniente arreciaban los gallos de un caserío que comenzaba a distinguirse. La luz, sorprendentemente quieta, apenas si progresaba entre lo oscuro, o a costa de lo oscuro. Las siluetas de las colinas y de los montes azuleaban contra el azul sucio del cielo. El mar de niebla, como un humo que atizase una mano, crecía en lugar de menguar. Las nubes, casi indiscernibles, se encendían poco a poco, y le comunicaban algo de vida a la quietud del mundo. Por fin, la luz, a medida que dábamos la vuelta a la torre, apresurada, aclaraba y definía el color un tanto verdoso de los cielos, puros en lo alto y vagamente amoratados en el horizonte.

—¿Por qué no me dices lo que piensas? —me pidió Nardo, y me besó en la nuca.

—Porque no pienso: miro y siento. —Iba a oprimirlo contra mí, cuando Nardo me oprimió contra él.

Sobre las negligentes perlas de la niebla comenzó el cielo a cobrar resplandores. Rompieron a cantar los primeros pájaros. El verde del aire, arriba, se tornó casi de oro. Clareó ya todo el cielo. Una nube de mosquitos giraba y se contorsionaba sobre nuestras cabezas. Nardo meneaba una mano para espantarlos, sin conseguir otra cosa que dejar caer la manta. La recogió. Vi, al agacharse, el nacimiento de sus nalgas. El paisaje era como si sobre él atardeciese, o mejor, como si hubiese atardecido.

La copa de los magnolios, de un verde muy brillante y oscuro, estaba tachonada con las últimas flores. Casi se olían desde nuestro mirador. Al inclinarme sobre el pretil, la erección de Nardo me rozó el muslo. Una bandada de gaviotas chilló de pronto espantando a dos urracas. Las nubes ahora se habían puesto de un rosa pálido y dorado; pero no las espesas y más bajas, que ocultaban el sol. Debajo de nosotros cruzó un vuelo de palomas azules; en medio de ellas, una blanca relucía con el primer rayo de luz. Nardo y yo, echados sobre el parapeto, nos quitábamos mutuamente el frío. Él levantaba con una uña los líquenes oxidados de la piedra.

Al oeste, una luz tenue y uniforme manifestaba las arboledas de frutales y pinos que trepaban hacia la sierra, poblando las laderas y las depresiones del terreno. El borde de la sierra era casi turquesa —lo comparé con los ojos de Leonardo—, sobre unas masas violeta e índigo. Rebrillaban abajo las begonias amarillas del patio de la casa. Había amanecido. Se presentía el sol. Iluminaba sin calentar; pero, rodeado de un cortejo de nubes, se negó a comparecer ante nosotros. Abrigados con la manta, enredados uno a otro por ella, Nardo y yo nos besamos bajo un aleteo de gaviotas.

Bajamos de la torre y nos volvimos a meter en la cama, pero aquella noche —o aquella mañana ya— no dormimos más. Nos sucedió como a Francesca y Paolo en la *Divina Comedia*: «*Quel giorno più non vi leggemmo avante.*»

A pesar de no dormir, nos desayunamos tarde.

—¿Qué es lo que más te gustó de mi isla? —Nardo mojaba una galleta en mi té; él se desayunaba con café.

—Vuestra casa de Garafía y ese modo que tienen todas las calles de bajar de prisa hacia el mar.

—¿Y por qué no me hacías caso cuando yo te daba a entender «adelante, adelante»?

—¿Cuándo fue eso?

—Siempre, casi desde el principio: en Garafía,

384

en «La Meridiana», hasta en Madrid. ¿Por qué has consentido que lo pasara mal?

—Porque yo lo estaba pasando mal también, porque me sentía indeciso, porque no podía permitirme dar ni un solo paso en falso...

—Tú sí que eres falso. Mucho te quiero, perrito; pero pan, poquito. —Untaba una tostada con mantequilla y compota de melocotón—. Cuando en Fuerteventura sentí tus atributos contra mi cuello, me alteré. —Lanzó una risilla nerviosa al decir *atributos*—. Por poco no me caigo y te tiro.

—Pues cuando yo sentí tu cuello contra mis atributos, los míos crecieron. Me llevabas lo mismo que un matador a hombros.

—Me ibas a dar con tus atributos la puntilla, ¿no, asesino? —Me bañaba con sus ojos, y yo me dejaba sumergir en ellos—. Cuando me puse a tu lado en los urinarios, me temblaba la mano y me oriné fuera. —Rió—. Menos mal que te fuiste.

¿Debía defenderme? ¿Cómo contestar? Había tanta benignidad en sus reprimendas, tanto candor y tanta sencillez que, para apartar la vista y distraerla, me unté yo otra tostada.

—¿Cuál te gustó más en Santa Cruz: la plaza de San Francisco o la de Santo Domingo?

—La de San Francisco. Con su fuente tan elegante y descentrada, con sus tuliperos africanos, tan blanca, y el pavimento de piedras formando dibujos, y la armoniosa escalera, y la espadaña tan rotunda... Y con aquella panda de niños chillones estropeándolo todo.

Nardo reía, y dejó de reír:

—¿A quién vas a querer más, a Aspasia o a

mí? —Me eché a reír yo también, le besé la mano aún con la tostada y no respondí—. Contesta: ¿a quién vas a querer más? Y no digas que igual, porque eso es imposible.

—Para mí sois la misma persona. No puedo separaros. No puedo distinguiros... —Me reproché haberle contestado en serio; pero percibía un temblor en aquellos labios, un pálpito de inseguridad que en el futuro podría tener funestas consecuencias—. Hablar de Asia solo, o de ti, o de mí, es mutilarnos. Nuestra ventaja es que somos tres: nabo, nabiza y grelo. —Nardo sonrió otra vez.

—Todos para uno y uno para todos.

—Así es.

Se incorporó y me besó la frente a través de la mesa.

—Ojalá estuviese Asia ya aquí.

—Ojalá.

Como invocado, sonó el teléfono. No pensé ni un momento que pudiese ser para los del pazo. Era Aspasia. Llamaba desde Cuatro Vientos.

—Mi amor, qué contenta estoy. Qué cambiazo va a dar nuestra vida. Vamos a ser tan felices, cariño, tan felices... Salimos dentro de una media hora: que Leo calcule... Estoy ardiendo. Ardiendo en deseos de veros y de todo. No me dices nada, Octavio, parece mentira.

—Si es que no me dejas meter baza.

—Tienes razón: soy una malvada. Pero os quiero, os quiero y os quiero... Y Leo, ¿qué tal? ¿Se ha portado como es debido? —Se reía con su risa jugosa y saltarina, tan semejante a la de Nardo cuando estaba contento—. He pedido unas mínimas vacaciones en el instituto: para descansar de la operación. Di que no: como viaje de novios... Besos, besos, besos. Hasta ahora mismo. Adiós.

El teléfono volvió a sonar. Leo se apresuró a cogerlo mirándome de reojo. Era Anselmo: tampoco a él lo había dejado hablar Aspasia. Hacía frío, pero el tiempo no estaba mal, y pasaría la sierra de Madrid en seguida. El resto era coser y cantar. Cogía un monomotor, porque el bimotor estaba en revisión. Leo anotó la matrícula... Cosas de ellos.

Almorzamos en La Coruña en un buen restaurante. Otra vez mariscos, otra vez lubina, y otra vez un mantel adamascado de color de rosa. Se lo señalé a Leo con los ojos, y se echó a reír.

—Es el destino, macho, ¿qué le vamos a hacer?

Me rozaba las piernas con un pie. Se le almendraron más los ojos, cosa que yo había observado que le sucedía cuando se excitaba. Le sonreí y le amenacé con avisar al *maître* si seguía comportándose mal.

Después de comer, empezó una larga procesión de cafés y de whiskies.

—No bebamos más —advertí—, porque le vamos a causar a Asia una impresión pésima.

—La vas a querer a ella más que a mí —esta vez Nardo afirmó.

—Sí; pero porque ella no bebe tanto como tú.

—Que te crees tú eso. Es una esponja. —Se reía, me guiñaba y me rozaba las piernas y algo más—. Yo sí que la quiero más que a ti.

—Claro, el roce hace el cariño.

—Por eso te rozo tanto con el pie. —Reíamos los dos.

Llegamos al aeropuerto de acuerdo con sus cálculos. Fuimos directamente a la oficina de tráfico. Nardo preguntó por el monomotor matrícula S-EC-BR2. «Había salido hacia las dos y media; estaría a punto de llegar; su mujer venía en él.» Mostró sus documentos de piloto, y lo invitaron a hablar con la torre de control. Desde ella le dijeron que hacía tres cuartos de hora comunicó que tenía una pequeñísima avería en el sistema de antihielo, y que iba a descender de nivel: no veía ningún problema en llegar en el tiempo previsto.

—Añadió que se lo notificásemos a usted cuando lo preguntase. No hemos tenido un contacto posterior.

Desaparecieron como por encanto todos los whiskies que habíamos bebido. Nardo se inmutó y, al verlo, noté, por un hormigueo especial, que yo palidecía. Nos miramos. Los ojos de Nardo se habían atirantado y agrandado, como si hubiese enflaquecido de repente. Salimos igual que autómatas de la oficina. Me latía el corazón de una manera escandalosa.

—Ahora mismo —le dije—, la única manera de ser un buen piloto es no pensar.

—¿Tú no piensas, o qué?

Avanzábamos, sin saber hacia dónde, a pasos muy lentos.

—Yo no soy piloto; pero está bien: vamos a no pensar juntos.

Lo cogí del brazo. Golpeó mi mano con la suya: estaba húmeda. Recuerdo que pensé: los niños siempre tienen húmedas las manos.

Alguien, desde la puerta de la oficina de tráfico, nos llamó. Control había avistado la avioneta. Nardo y yo respiramos tan hondo que nos pusimos a toser. Sin el menor recato, nos abrazamos como dos estudiantes virtualmente suspendidos a quienes se aprueba por los pelos. El mismo amable señor de la oficina nos acompañó a las pistas. Leo me indicó la avioneta con el dedo. Se aproximaba... Más, más... Volvió a latirme el corazón de una forma distinta. Iba a tomar ya tierra. De improviso, vi que se descomponía la cara de Leo. Murmuró algo así como «la pata derecha, le falla el tren derecho». Me estremecí.

—¿Qué dices?

—El tren de aterrizaje. —No me miraba. Casi tampoco hablaba—. Demasiado viento...

Se me agarrotó la garganta. La avioneta estaba al alcance de mis ojos. Vi una rueda delantera y otra en el lado izquierdo. Nardo se lanzó a correr con desesperación. Al parecer había vientos cruzados. Anselmo, el piloto, hizo la toma de tierra sobre el lado de la rueda extendida. En el momento del contacto, trató de perder velocidad manteniendo el plano derecho arriba el mayor tiempo posible. No lo consintió la propia fuerza aerodinámica. Cayó ese plano; se frenó la avioneta sobre él, giró como un trompo, y capotó, deshecha, casi del todo fuera de la pista.

Leo corría desalado. Yo, detrás, jadeaba. Por la pista se acercaron una ambulancia, un coche de bomberos, y otros coches pequeños. Se me nubló la vista, pero seguí corriendo. Pensé que la distancia era mucho mayor de lo que parecía. Pensé que esa frase servía para todo... Me detuve unos segundos con las manos sobre el pecho. Junto a los restos de la avioneta, boca abajo, se agitaban varias personas. Vi el jersey marfil de Leo. Volví a correr. No sé si anochecía o yo había dejado de ver claro. Todo era niebla a mi alrededor... ¿Se había puesto a llover? No, no: eran sólo mis ojos... Sí, llovía. De los metales retorcidos me pareció ver manar un agua ensangrentada... Me tapé la cara con las manos... Cuando volví a mirar, la ambulancia se alejaba sin prisa. Me detuve otra vez. Cerré los ojos: no me servían ya... Sentí el peso de Leo. Más que abrazarme, se derrumbó encima de mí.

—No quiero, no, no quiero —repetía con un tono infantil—. Es mi culpa... Ha sido culpa mía. Era mi muerte y Asia se ha interpuesto.

Quizá tuviese razón. Pensé: ahora tú quieres exculparte, ahora tú quieres eludir la responsabilidad... Nardo lloraba con la infinita desolación de un niño huérfano. Había cerrado también los ojos. Sus lágrimas salpicaban mi suéter y se quedaban brillando sobre la lana. Yo apretaba su cara contra la mía, apretaba mi cuerpo contra el suyo, le decía al oído palabras torpes que estoy seguro que no escuchaba y que yo no sería capaz de repetir... Le hablaba suavemente, suavemente, como si no interrumpirme fuese lo único que pudiese salvarnos... La noche se instaló sobre aquel mundo. También sobre Aspasia la noche había caído, o ella había caído en la noche: con rapidez como lo deseaba. Pero no la noche que esperábamos los tres, sino aquella sobre la que el sol no se levanta.

Un coche vino a recogernos. El médico del aeropuerto me llevó aparte:

—Váyanse, por favor. Por favor. Llévese usted al marido, y váyanse. Nosotros nos encargaremos de todo, también de lo referente al piloto. Durante la noche lo dispondremos... Pero ahora, váyanse. Les telefonearé mañana, cuando estén más tranquilos. Temprano, pero mañana... Ahora no nos servirían de nada... Procuren descansar.

Le dejé nuestro teléfono. Contra lo que temía, Leo me obedeció con docilidad. Había enmudecido, y se dejaba llevar como alguien que ha fracasado en lo que más quiere y ha perdido toda la confianza en sí mismo.

No estábamos en situación de conducir. Un coche del aeropuerto nos llevó al pazo, y un muchacho de la oficina de tráfico nos seguía para retornar con nuestro conductor. En el pazo ya sabían la noticia. Ramón me advirtió que en el contestador había un mensaje. Recuerdo que pensé: él ya lo ha oído. El mensaje era de Asia:

—Ahora sí que salgo de verdad, queridos míos. Nadie podrá moverme ya de vuestro lado. Os amo con todo mi corazón. Abrazos, besos y todo lo demás.

Me eché a llorar sobre la mesa del teléfono. Así me encontró Nardo, que regresaba de lavarse la cara como le había yo pedido. Se arrodilló a mi lado. Nos abrazamos. Estábamos absolutamente solos... Fuera era de noche, y también dentro...

Yo sentí miedo, el miedo de lo que supe que iba a hacer. Pero hay un momento en que sólo se puede andar hacia adelante: es imposible retroceder. La vida, con su inercia, nos empuja, y la muerte adquiere una fuerza positiva, afrodisíaca, invitándonos a realizar lo contrario de lo que sería más cuerdo. La vida, como Asia dijo un día, es más encarnizada que la muerte.

Cogí a Leo por debajo de los brazos. Lo levanté. Lo llevé a mi dormitorio. Lo tumbé en la cama. Lo desnudé despacio, con mucha paciencia, como quien desnuda a un cadáver o a un niño dormido. Me desnudé yo luego y me tendí junto a él. Comencé a arrullarlo y a tocarlo con ternura, con mimo, hasta que vi que su sexo se erguía. Luego su cuerpo se volteó hacia el mío. No abrió los ojos. Hicimos un amor irracional y salvaje. Lo hizo Leo, pero yo me presté: era lo último, y debía otorgárselo. «Úsame como quieras», le musité al oído. Él se sentó sobre mi sexo y, apretando los dientes, se penetró con él. Como quien se castiga, como quien obedece. Emitió una queja. Yo acariciaba su sexo rotundo y pleno. «Enséñame, enséñame», repetía moviéndose con un ritmo implacable... Gimió de nuevo, pero de otra manera. Por fin —y eso me recordó la primera vez que hice el amor con Asia—, su rostro adquirió una expresión de gloriosa sorpresa antes de que sus ojos, muy abiertos, y luego entornados, perdieran la mirada entre los párpados mientras la boca se le redondeaba entre gozo y asombro.

Después, recuperada la memoria, se desplomó sobre mí y, pasado un minuto, rompió a llorar besándome.

Yo no había cesado, entretanto, de recordar los muslos tersos y tirantes de Aspasia; su cabeza colmada de ideas, ahora reventada; su boca, la fuente de las risas, de la que fluía un aliento intermitente y tibio, inútil ahora ya... No cesé de recordar mi propio destino y el de mis amantes.

Le administré a Leo triple dosis de somnífero. Daba igual, podía haberlo envenenado. Cuando se durmió remecido por mí, hice mi equipaje. Llamé a Ramón y le rogué que me llevara al aeropuerto. Allí investigaría el modo de volver a Madrid. Pensé: «Huyes en mitad de la noche, igual que un asesino.» En el fondo, eso era.

Sobre la mesilla de noche puse una nota para Leo: «Te dejo por tu bien, porque te amo. Olvida, vive y perdóname. Adiós.»

Camino de la desembocadura de aquel túnel, yo me dije: «No; la regla de tres no es la sencilla fórmula de cálculo que todo el mundo cree conocer. Hay que saber multiplicar; pero luego hay que estar dispuesto a dividir. En realidad, no soluciona nada: nada que no se supiera de antemano.»

Eso es cierto. Pero también lo es que yo fui y he seguido siendo un cobarde. «Estamos rodeados de muertos —me advirtió Asia una tarde—. A ellos vamos; pero entretanto estamos vivos. Y vivir es nuestra mayor obligación.»

Ojalá Leonardo, a quien dedico este libro, haya entendido mejor que yo la vida.

Índice

IMPRESO EN LITOGRAFÍA ROSÉS, S. A.
PROGRÉS, 54-60. POLÍGONO LA POST
GAVÁ (BARCELONA)